中国高速铁路基础研究论丛
“十三五”国家重点出版物出版规划项目
国家自然科学基金委员会
中国铁路总公司
高速铁路基础研究联合基金资助项目(U1234206)

高速铁路列车运行冲突管理理论与方法

文 超 彭其渊 著

中国铁道出版社有限公司
2019年·北 京

内 容 简 介

本书为中国高速铁路基础研究论丛之一，是国家自然科学基金委员会、中国铁路总公司高速铁路基础研究联合基金资助项目，同时获批“十三五”国家重点出版物出版规划项目。

本书分析了高速铁路列车运行冲突的特点，阐述了高速铁路列车运行冲突管理的内涵，提出了各类冲突的判定方法，研究了高速铁路列车运行冲突的产生机理，构建了高速铁路列车运行冲突程度的度量方法及预测方法，建立了基于冲突消解的列车运行调整优化模型并设计了求解算法。本书首次对高速铁路列车运行冲突管理理论进行系统介绍，对于丰富高速铁路运输组织理论、提高高速铁路的行车指挥水平具有一定的促进作用。

本书可作为高等院校铁道运输、交通运输等专业的教学和培训用书，并可供相关专业技术人员参考。

图书在版编目(CIP)数据

高速铁路列车运行冲突管理理论与方法/文超，彭其渊著. — 北京：中国铁道出版社，2019.4

“十三五”国家重点出版物出版规划项目

ISBN 978-7-113-24310-4

Ⅰ. ①高… Ⅱ. ①文…②彭… Ⅲ. ①高速铁路—列车—运行—研究 Ⅳ. ①U238

中国版本图书馆 CIP 数据核字(2018)第 036638 号

书　　名：**高速铁路列车运行冲突管理理论与方法**

作　　者：文　超　彭其渊

策　　划：金　锋

责任编辑：金　锋　　**编辑部电话**：010-51873125　　**电子信箱**：jinfeng88428@163.com

封面设计：崔丽芳

责任校对：王　杰

责任印制：郭向伟

出版发行：中国铁道出版社有限公司（100054，北京市西城区右安门西街 8 号）

印　　刷：北京捷迅佳彩印刷有限公司

版　　次：2019 年 4 月第 1 版　2019 年 4 月第 1 次印刷

开　　本：787 mm×1 092 mm　1/16　印张：10.5　字数：249 千

书　　号：ISBN 978-7-113-24310-4

定　　价：69.00 元

preface 前言

高速铁路列车运行冲突管理是高速铁路运输组织的关键技术之一，是铁路行车指挥的重要内容。铁路行车调度的主要任务是要判定列车运行冲突的类型和冲突程度，按照一定的优化目标消解冲突，确定合理的列车运行秩序，对列车运行计划进行优化调整。高速铁路列车运行冲突管理基于列车运行的动态运行信息，实现对潜在列车运行冲突的判定、度量、预测和消解，为列车运行调整提供辅助支持。列车运行冲突管理研究对于提高我国高速铁路的运输组织水平、完善综合调度指挥系统功能和实现调度指挥智能化具有深远的意义。

高速铁路调度指挥智能化对列车运行调整的高要求，给高速铁路的列车运行冲突管理的时效性和有效性提出了更高的要求。因此，相比于既有铁路，需要更加重视对高速铁路列车运行冲突的管理，重点消解好各类冲突。

本书分析了高速铁路列车运行冲突的特点，阐述了高速铁路列车运行冲突管理的内涵，提出了各类冲突的判定方法，研究了高速铁路列车运行冲突的产生机理，提出了高速铁路列车运行冲突程度的度量方法及预测方法，建立了基于冲突消解的列车运行调整优化模型并设计了求解算法。

本书首次对高速铁路列车运行冲突管理理论进行系统介绍，对于丰富高速铁路运输组织理论、提高高速铁路的行车指挥水平具有一定的促进作用。

本书由西南交通大学文超、彭其渊共同完成，可供铁道运输、交通运输专业研究生、相关从业人员作为参考用书。书中参阅了大量的国内外著作、教材、学术论文和有关文献，在此谨向这些文献的作者表示深深的谢意。

在资料收集、调研和写作过程中，得到了中国铁路总公司调度部、科技管理部，中国铁道科学研究院集团有限公司，武广铁路客运专线有限责任公司，郑西铁路客运专线有限责任公司，京津城际铁路有限公司，京福铁路客运专线安徽有限责任公司，京沪高速铁路股份有限公司等单位有关领导和专家的大力支持和热忱帮助。在此，谨向他们表示诚挚的谢意。

由于本书涵盖内容较多，同时限于作者的水平，在全书内容的组织和文献材料的取舍方面，难免存在诸多不当和疏漏之处，热诚欢迎国内外同行和专家及各位读者批评指正。

编者

2019 年 3 月 17 日

contents // 目录

第1章 绪　论

列车运行冲突是铁路列车运行过程中需要重点关注的问题，是调度员工作中需要及时解决的难点。通过参阅大量文献，本章归纳了列车运行冲突管理技术的研究及实践历程，综述了国内外列车运行冲突管理问题研究的现状，提出了国内外研究存在的主要问题。

1.1 研究背景及意义

铁路是国家重要的基础设施和国民经济发展的大动脉，在综合交通运输体系中具有骨干地位。但长期以来，我国铁路路网结构不完善、技术设备落后、铁路运输能力不足、服务质量不高，难以满足与日俱增的交通运输需求和人们快捷、安全、舒适、便捷旅行的需要。高速铁路的出现，为人们的旅行提供了优质的服务，缩短了旅客的旅行时间，提高了乘车的舒适性。

高速铁路具有高速度、高密度、高安全性和高正点率等优势，为中国铁路运输带来了新的发展契机。铁路运输由车、机、工、电、辆等多个部门组成，具有高度集中的特点，各个工作环节紧密配合、协同运作。列车在运行途中要遇到大量令其偏离运输计划的各种随机和突发情况，而且随着列车运行距离的延长，列车运行受到随机干扰的可能性将增大，其直观表现为列车晚点率增加。此时，就需要运输组织者根据需要对列车运行进行实时调整，即实施列车运行调整，使列车运行尽快恢复正常秩序，实现"按图行车"。

铁路行车调度问题的本质是对存在的冲突进行消解，冲突管理是铁路行车调度的核心。研究和实践表明，调度员在日常工作中仅用4%的时间用来制定冲突解决策略，用16%的时间来修改和实施调整计划，而另外80%的时间则全部用来发现和判定冲突。因此，解决由于不可预知因素引起的列车运行冲突是调度员日常工作中最复杂和最重要的工作。铁路行车调度的主要任务是要判定列车运行冲突的类型和冲突程度，按照一定的优化目标消解列车之间的冲突，确定合理的列车运行顺序，对列车运行图进行优化调整。在铁路行车指挥过程中，调度员除监督列车运行外，其最主要的工作是根据当前列车的运行状态，检查列车运行是否会发生冲突，如果将要或已经发生冲突，则根据当前列车的运行状态调整列车运行计划，例如，改变列车在车站的到发时刻、改变到发线使用方案等。

高速铁路与既有铁路最大的区别在于高速线上仅运行旅客列车，且我国的国情和路情决定了我国的高速铁路上将运行大量的跨线高速列车，这将极大地增加高速铁路的运输组织的复杂性。由于跨线列车在衔接站的跨线运行具有时段性要求，且无论是A类(速度等级较高的高速列车)还是B类(速度等级较低的高速列车)跨线列车，其跨线晚点将打乱整个路网的列车运行秩序。因此，跨线列车的开行将大大增加高速铁路列车运行图的刚性，使列车运行调整难度增大。

传统的既有线调度指挥系统虽然具有对阶段计划调整的功能,但这种功能往往是基于列车发生晚点及列车运行冲突已经发生的前提下进行的。冲突预测和智能调整技术则能够对影响列车运行的各种信息进行综合分析,对列车群的运行状态进行动态智能冲突预测,对可能引起列车运行异常的各种情况提出调整方案,使列车运行始终处于正常状态。

列车运行调整问题是一个典型的资源调度问题,一直备受国内外专家学者的关注。最优化方法、人工智能方法、离散事件动态系统方法和智能计算方法等大量的研究成果被应用于列车运行调整问题的研究之中。

对于铁路运输系统来说,安全就是生命线。由于行车安全的重要性,几乎所有国家都把行车安全的好坏作为衡量铁路运输工作质量的重要指标。处于高速移动状态的列车一旦发生设备异常或违章操作,可供纠正和避免事故的时间很短,一旦发生事故,很容易引起人员伤亡和巨大的财产损失。铁路行车延误甚至事故的发生,不仅造成直接经济损失,有时还会导致整个线路运输中断,破坏铁路运输的均衡性和持续性。例如,2011 年 1 月 19 日下午 13:00 起,由于受到湖南西部和南部雨雪和冰冻天气的影响,武广高速铁路全线列车采用列车降速运行的措施,导致大部分列车出现不同程度的晚点,从而导致了大量列车运行冲突的出现。当日 19:00 至次日 1:00,武广高铁产生的列车运行冲突共 4 类 16 个冲突,包括区间冲突 5 个、车站间隔时间冲突 3 个、动车组接续时间冲突 5 个及行车作业与维修作业冲突 3 个。

列车运行冲突管理问题的研究是高速铁路运输组织优化的关键问题之一,是列车运行调整和列车运行图优化的重要内容,也是行车指挥的主要内容,是实现智能调度的重要前提,是高速铁路行车安全的重要保障。我国现有的行车指挥方法是在列车运行冲突(晚点延误)发生之后才进行列车运行调整,缺乏对列车运行冲突预测及度量的研究,而列车运行冲突管理就是要实现冲突的预告,在列车运行冲突、晚点发生之前制定列车运行调整方案和进行列车运行调整。因此,研究列车运行冲突管理技术对于提高我国高速铁路的运输组织水平、完善综合调度指挥系统功能和实现调度指挥智能化具有深远的意义,它将使铁路行车组织水平和服务质量得到有效提高,为高速列车安全正点运行提供技术保障。

本研究依托国家自然科学基金委员会和中国铁路总公司的高速铁路基础研究联合基金“高速铁路调度指挥系统协同理论、预警机理、报警控制及可靠性评价研究”(课题编号:U1234206)和国家自然科学基金青年基金“基于潜在冲突贝叶斯推理的高速铁路列车运行图反馈优化理论研究”(课题编号:61503311)的研究工作开展,对高速铁路列车运行冲突管理问题进行专门研究。

本书旨在正确辨识列车运行冲突,深入研究高速铁路列车运行冲突的产生机理和列车运行冲突判定方法、冲突程度的度量方法,提出我国高速铁路列车运行冲突的预测及消解模型,针对实时列车运行状态和预期目标做出调整建议方案,提出基于最小冲突消解代价的列车运行调整方法。本书针对高速铁路运营调度的核心问题,从我国高速铁路运营调度的实际要求出发,解决高速铁路列车运行冲突管理的实际难题,为我国高速铁路综合调度指挥系统开发提供理论支持,具有较好的现实意义和实用价值。

1.2 列车运行冲突管理的研究历程及现状

1.2.1 列车运行冲突管理的研究历程

Szpigel是研究列车运行冲突检测与消解问题的先驱，1973年，他利用混合整数规划模型确定列车会让点和越行点，再用分支定界方法解决冲突。后续大量深入的研究从此开始。

北美的大量货物长期以来都是利用单线铁路进行长距离运输，铁路公司努力找寻减少运输成本的有效途径，因此，研究者开始了关于列车运行冲突检测与解决问题的早期研究。美国的诺福克南方铁路和柏林顿北方铁路两个铁路公司是列车冲突检测和解决(RCDR)早期研究的主要力量。北美和澳大利亚所面临的铁路运行条件相似：长距离单线运输和大量的货运需求，澳大利亚的学者在他们的基础上进行了进一步研究。

1986年，法国开发了地铁ASTREE系统，该系统能够连续检测列车的位置和速度，具备完整的自动检测及列车自动防护功能。调度中心可以快速解决运营问题，减少列车运行干扰，提高运输效率。

欧洲是世界上铁路最发达的地区之一。为建立全欧洲铁路网统一的铁路信号标准、保证各国列车在欧洲铁路网内的互通运营，提高铁路运输管理水平，欧洲共同体于1989年12月设立了欧洲铁路运输管理系统项目(European Rail Traffic Management System，简称为ERTMS)。作为欧洲21世纪干线铁路总体解决方案，自动识别和解决运行冲突是构成欧洲ERTMS自动化系统的基础，实现了运行图冲突自动预报软件在ERTMS行车调度自动化系统中的应用。在此框架下，一些与列车运行冲突检测与解决相关的课题研究得以实施，如"欧洲多级铁路冲突解决和运行控制(Multilevel Advanced Railways Conflict resolution and Operation control，MARCO EU)"项目。ERTMS软件可自动在显示屏上以运行图或表格形式预测显示列车运行位置、运行图冲突情况、能否保证旅客换乘和列车晚点等。

日本交通控制实验室在20世纪80年代开始研制了一个具有通用意义的铁路模拟系统，并在20世纪90年代开始得到应用，该系统从研究新干线的交通控制系统出发，可以进行列车运行计算、列车模型对运营的影响分析、延误恢复及分析、少量冲突的自动消解方案辅助决策、不同通信信号制式的影响分析、多列车运行能力及效果的评价等，被东芝公司用于日本新干线的改造研究。

20世纪90年代中期，瑞士联邦研究院(Swiss Federal Institute of Technology)开发了网络化轨道交通仿真软件OpenTrack。这是一款采用面向对象的思想开发的、拥有友好用户界面的仿真软件，可以实现正常和受干扰情况下列车的运行，并能够标识实绩运行图中列车间的冲突点(颜色高亮表示)，但在列车运行冲突分析及冲突的消解策略等方面存在不足；迄今为止，OpenTrack广泛应用于全球铁路行业评估和仿真，在中国铁道科学研究院、西南交通大学、北京交通大学、石家庄铁道大学、铁四院等单位的教学和科研实验中应用较广泛。

铁路基础设施及时刻表仿真、优化和管理的著名软件RailSys是由德国汉诺威大学(University of Hannover)于20世纪90年代后期设计研发的基于路网的铁路运输微观模拟系统，已经在欧洲及世界范围铁路运输业得到广泛应用，如科隆—莱茵、悉尼—堪培拉等高速铁路线，慕尼黑、科隆、悉尼、墨尔本的城市铁路以及柏林和哥本哈根的铁路网络等。

RailSys 系统具有以下特点：提供交互操作，能帮助设计者制定无冲突的运行图，输出是图形化的时刻表（运行图）；在运行图编制时，可以在整个路网图中以人机交互的方式选定当前运行线的径路；一旦运行线被创建，RailSys 可以依次自动计算每一条运行线的运行时间、各闭塞分区占用时间及与其他列车的冲突；RailSys 在时刻表的基础上进行仿真，同时可以在仿真中考虑不同的交通控制策略，以便找出产生冲突时的解决办法。但该系统目前只能处理小范围的冲突问题。

荷兰是对铁路行车指挥技术和列车运行图编制优化技术研究最多的国家之一，许多学者从多角度对列车运行冲突管理进行了有关的研究。1999 年 12 月，冲突检测和行车辅助决策试验系统被集成于 TRACE 系统应用于荷兰铁路系统，该试验系统在提高行车指挥人员的劳动效率和提高调度指挥水平方面发挥了较明显的作用。荷兰代尔夫特理工大学以 I. A. Hasen 教授为核心的研究团队从 20 世纪 90 年代开始，在列车运行晚点理论、列车运行图编制优化理论和行车指挥技术等方面进行了大量深入的研究，涉及列车运行晚点理论、列车运行图缓冲时间、列车运行图编制和行车指挥系统开发等领域，其中也不乏对列车运行冲突管理技术的重要研究成果。2000 年，由 R. M. P. Goverde 和 I. A. Hasen 开发的 TNV-Prepare 软件可以很好地记录列车占用和释放时间以及列车速度，进而对列车运行晚点情况进行估计，解决列车径路的冲突，为列车运行调整计划编制和行车指挥提供有力指导，该系统被应用于荷兰国家铁路并收到了很好的效果。

我国对列车运行冲突问题的研究主要始于北京交通大学的周磊山教授，他在研究列车运行调整计划计算机编制系统时对列车运行冲突消解策略等问题有所涉及。此后，国内的一些专家和学者依托对行车指挥和列车运行图编制优化问题的研究开始了对列车运行冲突问题的关注和研究。为了满足我国高速铁路的建设运营需要，2007 年 8 月铁道部启动了“客运专线运营调度系统”项目，专门组建了高速铁路（客运专线）运营调度项目组，在中国铁道科学研究院建立了“高速铁路运营调度仿真实验室”，为时速 300 km 以上的高速铁路设计制定一套全新的运行调度系统。该项目对高速铁路冲突预测和智能调整技术进行专门研究，中国铁路调度系统正沿着智能化、综合化、集成化的方向不断地发展和创新。

1.2.2 国外研究现状

归纳起来，国外对列车运行冲突管理问题的研究主要集中在以下三个方面：(1)冲突管理基本概念研究；(2)基于列车径路排列的冲突检测和消解；(3)基于冲突管理的行车指挥系统和运行图编制和优化技术研究。

1. 冲突管理基本概念研究

Johanna Törnquist 认为列车运行冲突是由于资源竞用产生的，冲突之间是相互依赖和嵌套的，解决一个冲突可能引起其他冲突，冲突的消解难度随着路网结构、行车量大小和列车种类的复杂度而增大。

Ho，T. K. 也指出列车运行冲突是由于两列及两列以上列车在指定时间抵达同一衔接点时产生的，认为列车运行冲突是列车晚点的最主要和最直接的原因。

S. M. OH 等将影响潜在冲突的因素分为三类：列车会让和越行的次数、行车密度和列车种类差异，并得出了单线铁路冲突可能性大于双线铁路，高峰时段冲突可能性大于平峰时段和列车速差越大、列车种类越多、异类列车运行种类组越多则冲突可能性越大的结论。

Alexander Fay 较系统地阐述了列车运行冲突产生的原因，包括：列车运行与旅客出行衔接冲突、区间及车站设备利用与列车运行的冲突、列车运行晚点对列车运行冲突的影响等。

Yu Cheng 在研究列车运行图编制问题时将事故、恶劣环境和设备故障等列车运行干扰因素归结为列车运行资源冲突的根源。

F. Makkinga 将列车与技术设备利用的冲突归结为两类：静态冲突和动态冲突，静态冲突是指到发线等技术设备与列车种类、长度等不匹配而产生的冲突，动态冲突主要是指运输组织措施不力或由于受到干扰导致列车晚点或在车站停留时间过长而产生的列车径路占用、站台占用等资源竞争现象。

Susanf. Hallowell 利用计算机仿真方法进行列车运行晚点预测，得到了一系列仿真数据，并分析了列车运行晚点的原因。

Maura Mozzarellay 研究了行车密度与列车运行晚点的关系：行车密度越大，列车晚点的可能性越大，越容易造成列车运行冲突，并给出了行车密度与列车运行晚点时间的关系图。

Garey and Johnson 早在 1979 年就提出单线铁路的行车指挥工作是一个完全由冲突数决定、时间复杂度很高的 NP-Hard 问题，问题的复杂度取决于列车间冲突的个数。

2. 基于径路排列的冲突检测和消解

在欧洲的许多国家，主要是依靠行车指挥算法和调度指挥系统对列车运行过程中遇到的冲突（主要是指资源占用冲突）进行消解，其多采用的方法是修改列车运行径路或改变列车运行秩序等。

分枝定界和拉格朗日松弛等优化算法、全/隐枚举法、专家系统和仿真方法被广泛用于列车间冲突的解决。

Thomas Albrecht 为了减少由于列车运行冲突而导致额外停车问题，分析了基于冲突避免的列车运行控制策略，但这种方法将可能导致旅客乘车的不舒适性。

Maree Lake 通过运用局部搜索、禁忌搜索算法和仿真技术，利用维修作业与资源利用短期计划的协同优化解决了列车运行和固定设备维修之间的冲突。

C. W. Tsang 指出当两列车同时到达铁路衔接点（道岔）时就会引起列车间的冲突，列车间的冲突将引起列车的运行延误、导致列车的准点率降低，从而降低铁路的服务质量；最后，利用遗传算法研究了铁路衔接点的冲突消解问题并通过仿真手段对算法的效果进行了验证。

Rodriguez 指出了节点处行车指挥的主要任务是：①实绩数据与计划的对比；②检测和预测冲突；③选择和评价能够减少由于冲突所引起晚点时间的策略；④选择完整的实施策略。利用约束规划模型解决节点处列车运行径路计划编制问题，将列车间冲突作为模型的一个约束条件进行考虑，得到了一个无冲突的径路安排计划，在冲突消解的基础上建立了路径选择和列车排序的模型，并用计算实验证明运用分支定界算法能够找到满意的列车径路和列车运行秩序。

D'Ariano A 提出了三种冲突解决的方法：①简单调度规则（列车先到先发和列车先到

后发)；②基于选择图的启发式算法；③基于分支定界算法的定速度列车运行优化方案，并运用分支定界方法确定了总体列车的排序和局部列车径路，解决了列车间的实时冲突检测和消解问题。

A. Stolk 介绍了荷兰的列车径路冲突检测与行车决策辅助系统在行车指挥中所起的作用，该系统已在荷兰铁路运营管理中得以应用，主要用于解决列车径路选择和排列的冲突，能够准确定位列车的位置和进行列车径路的冲突检测。

M. Mazzarello 提出了一种分布式智能算法进行冲突解决，基于区域行车指挥中心数据进行全局优化，并通过两个实例进行了验证。

3. 基于列车运行冲突管理的运行图编制优化和行车指挥系统研究

列车运行冲突管理作为列车运行图编制优化及行车指挥的重要内容，国外尤其是欧洲许多学者在研究运行图编制优化技术和行车指挥系统问题时对列车冲突管理技术进行了大量的研究。

Yu Cheng 运用事件驱动和基于路网的混合模拟方法研究了列车运行资源冲突问题，基于网络图模型提出了到达列车优先、局部优化和关键路径法等三种调度策略。

Mascis 等人在研究行车指挥系统结构时提出了将列车间冲突管理看作无缓存器的车间调度计划问题，并提出了基于人工智能的求解方法，研究了实时冲突的解决办法。

D'Ariano A 在研究列车运行图优化问题时对冲突解决和速度匹配问题进行了研究，利用决策树方法实现列车潜在径路冲突的实时检测，从而实现无冲突运行调整计划的编制和优化。

Thomas Kvist 在构建铁路行车指挥中心(Train Traffic Control Centre，TCC)功能时指出，识别和检测冲突的来源及冲突导致的结果、给出冲突的解决方案是行车指挥系统的重要功能，但没有给出具体的系统构建办法。

T. huisman 建立了一个随机模型来预测区间列车运行的晚点情况，计算列车的晚点分布，从而提高列车运行图的编制质量，这种方法可以作为列车运行冲突检测的借鉴方法之一。

Alessandro Mascis，Dario Pacciarelli&Marco Pranzo 等人通过欧洲委员会资助的行车指挥系统课题研究，将冲突解决系统作为行车管理系统(Trafic Management Systems，TMS)的最重要模块之一，并认为近期的冲突比远期的冲突重要，由于未来许多不确定因素的存在将影响远期冲突的不确定性。

Fay 强调了列车运行冲突预测在行车调度指挥中的基础性作用。Jianxin Yuan 经过研究得到：列车运行图中缓冲时间对于解决和减少列车径路冲突具有显著的作用，运行图缓冲时间的布局方案将影响冲突数出现的可能性。

Pedro Alexandre de Carvalho 在其硕士学位论文中指出大量不可预知的事件将影响列车的初始晚点进而引起晚点传播，调度员的主要工作是减少晚点和消除冲突，将单线铁路的冲突检测及冲突即时消解作为论文的重要研究目标，提出了行车指挥系统的结构(如图 1.1 所示)，在行车指挥系统中，冲突检测和冲突解决是行车指挥决策支持系统的两大主要功能。

I. Sahin 在列车与列车间(inter-train)的冲突管理方面做了大量研究，指出“列车之间的冲突是铁路行车指挥工作中最难、最具挑战性的问题”，研究了列车运行图编制和行车调度指挥问题，初步提出了根据列车在不同冲突解决方案下的列车总晚点时间多少来评判冲突解决方案优劣的方法，并提出了一种基于多属性选择启发式算法的行车指挥方法，调度员可结合自己的调度经验选用这种方法推荐的行车指挥方案，给出了调度员基于冲突解决进行行车指挥决策的流程(如图 1.2 所示)。

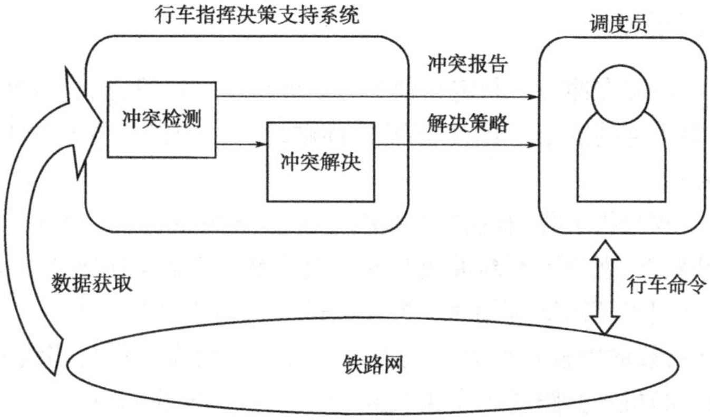

图 1.1　铁路行车指挥系统的结构

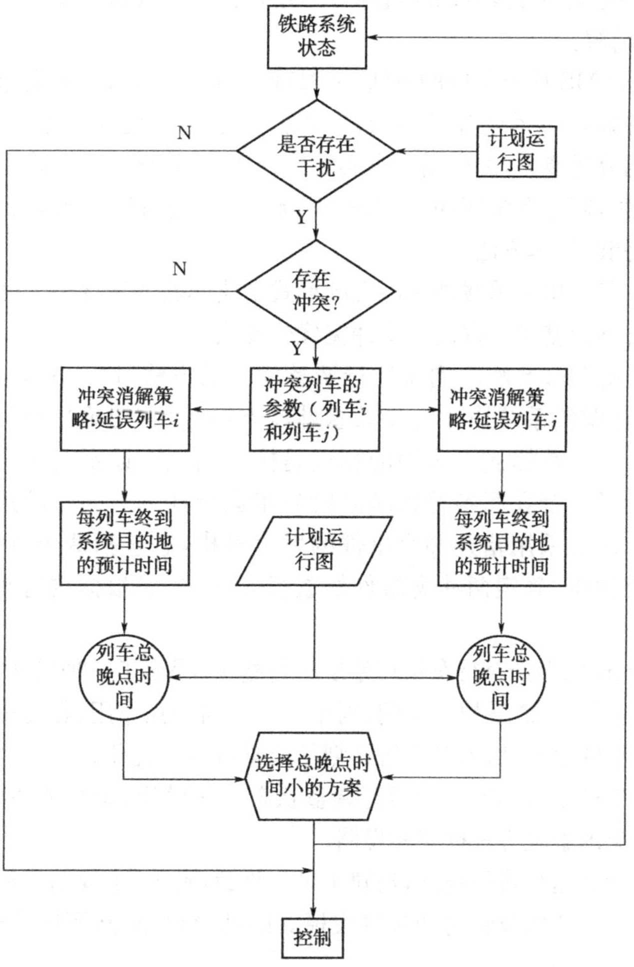

图 1.2　基于列车间冲突管理的行车指挥决策流程

1991 年,Jovanovic 等人开发了一套以组合最优化及模拟为基础的铁路行车指挥辅助决策系统 SCAN,根据计划运行图及列车运行情况综合考虑列车间的相互影响,采用隐枚举法修正并解决列车之间的冲突,并提供调整计划给行车指挥人员参考。

1.2.3 国内研究现状

总的来说,国内研究在冲突的判定和消解方面取得了一定研究成果,具备了一定的理论研究基础,但对冲突程度的度量、预测和消解方面缺乏深入研究。国内对冲突管理技术的研究有代表性的主要有:

郭治国在 2006 年分析了我国既有线冲突的类型:异方向冲突、同方向冲突、股道冲突、封锁冲突。在此基础上,强调了判断冲突列车的优先级、正晚点时分、运行状态等对列车运行调整的重要性,介绍了 TDCS 利用时间推移法进行自动调整的方法。

聂磊将影响运行线的因素归纳为五类约束:(1)发点约束;(2)与邻线的间隔时间约束;(3)停站时间约束;(4)机车交路或动车组交路约束;(5)到发线约束。认为当推定一列或多列列车到发顺序后,按最有利方式推定列车到发时刻,运行线之间如果不满足上述约束就出现冲突。提出对于一些小冲突,可以通过简单的过程化推理或执行型推理消解,否则需要采用复杂的方法进行消解。

宋钢介绍了 ERTMS 冲突解决的方法:通过现行情况的分析来制定原则,通过优先权的灵活控制,制定多种方案;一个方案不可行,立即执行另一个;能同时考虑设备情况和旅客换乘情况,具有强大的分析能力,可根据列车实际运行情况,系统自动消除冲突点,完成对列车运行线的调整和铺画,同时系统还便于维护;强调了列车运行冲突预测的重要性,但没有涉及列车运行冲突预测的具体方法。

史峰等在 2005 年提出了单线铁路冲突的形式及化解的方案,给出了既有单线列车运行冲突的判断准则,并在此基础上提出最早冲突优化算法。

周磊山提出了用 DEDS 解决列车运行调整问题的方法,DEDS 应用离散事件动态系统理论,将列车运行调整系统描述为离散事件动态系统,在建模思路和方法上是对列车物理状态过程的一种代数描述。采用的算法是按时间顺序设定列车。用分层决策和滚动优化的方法设计了适合我国各种铁路区段列车运行计划与调整的通用算法。提出了疏解冲突的一般方法是采用错开冲突事件的发生时机,它包括两个方面的含义:一是根据冲突类型和冲突性质,确定两冲突事件的放行顺序,二是根据放行顺序确定待避事件的滞后量。

刘皓玮应用 Petri 网理论对行车指挥系统进行建模,提出了一种以冲突向量描述的运行图表示方法,构造出了一个能模拟列车间、列车与车站间相互作用、相互影响的框架式模型,模拟列车实际运行图的生成,对列车运行计划的调整进行了优化。

周伟提出了基于列车行为预测的运行调整状态空间模型,研究了列车运行调整过程中简单冲突和组合冲突的解决方法框架和思路。

陈军华引入了冲突运行线的概念,构建了可行性编制的 0-1 规划模型,并研究了可行性运行图编制的启发式算法以及针对四种冲突模式的消解思路,从而解决运行图的可行性编制问题。

黄士哲对高速铁路列车运行冲突问题进行了较深入的研究，认为铁路冲突消解分为三步：(1)调整冲突列车的发车时间；(2)调整冲突列车的停站时间；(3)调整冲突列车的区间运行时分。提出了列车冲突解决的绩效评价模型，该模型将冲突解决后列车总延误时间、冲突解决后各类列车平均延误时间、冲突解决后各站列车平均延误时间、冲突解决后各站各类列车平均延误时间和冲突解决后需要的车底数作为评价指标，并构建了台湾高速铁路列车冲突解决办法及绩效评价的实例。

列车运行冲突管理是一种典型的由于资源竞争而引起的冲突，它与管理科学、计算机中的系统协同设计、并行工程的资源管理和车间调度等诸多领域具有许多相同的特性。因此，上述领域对冲突管理问题的大量研究方法和成果为列车运行冲突管理管理问题提供了一定的借鉴和参考。

1.2.4 国内外研究存在的主要问题

从国内外研究现状可以看出，列车运行冲突管理技术作为一项关键技术在铁路行车组织优化领域的相关研究已经有一定的基础，但这些研究主要是依托列车运行图优化编制和行车指挥技术研究开展的，缺乏对列车运行冲突管理问题的专门系统研究。国内外对列车运行冲突管理的研究在以下几个方面存在不足：

(1)国内外既有研究对列车运行冲突的基础理论研究较缺乏。既有研究局限在列车间的冲突，没有对列车运行冲突的准确定义；没有明确列车运行冲突管理的内涵；对列车运行冲突的形成机理缺乏深入研究。

(2)国内外相关研究对列车运行冲突判定方法、冲突类型、冲突程度度量等缺乏深入研究，缺乏列车运行冲突预测的有效方法。

(3)我国对列车运行冲突管理的研究都只是针对既有线，对适合我国国情的高速铁路列车运行冲突管理问题还少有研究，没有形成系统的冲突管理理论。

1.3 本书主要内容

本书在借鉴国内外既有列车运行冲突管理技术理论研究及实践经验的基础上，结合我国高速铁路的行车组织特点，运用铁路行车组织、系统科学和仿真技术，给出高速铁路列车运行冲突的定义，分析高速铁路列车运行冲突管理的内涵，研究并仿真冲突产生的机理；提出列车运行冲突的判定准则；利用信息熵理论分析列车运行过程中各属性的重要度排序，再根据冲突列车的属性度量列车运行冲突的程度；通过建立三角模糊数列车运行工作流网并分别进行顺序模式和选择模式工作流网时间一致性验证计算各类列车运行冲突发生的可能性，建立基于最小列车运行冲突消解代价的高速铁路列车运行调整模型并求解。最后构造一个具体的算例，并以 Matlab 为手段进行基于列车运行冲突消解的列车运行调整仿真验证，为我国高速铁路运营调度提供理论支撑。

本书的内容如下：

(1)绪论

归纳列车运行冲突的研究历程，对国内外列车运行调整、冲突管理相关研究成果进行分析和总结，为高速铁路列车运行冲突管理提供参考。

(2)高速铁路列车运行冲突管理概述

结合高速铁路运输系统的特点,给出高速铁路列车运行冲突的定义,对冲突进行分类并总结冲突的特征;提出高速铁路列车运行冲突管理的研究框架体系并分析高速铁路列车运行冲突管理的特点。

(3)高速铁路列车运行冲突产生机理研究

分析列车运行干扰-冲突机理及运行图冗余时间-冲突机理,阐述列车运行随机干扰和冗余时间对列车运行冲突的作用机理,利用仿真手段对高速铁路列车运行冲突的产生机理进行仿真。

(4)高速铁路列车运行冲突判定

以列车运行相关规章、技术规范等为依据,研究高速铁路列车运行冲突的判定方法;对各类型高速铁路列车运行冲突给出 IF-THEN 启发式判定准则,借助时间拓扑矩阵在建立和判定时间逻辑关系方面的优势,建立了高速铁路列车事件的时间拓扑矩阵,为高速铁路列车运行冲突的计算机判定奠定基础。

(5)高速铁路列车运行冲突程度的度量方法研究

提出高速铁路列车运行冲突的静态分级方法,对各类型冲突的动态分级问题进行定量研究。信息熵是不确定信息统计测度的有效方法,条件属性(列车相对优先度、列车相对正点度、列车相对旅程完成度、列车区间运行相对裕度和列车车站停车相对裕度等)的信息熵越小,则其减小决策不确定性的作用越大,其在列车运行调整决策过程中的作用也越大。本书通过计算各冲突列车条件属性的信息熵,确定各属性在列车运行调整决策中的重要度,选择 5 个列车运行状态评估指标并模糊化评分,计算这 5 个指标的信息熵权,根据各冲突列车的实时运行状态的属性值与其权重乘积的大小来度量冲突的严重程度。

(6)高速铁路列车运行冲突预测

由于列车在区间运行过程中的动态控制、旅客的乘降、技术设备等资源的限制等因素的干扰,使列车运行运行系统呈现出时间不确定性。时间在列车运行建模分析和运行调整决策分析中扮演了非常重要的角色。例如:预测列车能否在某时段内通过某区间或车站,某列车能否按计划行车,验证基于时间约束的行车计划的安全性和可实施性等。因此,列车运行状态的预测是一个基于时间的推理过程。本书构建了高速铁路列车运行过程的三角模糊数时间工作流网,通过两种工作流网模式的一致性检验实现各类冲突发生可能性的预测。基于列车运行冲突预测,研究了高速铁路列车运行图中关键列车的确定方法,基于通过能力约束,提出了关键列车合理开行比例的计算方法,计算了京沪高速铁路在不同列车速度匹配方法情况下的关键列车合理开行比例。

(7)基于最小列车运行冲突消解代价的列车运行调整方法研究

列车运行调整的目的就是通过合理变更列车的运行秩序、区间运行时分及车站停车时分来消解潜在的冲突。本书建立以列车运行冲突消解代价最小的高速铁路列车运行调整优化模型,并设计基于实数编码的遗传算法对模型进行求解,编制相应的 Matlab 程序仿真实现,构建相应算例进行验证。通过 Matlab 与易语言的混合编程开发列车运行调整计划评价系统。

第2章 高速铁路列车运行冲突管理概述

本章研究以高速铁路与既有铁路运输组织的异同分析为基础，分析高速铁路系统的基本构成要素，阐述高速铁路运输系统的特点，为高速铁路列车运行冲突的定义及分类奠定理论基础，定义高速铁路列车运行冲突并对其进行分类，论述冲突管理的概念及其内涵、冲突管理的体系结构，并提出了高速铁路列车运行冲突管理的研究框架体系。

2.1 高速铁路运输系统的特点

铁路运输系统是一个多子系统、多部门、联系复杂的巨型人造系统，其车站、枢纽、区段、线路等均具有较强的工作动态性。列车作为铁路运输系统的工作对象，其运行状态是相互联系的，其运行受到各种规章的控制和约束。各子系统之间互相联系互相作用，即使是短暂的运行延误都可能导致长时间的运营工作复杂化。因此，应尽量避免出现较大范围的故障和混乱。

时间因素对运输系统工作的影响较大，而且在昼夜乃至全年运输过程中均具有连续性，此时运输秩序紊乱可能导致彼时运输秩序的紊乱。运输系统具有多维性和管理的复杂性，当系统的某个环节发生故障，可能引起系统其他环节的正常运转，必须对系统的其他各环节可能产生的故障及后果采取预防措施。

铁路从点到线，联结成网，贯通全国，不可分割。各道工序紧密衔接，环环相扣，构成一个统一的作业整体，牵一发而动全身，一点不通将影响全线，一线不通将扰乱一片。铁路运输这种路网高度分散而管理又高度集中的特点，要求铁路内部各部门、各系统、各单位、各工种必须在运营方面具有高度的可靠性和协调性。如果在旅客、货物起讫点之间和起讫时间内的运输过程中，遇到恶劣的运行环境、出现机械故障以及技术作业无规则和管理不良等情况，都会降低运输过程的可靠性，增大随机因素的影响。列车在时间上与技术作业过程所规定的时间偏差越大，非规定的停留和延误越多，则运输过程的可靠性就越低，这些偏差的大小与列车种类、列车群的数量和密度、乘务组和运力的保证程度、技术设备的可靠性等诸多因素有关。

我国既有线铁路一直采用客货混运的运输组织模式，速度较高的旅客列车和低速度的货物列车共同运行在同一条线路之上，既要高速又要重载，还要加大行车密度，客货运资源竞争的局面一直无法得到根本的改善。伴随着我国高速铁路的大规模建设和陆续投入运营，一个由高速铁路网和既有铁路网共同组织的整体路网正逐步形成和完善。

高速铁路建成后，以其优质运输质量，将会使大部分旅客列车转移到高速线上来，有效改善既有线运输能力紧张的局面，迅速形成高速度、大能力、安全畅通的运输通道，适应日益增长的运输需要，可以提升城市的集聚功能和辐射能力，使大城市更好地发挥中心城市的作用，同时推动沿线中间地带现有城市高速发展和功能升级，实现铁路速度和服务的质的飞跃，提升中国铁路发展水平。客运可实现大容量、高速度、高频率，缩短旅行时间，特别是在运输高峰时期，为旅客提供更安全、快捷、方便、舒适的服务。

高速铁路具有铁路运输系统的共性，高速铁路与既有铁路在完成运输任务、作业环节及过程方面是一致的，均是通过一定的作业组织方法使无序的运输需求流转化成有序化的列车流，从而实现客货流的位移。但高速铁路系统由于其在技术经济上的优越性而使其具有区别于既有铁路的运输组织特点：

(1)既有铁路系统中，为了追求旅客列车的高质量运行，往往是大幅牺牲货物列车的运行质量来提高旅客列车的运输服务质量。而我国高速铁路为客运专线型铁路，线路上仅运行速度高于 200 km/h 的高速旅客列车，每列车均要求具有高品质的运输服务。因此，一般不允许以牺牲部分旅客列车的运输服务质量为代价来提高其他旅客列车的运输服务质量。例如，在既有铁路上若需进行列车运行调整，常常是让货物列车无条件待避旅客列车；而在高速铁路系统中，为了保证每列车均具有较高的旅速系数和准点率，同等级列车的待避和越行次数基本相等，不允许出现一列旅客列车长时间待避其他旅客列车的情况。

(2)既有铁路线路虽然被分为若干个线路等级，但不同等级线路的设计允许列车最高运行速度速差不大，既有旅客列车和货物列车可在全路路网上运行而不受到设备技术条件的制约，也基本不会对线路造成不良影响，即既有客、货列车可在既有路网上任意线路上运行而不受限制。而我国高速铁路不同线路可能具有不同的技术条件，且不同型号的动车组对不同技术条件的线路也存在兼容性问题。因此，部分高速线之间可能不具备不同线路列车互通运营的条件。

(3)既有铁路基本采用全天候运行模式，除部分类型线路(如电气化铁路)设置固定的线路维修天窗(天窗时间一般为 90 min)外，其他线路的维修作业基本在线路运行空闲进行。而为了保障高速铁路的行车安全，需要开设长时间的综合维修天窗，且天窗前后影响区对线路通过能力也要产生很大影响。既有铁路天窗时段内允许货物列车等线运行，而高速铁路则一般不允许旅客列车在天窗时段长时间等线运行，跨线旅客列车及夕发朝至旅客列车的开行是高速铁路运输组织的难题之一。

(4)我国高速铁路采用本线和跨线结合、多种速度列车共线运行的模式。相比于既有铁路，高速线上的列车速度高，不同等级列车之间的速度差大，列车之间的能力扣除比既有铁路大。跨线运输方式考虑了客流的特点，能够有效缓解既有线能力紧张局面，在高速铁路初期本线客流量不饱和的情况下充分利用高速线的输送能力。以由高速铁路、城际铁路以及既有线提速线路形成的快速网络为基础，通过组织本线运输与跨线运输相结合的旅客输送模式，能够大大拓展我国铁路快速客运的通达性，提高铁路旅客服务的质量，吸引沿线的潜在客流，释放既有线的能力，为货物运输提供良好的运行环境，从而提高铁路的整体竞争力。如在京沪高速、津秦、哈大等高速线之间组织跨线运输可以实现上海—哈尔滨之间的无换乘旅客运输。高速线运行的跨线列车根据其始发终到站的不同位置可分为两类：①起讫点分别在不同高速线上的列车，即在高速线之间开行的列车；②起点或讫点其中之一或均在既有铁路的列车，即在高速线与既有线之间开行的列车。跨线列车的速度等级根据高速线所衔接线路的技术条件确定。

(5)既有铁路旅客列车完全按预先编制的列车运行图组织固定运行,货物列车除特快或快速货物班列按固定运行线运行外,其他货物列车根据每日实际车流情况实时安排列车运行线。且按运行性质不同,把客货列车分成若干运行等级,客车高于货车,提速列车、快速列车高于普速旅客列车,特快或快速货物班列等高于普通货物列车。高速线上运行的旅客列车按最高运行速度界定列车等级,其总原则为较高速度列车等级高于较低速度级列车等级,高速列车的具体等级界定如下:

①本线较高速度列车等级高于本线较低速度列车。

②本线较高速度列车等级高于跨线列车。

③跨线较高速度列车等级高于本线较低速度列车。

④跨线较高速度列车等级高于跨线较低速度列车。

⑤本线较低速度列车等级高于跨线较低速度列车。

(6)高速铁路均采用动车组为运载工具,动车组在技术性能上的优越性使高速铁路旅客列车具有列车折返时间短、列车接续快的优点。为了提高移动设备的利用率,动车组完成一次运输任务后仅需进行简单的站内整备作业即需担当下一次运输任务,这就对高速列车在准时性方面提出了更高的要求,否则将很容易由于本次运输任务的晚点完成而造成下次运输任务的晚点执行。

(7)与既有铁路相比,高速铁路具有客流高峰和平峰的明显时段性特征,在行车技术标准方面的条件更加苛刻。同时,由于高速铁路与部分既有铁路不能实现互通运营,导致大量旅客需要在高速线与既有线的衔接站进行换乘,保证旅客在车站的快速换乘、缩短旅客的换乘时间接续,这是高速铁路运输组织需要解决好的问题。

高速铁路运输组织的核心是高速列车的运行。高速铁路运输系统可以看作是由“人”“物”“环境”和“组织管理”四个基本要素所构成的有机系统。“人”包括乘客和高速铁路工作人员,“物”包括车辆系统、供电系统、通信信号系统、车站、区间的各种固定和移动设备以及其他辅助设备系统,“环境”主要包括自然环境和社会环境,“组织管理”主要是指机构职责、规章制度等。这四个元素均要对高速列车的运营产生一定影响,而高速列车运营的目标是实现元素“人”中乘客的位移。高速铁路系统的基本构成要素如图 2.1所示。图中的单箭头表示作用域,双箭头表示相互作用。

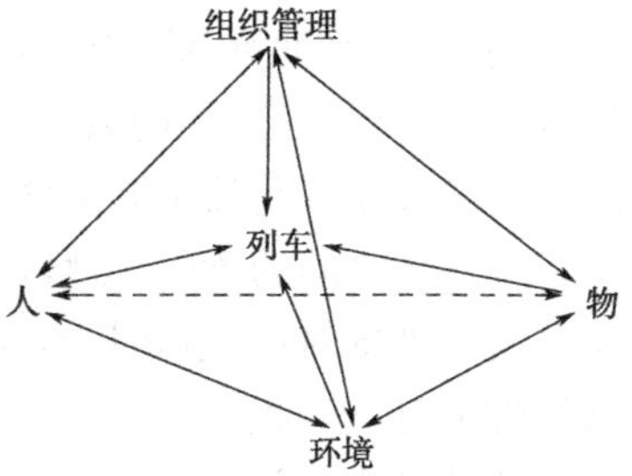

图 2.1 高速铁路系统的基本构成要素

高速列车的运行组织就是处理列车在车站、区间的关系,规定列车占用区间和车站的时机。列车的所有技术作业都必须在车站办理,正常情况下不允许列车在区间停车,相邻列车间必须保证一定的行车间隔。列车的运行过程可以看成是离散的。但列车在运行过程中要受到各种不可控情况的影响,列车占用区间和车站的时机总要经常性地偏离基本运行图,呈现出随时间和环境变化而变化的动态性特征。因此,如果以列车占用区间或车站为一个事件,由列车、区间和车站以及各种技术设备和信联闭设备组成的列车运行系统就是一个离散事件动态系统。

因此，高速铁路系统是这样的一个系统：

(1)从运输组织管理体制上看，高速铁路运输系统是一个多级递阶控制的系统。在我国，其组织结构包括纵向的铁路总公司、客运专线(高速铁路)公司、站段及横向的各业务部门管理模式，运输组织方式则以运输计划为基础计划安排日常生产并进行动态控制。

(2)从运输系统的环境因素看，运输生产受到政治、经济、社会和自然环境因素的影响。

(3)从路网系统组成结构来看，高速铁路运输系统是由车站、线路等固定设备子系统和移动设备子系统组成的复杂大系统。

(4)从运输生产过程来看，高速铁路运输系统是既连续又有离散特性的动态系统。

(5)由于所处的运行环境存在很强的随机性，因此高速铁路运输系统具有随机系统的特点；同时，列车在运行过程中要受到列车运行图、列车运行调整原则及设备运用等的约束，高速铁路列车运行过程是一个随机-有控的过程，按图行车是随机-有控的具体体现。

(6)为了保障高速铁路系统的安全和高效运行，具有一系列的安全保障措施和规章制度来规范高速列车的运行，高速列车运行干扰的产生源受到一定程度的控制，列车在运行过程中受到的干扰是有控-随机的。因此，高速列车的运行过程既是一个随机-有控的过程，也是一个有控-随机的过程。高速铁路系统是随机-有控和有控-随机综合作用的动态系统。

2.2 高速铁路列车运行冲突的定义

《现代汉语词典》把冲突定义为："矛盾表面化，发生激烈争斗。"国内学者李兴山教授认为："冲突就是两种目标的互不相容和互相排斥。它是矛盾激化的表现。"这些定义强调了冲突是矛盾的产物，当矛盾双方势均力敌或相互妥协时，会产生一种相对平衡和稳定的状态，但是当某一方获得优势或外部条件有利于发展时，平衡和稳定会被打破，矛盾上升为冲突。在社会学领域，冲突(Conflict)指的是两个或两个以上的社会单元在目标上互不相容或互相排斥，从而产生心理上的或行为上的矛盾。社会学对冲突的定义存在着广义和狭义之分。广义的冲突不仅包括不同主体之间存在的对抗、纠纷、争夺等比较激烈的社会现象，而且包括不同主体之间的竞争、分歧、缺乏协调等不激烈的社会现象。而狭义的冲突则专指不同主体之间激烈的对抗、争夺甚至战斗，它是矛盾积累到一定程度所表现出来的一种比较激烈的对抗性的互动过程。冲突是一种社会现象，普遍地存在于我们现代生活的各个方面。对冲突一般的定义是认为冲突是一个过程，在社会生活中随处可见，冲突的存在将使系统性能下降甚至导致系统崩溃。从系统角度看，冲突是一种改变和破坏组织系统当前平衡状态的现象，冲突可能使一个或若干个关键系统变量发生突然或意外的变化。

在铁路运输领域，"冲突"系指列车、机车车辆互相间或与轻型车辆设施发生冲撞并产生破损的现象，也叫"冲撞"。此时，"列车冲突"被纳入铁路交通事故，属于行车事故的范畴。

铁路运输系统可以看作是一个根据各类运输计划，完成运输产品生产，包括人员、生产设施和其他附属装置等各种软硬件的制造系统。在制造系统中，冲突被定义为：两个过程在同一时刻需要占用同一资源而导致的竞争，当出现冲突时，就需要提供解决冲突的决策方案，可以选择一个过程优先进行。

定义 2.1　列车运行冲突

由于大量不确定因素的干扰，列车不能完全按照列车运行计划运行，导致列车竞用相关技术设备或相关作业组织过程不符合列车的作业要求，包括列车运行与资源利用冲突、运输组织的不协调和不同列车作业过程对资源的竞争等。

因此，本书所研究的列车运行冲突是上述“冲撞”发生前的运输组织问题，可理解为“潜在冲突”，属于铁路行车安全的范畴。如果列车运行冲突没有被及时合理地消解则将可能发展为“冲撞”。本书中如果没有特别说明，“列车运行冲突”均指铁路行车组织领域的“潜在冲突”。

列车运行冲突普遍存在于高速铁路系统和既有线系统，但正因为在运输组织方面高速铁路具有区别于既有线的七个特点，使高速铁路与既有线冲突管理存在一定的差异性。

相对对于既有线而言，当旅客列车与货物列车发生列车运行冲突时，一般情况下均采用货物列车无条件待避旅客列车的策略以消解冲突，列车运行冲突对列车运行质量的影响较小，尤其是对旅客列车的运行影响小。

由高铁铁路运输系统的特点可知：由于高速铁路运行的列车种类少、列车速度等级高，列车运行条件苛刻，列车运行弹性小。当发生列车运行冲突时，不允许片面地牺牲个别列车的运行质量而保证其他列车的运行，需要考虑各高速列车的综合运行质量，以寻求所有高速列车运行的整体最优。

相比于既有线列车运行冲突，高速铁路列车运行冲突对路网列车运行秩序的影响要大得多，且由于高速铁路调度指挥智能化对列车运行调整的高要求给高速铁路的列车运行冲突管理的时效性和有效性提出了更高的要求。因此，需要更加重视对高速铁路列车运行冲突的管理，重点消解好各类冲突。

王玉国博士把运输业资源定义为提供运输产品和服务所需要的各种投入要素的总和，既包括运输业赖以生存和发展的物质基础，即交通运输业生产所需要的自然资源、资本资源和人力资源，也包括运输组织、管理体制、市场、信息等影响运输生产活动的资源。铁路运输资源就是完成铁路运输生产所需要的各种技术、设备、人员和资金等要素的总称，包括形成（或提供/保障）运输能力的资金、技术、知识、信息、人员、场地、设备、设施、网络等所有元素。铁路运输生产设备是形成铁路运输能力的物质基础。根据铁路运输生产的特点，铁路运输生产设备可分为两大类：一类是不能移动的固定设备，是指形成铁路运输通道的基础设施，如铁路区间、车站、机务段等的生产设施和供电、给水等固定设备；另一类是能移动的活动设备，是指实现铁路运输生产或服务对象位移所需的运载动力和运载工具，如机车、车辆、动车组等活动设备。此处重点讨论设备和人员的竞争性。

高速铁路的车站到发线、动车组、区间等技术设备以及列车乘务组等均是运输资源，具有运输资源的稀缺性和独占性特征：

（1）高速铁路运输资源的稀缺性

高速铁路运输资源是利用各种稀缺资源制造出来的稀缺资源。为满足社会经济发展的需要，耗费大量的其他社会资源（如土地、石油等稀缺和不可再生资源）创造出来的，这决定了铁路运输资源必然是稀缺的，不可能无限制地满足所有潜在的运输需求。

高速铁路系统的建设以运输需求为导向，运输资源的数量和规模以满足日常运输需求为目标。相对于运输需求而言，全社会可用于提供交通运输服务的经济资源是有限的，运输资源的配置不可能形成大量的富余，以免造成社会经济资源的闲置和浪费。同时，由于铁路运输系统体制和机制原因，市场机制难以发挥作用，很少有外部资金进入，铁路运输设施建设、车辆购置主要依靠政府投资，导致投入总量不足、铁路运输资源紧缺。因此，一个车站的到发线数量、配属的动车组数量以及乘务组数量等运输资源均是稀缺的。

(2)高速铁路运输资源的独占性

列车运行属于有轨导向运行方式，列车运行具有较小的机动灵活性，只能在较固定的时间、固定的径路上运行，经过固定的车站和区间。在不同的路网结构、铁路控制设施与行车组织方式下，多个列车运行线路使用权需由计划和组织管理人员按照一定的规则进行分配。区间和车站及其附属的相关技术设备在列车的运行全过程中均是运输资源，列车对区间及车站的占用具有排他性，不同的列车只能在不同时刻依次占用。因此，列车对路网线路的使用需要保证一定时空区域内对运输资源的独占性，且高速列车运行速度快，安全性要求高，列车对运输资源的独占性要求更高。如同向进站的道岔，不允许两列车同时占用，需要按照一定的占用顺序和占用时间标准来安排，否则将导致运输事故的发生。

高速铁路运输系统主要由车站系统和区间系统构成，由于运输资源具有稀缺性和独占性的特点，使车站系统和区间系统均属于典型的排队系统，具有运输资源运用竞争性的特点。列车对运输资源的占用只能在分配的时间内，否则将发生列车对运输资源的竞争，从而产生冲突。

高速铁路运输资源的竞争性是列车运行冲突产生的根源。列车运行和运输资源之间的关系可表述如下：

对于列车 i 而言：占用运输资源 1→释放运输资源 1→占用运输资源 2→释放运输资源 2→…→…→占用运输资源 M→释放运输资源 M。

对于运输资源 M 而言：列车 1 占用运输资源 M→列车 1 释放运输资源 M→列车 2 占用运输资源 M→列车 2 释放运输资源 M→…→…→列车 n 占用运输资源 M→列车 n 释放运输资源 M。

假设在时间段$[ST_1,ET_1]$内列车 1 的 a 作业过程占用运输资源 M，而列车 2 的 b 作业过程在时间段$[ST_2,ET_2]$内占用运输资源 M，且满足 $ST_1<ST_2<ET_1<ET_2$，即$[ST_1,ET_1]\cap[ST_2,ET_2]\neq\phi$ 时，则称列车 1 和列车 2 在时间段$[ST_2,ET_1]$上产生冲突，如图 2.2 所示。

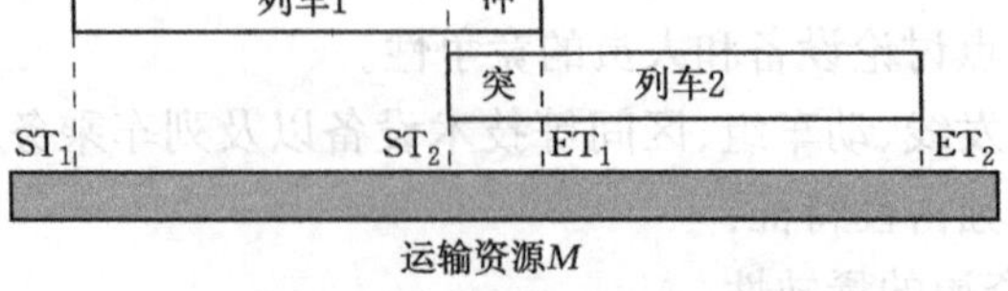

图 2.2　列车运行冲突的示意图

图 2.3 所示为在一单线铁路车站 C，下行列车 i 由于在站停留时间超过了计划停车时分，导致其与上行进站列车 j 产生了对下行出站咽喉的资源竞争，此时，即称列车 i 与列车 j 产生了冲突。为了避免此冲突，列车 j 需在进站信号机外停车等待出站咽喉解锁后再占用车站咽喉。

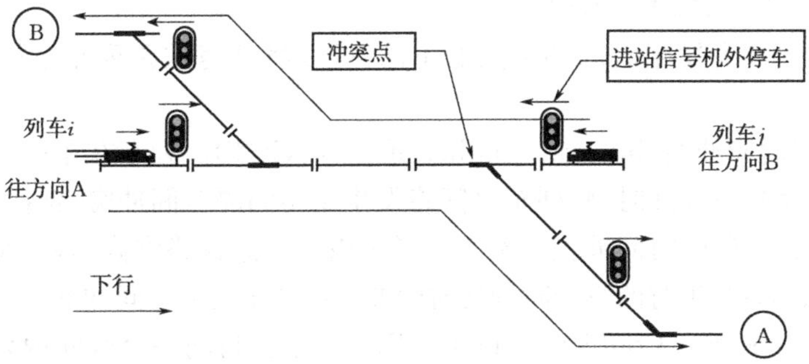

图 2.3　列车运行冲突示例

列车运行冲突在列车运行图上体现出来如图 2.4 所示。

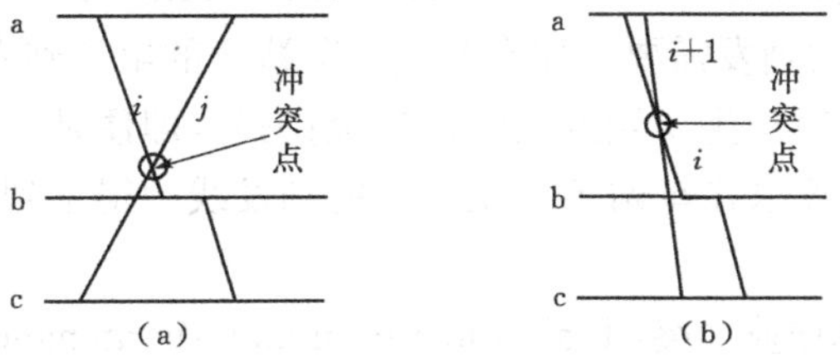

图 2.4　列车运行冲突的列车运行图表示

图 2.4 中(a)为单线铁路的区间对向冲突，是两对向列车竞用区间 a—b 的结果，(b)中由于后行列车 $i+1$ 的速度高于前行列车 i，在区间 a—b 导致列车区间追踪冲突。

定义 2.2　冲突列车

对于列车集 L 中的列车 i 和 k，定义 $\text{Train}_i \leftrightarrow \text{Train}_k = 1$ 表示列车 i 与列车 k 之间冲突，并称列车 i 和列车 k 为冲突列车，$\text{Train}_i \leftrightarrow \text{Train}_k = 0$ 表示两列车不存在冲突。

一个列车运行冲突的存在，其直接结果是导致列车运行延误，由于晚点传播效应，将导致其他列车的晚点和更多的冲突出现，形成列车运行冲突的“雪球效应”。由于列车运行冲突没有及时解决好，将可能导致区段或车站的“死锁”，导致列车运行冲突的恶性循环，严重影响铁路的正常运输秩序和运输服务质量。

2.3　高速铁路列车运行冲突的类型

按照不同的分类标准和分类方法，高速铁路列车运行冲突可以有四种分类方法。

1. 按发生冲突的实体分

高速铁路列车运行冲突按照发生冲突的实体可分为三类：

(1)列车之间的冲突(Inter-Train Conflict，ITC)，主要指列车与列车之间由于作业时间标准和间隔时间不满足相关规定而产生的冲突，这是既有研究关注度最高的冲突类型。

(2)列车运行与设备运用之间的冲突(Train-Infrastructure Usage Conflict，TIUC)，主要是指由于技术设备运用不能满足列车运行的需要而产生的冲突。

(3)列车运行与作业组织过程之间的冲突(Train-Work Organization Conflict，TWOC)，主要是指由于车站或区间作业组织不能及时满足列车运行条件而导致的冲突。

2. 按列车运行冲突发生的时间和地点分

根据列车运行冲突发生时间和地点的不同，可以将高速铁路列车运行冲突分为如下七类：

(1)车站间隔时间冲突(Interval Conflict of Trans,ICT)。列车在车站到达或出发时刻不满足必要的技术作业标准时，则列车之间将发生车站间隔时间冲突，包括：列车到达间隔时间冲突和列车出发间隔时间冲突。本书不考虑由于高速铁路维修作业、非正常情况下的行车要求而组织单线行车时的不同时到达时间冲突和会车间隔时间冲突。

(2)区间冲突(Section Conflict of Trains,SCT)，主要指同一个区间两列车的运行时分重叠，如由于前行列车的晚点，使后行列车不能按照正常速度进行追踪运行的情况。图 2.4(b)中的冲突即为高速铁路的区间冲突。

(3)到发线运用冲突(Arrival & Departure track Conflict of Trains,ADCT)，指到发线运用不能满足特定列车的到发需要。如在时刻 t 车站 S 的申请到发线数为 4 条，而 S 站总共仅有 3 条到发线，此时就产生了到发线运用冲突；另外，即便是 t 时刻车站 S 的到发线数量足够，但列车 i 的作业要求在车站 S 可供利用的到发线中得不到满足时亦将产生到发线运用冲突。

(4)行车作业与维修作业冲突(Train Operation and Maintenance Conflict,TOMC)。列车运行与天窗维修等技术作业时间之间的冲突，主要是指在高速铁路区间开设天窗期间仍有列车在此区间具有行车需求时，就将导致行车作业和维修作业对该区间占用时间的冲突。

(5)列车运行与旅客换乘时间冲突(Train Operation and Passenger-transfers Conflicts,TOPC)。列车到达车站的时刻与换乘列车出发时刻之间的接续时间不足，而造成旅客换乘时间不足导致的冲突。例如，乘客 P 乘坐 G1001 次列车到达 A 站的计划时间为 9:35，乘客 P 将于 9:45 换乘 G1013 次列车前往 B，但由于 G1001 次列车晚点 5 min 抵达 A 站，使乘客 P 换乘 G1013 次列车的接续时间不足，而只能多等待 30 min，乘坐 G1015 次列车前往 B。

(6)动车组列车接续时间冲突(Connecting Time Conflicts of Trains,CTCT)。对于采用动车组交路套跑的情况，动车组列车的终到时刻与该动车组列车再次担当运输任务的出发时刻接续时间不足而导致的冲突。例如，担当 G1127 次列车运输任务的动车组列车在车站 C 终到的时间为 13:18，此动车组列车将于 13:38 继续担当 G1137 次列车的运输任务，但由于 G1127 次列车晚点，于 13:45 到达 C 站，从而导致该动车组列车继续担当 G1137 次列车运输任务的接续时间不足而导致 G1137 次列车停运、晚点发车或运用备用动车组等。

(7)跨线列车跨线时间冲突(Time Conflicts of Cross-line Time,TCCT)。跨线列车是高速线列车运行的主要干扰源之一，跨线列车的延误、跨线时间偏差(跨线列车不能在规定的时段内跨线)将导致高速线或既有线列车运行紊乱。例如，G1049 次列车是从既有线上高速线的高速列车，但其在抵达衔接站 H 时已经晚点，为了保证高等级列车的服务质量，而让高速线上较低等级的 G1101 次列车避让 G1049 次列车，从而导致了 G1101 次列车的晚点。本书将这类由于跨线列车跨线时间偏差引起其他列车运行秩序紊乱的情况称为跨线列车跨线时间冲突。

很显然，车站间隔时间冲突和区间冲突属于列车之间的冲突；到发线运用冲突、行车作业与维修作业冲突和动车组接续时间冲突属于列车运行与设备运用之间的冲突；而列车运行与旅客换乘时间冲突和跨线列车跨线时间冲突属于列车运行与作业组织之间的冲突。

3. 按发生冲突的复杂程度分

根据发生冲突对象的数目和冲突的组合可以将高速铁路列车运行冲突分为简单冲突和组合冲突两类。所谓简单冲突是指只有两个冲突对象产生的单一冲突;而组合冲突是指由两个或两个以上冲突对象同时产生的多类冲突。

4. 按冲突发生的先后顺序分

根据冲突发生的先后顺序分,还可以将高速铁路列车运行冲突分成初始冲突和再生冲突(如图2.5所示)。

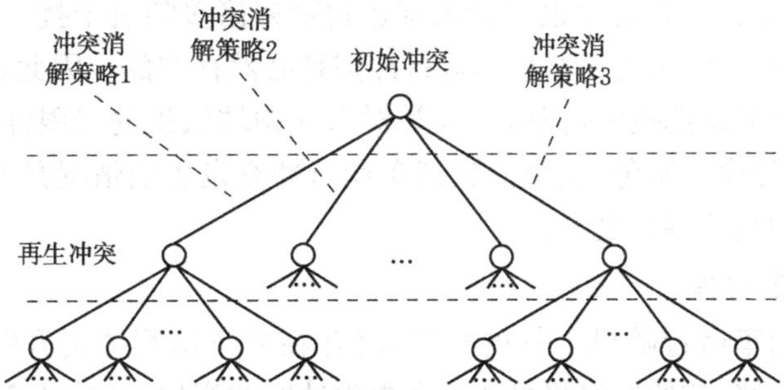

图2.5 初始冲突和再生冲突示意图

初始冲突是由列车运行干扰引起,并没有对其进行消解的列车运行冲突;再生冲突是初始冲突随时间推移而演变产生或是对初始冲突进行消解后引起的其他冲突。如车站间隔时间冲突、区间冲突和到发线运用冲突往往是初始冲突,而由初始冲突进行消解后引起的其他车站间隔时间冲突、区间冲突和到发线运用冲突属于再生冲突,行车作业与维修作业冲突、列车运行与旅客换乘时间冲突、动车组接续时间冲突和跨线列车跨线时间冲突往往是由于初始冲突随时间推移而演变产生的再生冲突。

表2.1归纳了高速铁路列车运行冲突的类型。

表2.1 高速铁路列车运行冲突的类型

按照发生冲突的实体分	按照列车运行冲突发生的时间和地点分	按照冲突的复杂程度分	按冲突发生的先后顺序分
列车之间的冲突	车站间隔时间冲突 区间冲突	简单冲突 组合冲突	初始冲突 再生冲突
列车运行与设备运用之间的冲突	到发线运用冲突 行车作业与维修作业冲突 动车组接续时间冲突		
列车运行与作业组织之间的冲突	列车运行与旅客换乘时间冲突 跨线列车进入高速线的时间冲突		

2.4 高速铁路列车运行冲突的特点

1. 冲突的必然性

必然性是指高速铁路列车运行冲突在运输生产中一定要发生的、不可避免的趋势。由于高速铁路运输资源是有限的，运输需求是不断增长的。随着列车运行密度的增大，铁路车站、线路能力必然会变得越来越紧张，列车竞用运输资源的现象必然要发生，此时就产生了列车运行冲突。铁路运输虽然是一个相对封闭的系统，但其却要在一定的社会、自然环境中运转，必然要受到来自社会、自然环境各种因素的干扰，影响铁路系统的正常运营秩序。同时，铁路系统自身的运营不确定性也将给系统运营带来诸多随机干扰。由于运输资源的稀缺性和独占性特点的存在，高速铁路列车运行冲突是必然存在的。因此，虽然不少学者已着手研究列车运行冲突的避免技术，但由于人类对未知领域认识的局限性和运输资源的竞争性，冲突只能在一定程度上避免，完全没有列车运行冲突发生的情况是不可能的，必然性是高速铁路列车运行冲突的特征之一。

2. 冲突的时间累积性

随着高速铁路列车运行随机干扰的积累，将存在列车运行冲突升级、冲突数增加的可能。如随着时间的推移，初始冲突将可能导致再生冲突的产生，简单冲突将可能导致组合冲突的产生，这些都是冲突的时间累积性特征的表现。

3. 冲突的随机性

自然界、社会和思维领域的具体事件都有随机性。在列车运行过程中要受各种列车运行随机干扰的影响，而这些因素大多具有很强的随机性，将导致列车运行冲突产生的时间、地点以及冲突的等级等均具有较大的不确定性，都将由于冲突实体所受到的随机干扰的不同而产生一定差异。且由于冲突时间积累性特征的存在，将使列车运行冲突体现出更强的随机性。

4. 冲突的可预测性

高速列车的运行、旅客的乘降以及设备的使用均须遵从一定的规章制度和标准执行，故列车的运行具有较强的规律性和可控性，铁路运输系统是一个可控系统。因此，列车运行冲突的产生地点、时间以及程度等将能够根据列车的运行状态及控制策略进行预测。同时，在已知运行图冗余时间利用情况的基础上，可以对列车运行干扰的恢复能力进行预测，从而获得高速铁路列车运行冲突在未来发生的概率以及发生的地点等，即高速铁路列车运行冲突的产生在一定程度上存在可预测性。

2.5 高速铁路列车运行冲突管理的内涵

冲突是人类社会交往中的自然现象，冲突广泛存在于人类生活的各个角落。在社会科学领域里，Katz、Kahn、Rahim 等人认为，冲突管理是为了实现个人或群组的目标而对冲突进行的调解、解决活动，而较多工程技术的研究人员将冲突管理视为针对冲突的解决活动。在社会科学领域的一般认识里，冲突管理就是冲突解决，这种对冲突管理的认识存在较大的片面性和局限性。

冲突管理技术是一项复杂的系统工程，与众多的冲突实体紧密联系，是一个具有多环节和多层次的过程。冲突管理既是一个传统、经典的问题，同时也是一个崭新的问题。冲突管理的经典性体现在人类社会领域，从20世纪60年代开始，许多社会学家就对社会组织机构中的冲突管理的问题进行了大量的研究，研究所取得的成果在社会组织机构中进行了大量的实践和应用。然而在铁路行车指挥过程中，冲突管理问题是一个崭新的课题，尽管许多研究人员对于铁路系统的冲突问题进行了许多研究工作，从各个侧面研究冲突的预防、检测和解决的问题，但这些与对铁路行车指挥中的列车运行冲突实施全面的管理相比尚有较大的差距。

在铁路行车组织领域，目前尚没有关于列车运行冲突管理的明确、统一的定义。与信息管理是对信息、数据的一种管理，财务管理是对账务、财务的一种管理不同，列车运行冲突管理并非仅仅是对冲突的一种简单的解决活动，它同时也应该是以列车运行冲突为线索的对列车运行过程进行调整优化及行车指挥的一种全面的协调与管理活动。所谓以列车运行冲突为线索，就是要以铁路行车组织过程中的冲突为跟踪、考察目标，在冲突尚未发生或虽然已经发生但尚未表现出来的时候就及时采取相应措施将冲突消解在萌芽状态。所谓以列车运行冲突为线索，还需要在冲突表现出来以后，及时采取快捷有效的方法与技术，根本和彻底地解决表现出来的冲突，这就要求不仅需要消除冲突的现象，还要努力消除冲突的引发原因，以免一个地方消解了的冲突通过一定的转移和转化而以另外的形式在另一个地方又产生冲突。高速铁路列车运行冲突管理以铁路行车组织知识和技术为依托，全面协调铁路运输生产各组织、各部门之间的关系，合理组织各列车的运行和设备的运用，从而尽量避免潜在的或已显现的列车运行冲突。这是一项根据列车运行冲突对高速铁路列车运行组织进行全面管理的活动。

2.5.1 高速铁路列车运行冲突管理研究的框架体系

本书认为，高速铁路列车运行冲突管理研究的关键问题包括冲突的定义和分类、冲突的产生机理分析、冲突的判定、冲突的预测和消解以及基于冲突管理的列车运行调整和运行图优化研究。

定义2.3 列车运行冲突判定

列车运行冲突判定是一个根据列车的实时运行状态，与行车组织规章、技术设备运用和作业组织方法等进行逻辑判断，看是否存在列车运行冲突的过程。

定义2.4 列车运行冲突度量

列车运行冲突度量是通过对每个冲突进行量化，通过一定的方法确定各冲突的严重程度，进而确定冲突需要消解的轻重缓急程度。

定义2.5 列车运行冲突预测

列车运行冲突预测是根据列车的实时运行状态，通过计算推导和分析，得到列车的下一个运行状态，根据逻辑判断准则判定是否存在冲突，在何处、何时可能发生冲突及其可能性有多大的过程。

定义2.6 列车运行冲突消解

列车运行冲突消解是根据冲突的类型和程度确定合理的列车运行调整策略以规避冲

突，保证列车快速恢复正常运行秩序。

高速铁路列车运行冲突判定、冲突度量和冲突预测统称为冲突分析，冲突分析必须及时可靠。之所以要及时是因为行车指挥人员需要根据列车运行的实时状态和运行需要制定列车运行调整计划；之所以要求可靠是为了避免重复调整运输计划。

定义 2.7 高速铁路列车运行冲突管理

高速铁路列车运行冲突管理是指通过研究并解决高速铁路行车组织过程中的冲突，优化行车指挥方法及运行图优化编制技术，包括高速铁路列车运行冲突的定义、冲突分类、冲突产生机理研究、冲突分析、冲突消解和基于冲突消解的列车运行调整方法研究等工作。

上述关键问题共同构成了高速铁路列车运行冲突管理研究的框架体系。因此，高速铁路列车运行冲突管理研究的框架体系如图 2.6 所示。

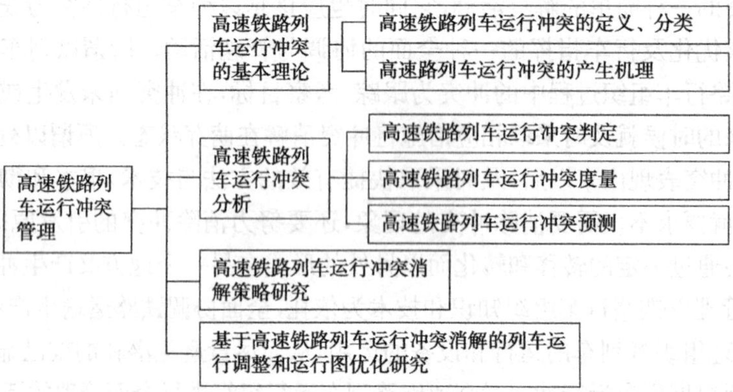

图 2.6 高速铁路列车运行冲突管理研究框架体系

高速铁路列车运行冲突管理功能是高速铁路运营调度系统必须具有的基本功能，列车运行图是铁路行车组织的基础，冲突管理是行车指挥的主要工作，为列车运行图优化提供重要的实践经验。高速铁路列车运行冲突管理模块将是高速铁路列车运行调整模块的一个重要子模块，为高速铁路的列车运行调整提供辅助决策，高速铁路列车运行调整模块的构成如图 2.7 所示。

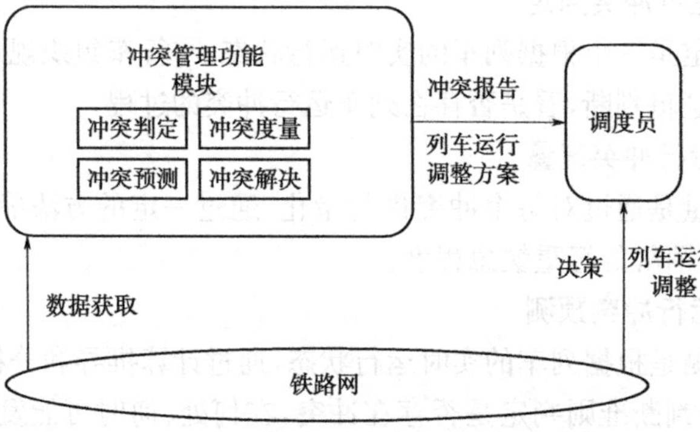

图 2.7 高速铁路列车运行调整模块的构成

在列车运行图编制过程中，已经考虑了列车运行的各类约束，所付诸实施的是无冲突运行图。如果列车完全按照运行图运行，则不会产生列车运行的冲突。但由于各种不确定因素的干扰,使列车要偏离既定的运行轨迹,这就有可能导致列车运行的外部环境不能满足列车运行的需要,出现各类列车运行冲突。

列车运行冲突管理、列车运行图优化和行车指挥技术在本质上是一个一体化的问题。高速铁路列车运行冲突管理与高速铁路列车运行图优化和行车指挥之间的关系可用图 2.8 表示。

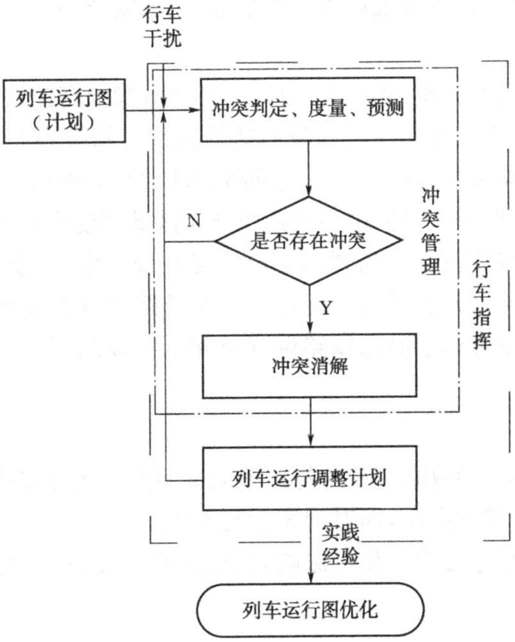

图 2.8　列车运行冲突管理与列车运行图优化、行车指挥之间的关系

列车运行冲突管理的目的是发现并及时消解冲突,组织列车的高效安全运行。通过对列车运行冲突的管理,实现对列车运行图的调整和优化,达到提高铁路行车指挥技术的目的。

高速铁路列车运行冲突管理以列车的实时及未来运行信息为前提和基础。本书不对列车运行信息的收集及处理过程进行重点分析,而仅是运用相应的信息对列车运行过程中可能出现的冲突进行管理,从而实现高速铁路列车运行调整的优化。

2.5.2　高速铁路列车运行冲突管理的特点

高速铁路列车运行冲突管理具有以下五个方面的特点。

1. 时变性

铁路运输系统是一个时变的系统,高速铁路的列车运行冲突是随着高速列车的运行过程而不断演变的。列车运行冲突是一个动态的过程,随着时间的不断推移,列车运行将出现不同的运行状态,从而可能出现不同的冲突类型,冲突的程度也因时间的推移可能具有不同的等级。高速铁路的列车运行冲突的形成、演变与时间的推移紧密联系,具有时变的特性。对高速铁路列车运行冲突的管理,需要把握冲突的时变性特征,冲突的预测和消解都需要将时变参数作为重要参数,否则将难以解决列车运行冲突。

2. 冲突可蔓延性

冲突在高速铁路实际运营中不可避免，当一个冲突出现后，如果没有及时加以控制及消解，冲突可能会蔓延、扩散开来，一列车的冲突可能传递给其他多列车，一个地点、一类资源的冲突可能传递给另一地点和另一类资源的冲突，这就是冲突的蔓延性或传递性。如在复杂路网上，一列车的冲突干扰将可能引起整个路网大量列车的冲突和晚点。如果对潜在或即时的冲突没有及时地消解，可能发展为更加多样、更加复杂的冲突。

3. 分割管理

根据高速铁路实行分级管理、集中统一指挥的原则，我国高速铁路的运营调度组织机构设置采用两级管理模式，即在铁路总公司设高速铁路调度指挥中心，在北京、上海、武汉、广州设四个高速铁路区域调度指挥中心。高速铁路的日常行车指挥工作按照分区管理的原则进行，铁路总公司高速铁路调度指挥中心负责协调各区域调度中心的工作，各区域调度指挥中心的调度员仅负责各自管辖区段的列车运行冲突管理工作，致使高速列车的冲突管理工作形成了分割管理的格局。尤其是对于运行于高速铁路和既有线之间的跨线列车，其在高速线和既有线的调度权限分属于高速铁路调度员和既有线调度员，对跨线列车冲突管理的分割管理特点更加明显。

4. 分级管理

由于冲突情景的不同，导致高速铁路各列车运行冲突之间存在严重程度的差异，需要对各冲突进行度量，分清冲突的主次，即对列车运行冲突进行分级，并根据冲突未来可能的演化趋势及其对列车运行秩序可能产生的影响，按照影响程度最大冲突优先消解的方法对冲突进行消解。

5. 复杂性

列车运行过程是一个时变的过程，高速列车运行状态的预测具有很大的不确定性，因此，列车运行冲突在冲突预测方面具有很高的复杂性。同时，高速列车运行过程及冲突的消解都要受到大量约束条件的限制，冲突消解后需满足列车运行的需要，保证必要的通过能力和运输服务质量，使列车运行冲突的消解过程复杂程度较高。高速铁路列车运行冲突的分割管理降低了不同调度指挥中心调度员之间信息交流的准确性和实时性，且不同调度员具有不同的行车指挥水平和经验，对列车运行冲突管理的消解水平存在差异，这些都导致了高速铁路列车运行冲突管理复杂性的增加。

第3章 高速铁路列车运行冲突产生机理研究

运输资源的稀缺性和独占性使铁路运输资源具有竞争性，是列车运行冲突产生的根本原因，而列车运行干扰是列车运行冲突产生与发展的主要和直接驱动力。冗余时间的存在将减小或消除列车运行干扰导致的列车运行延误，从而表现出对列车运行冲突的吸收性。本章详细论述了列车运行干扰和运行图冗余时间的作用过程，研究了高速铁路列车运行冲突的产生机理。

3.1 高速铁路列车运行干扰-冲突机理

干扰(interfence)是电磁学领域的重要术语，可定义为噪声所导致的异常影响，如果噪声造成不必要的结果，则称为干扰。

定义 3.1 列车运行干扰

列车运行干扰指由于设备故障、自然条件恶劣以及人为失误等各种不确定因素对列车正常运行产生的影响和扰动。

由于高速铁路具有列车追踪间隔时间小、列车运行速度快、发车密集等特点，列车运行干扰极易导致列车运行秩序紊乱，造成的能力损失严重，降低列车运行质量。本书将影响列车正常运行并导致列车运行延误的所有因素均归结为高速铁路的列车运行干扰。

3.1.1 列车运行干扰的实例

以下列举几例由于列车运行干扰导致列车运行晚点的情况：

(1)2009 年 12 月 19 日，连接英国和欧洲大陆的“欧洲之星”高速列车因寒冷天气导致电路故障而停止运行，直至 22 日才恢复部分列车的运行。

(2)2011 年 1 月 18 日起，由于南方出现大到暴雪和冰冻天气，导致武广高铁于 1 月 20 日列车采取由平时的时速 350 km 降至 250 km 的限速运行措施，造成武广高铁的大部分列车延误一两个小时。沪宁、沪杭高铁也采取临时实行限速 250 km/h 的措施，这使得部分高铁列车出现晚点。

(3)2010 年 2 月 7 日，因天气原因引起设备故障，造成正式投入运营第二天的郑西高铁部分列车晚点，同时造成 3 列高速列车停运。

(4)2009 年 10 月 21 日，因西安窑村站进行郑西高铁与陇海线对接施工，部分线路封闭，造成西安站列车“集体晚点”。

(5)武广高铁开通两个月内，晚点 10～30 min 和晚点 30 min 以上的列车有 77 列，其中晚点 30 min 以上的有 29 列，列车正点率 99.2%，导致晚点有三个方面：

①设备故障。2010 年 2 月 6 日发生在武广高铁韶关段,因接触网下垂 9 mm,列车自动检测发现后立即停车。

②天气原因。2010 年 1 月 4 日,因湖南、湖北冰雪天气和大风影响,动车组列车在多个区段自动减速至时速 250 km,导致部分列车晚点 10 min 左右。同时,动车组列车要适当降速甚至暂停。在这种情况下将导致列车的晚点延误。

③车上旅客有紧急状况。2010 年 2 月 24 日,武汉—广州南 G1065 次列车运行在衡阳东至耒阳西区间,由于一名老年旅客身体不适,列车在耒阳西站临时停靠,及时送往医院救治。

3.1.2 列车运行干扰产生的原因和分类

1. 列车运行干扰产生的原因

瑞典国家审计办公室通过分析 1976 年到 1986 年瑞典铁路每月列车运行统计数据得出了平均温度、降水和突发客流占了影响列车正常运行情况的 50%。瑞典铁路部门对瑞典铁路 2003 年到 2005 年的列车终到正点情况进行统计(见表 3.1),并将各种列车运行干扰源导致列车晚点的情况进行了对比(如图 3.1 所示)。

表 3.1 瑞典铁路 2003 年到 2005 年的列车终到正点情况

指标 \ 年份	2003	2004	2005
货物列车正点率	76%	78%	79%
旅客列车正点率	93%	93%	92%
货物列车总晚点时间(h)	53 415	53 228	58 519
旅客列车总晚点时间(h)	25 414	21 622	23 253

数据来源:瑞典铁路 2003～2005 年统计年报。

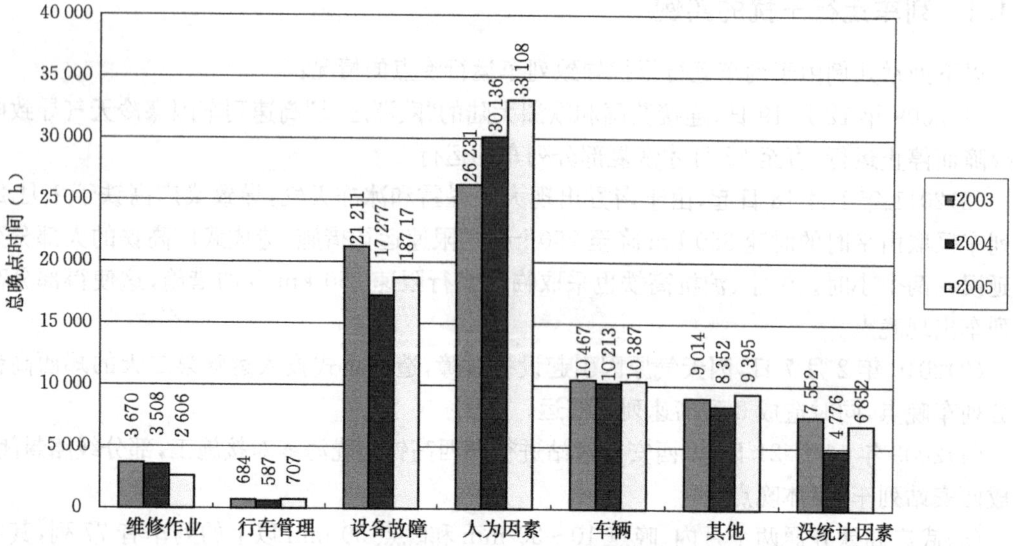

图 3.1 各种列车运行干扰源导致列车晚点情况

数据来源:瑞典铁路 2003～2005 年统计年报。

分析图 3.1 可以看出，人为因素和设备故障是列车运行的主要干扰源。国外的研究表明：临时限速、铁路施工、设备故障、温度、降水和突发客流是列车运行干扰的主要来源。

图 3.2 是欧洲铁路 2005 年旅客列车终到正点率的统计情况(晚点时间大于 5 min 记为晚点)，列车运行干扰是导致列车运行晚点的直接原因，尤其是西班牙铁路由于设备设施较落后、运输组织水平稍差，设备因素和人为因素的干扰导致列车运行秩序的紊乱而使列车终到正点率仅为 85%。

我国铁路 2009 年春运开始后前几天的列车正点率统计结果为：列车的始发正点率为 99.8%，而列车的终到正点率仅为 90.0%。造成列车终到正点率较低的主要原因是列车在运行过程中受到大量不确定因素的干扰，主要有三个方面：一是这段时间旅客相对集中，客流密集、旅客进站上车难度加大，这样有可能导致旅客列车发车的延误；二是大量开行临客，铁路运输能力处在超饱和的状态，列车运行调整难度显著加大；第三，在春运期间气候环境较恶劣，天气复杂多变对于列车的运行秩序也会造成一定的影响，导致旅客列车不同程度的晚点。

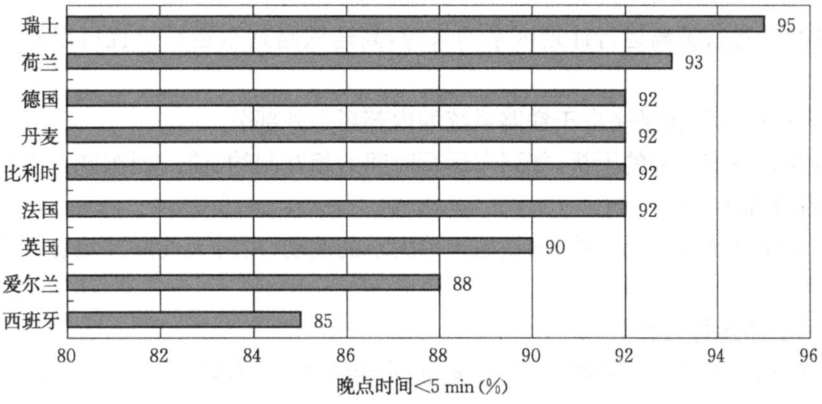

图 3.2　欧洲铁路列车正点率(2005 年)

相关统计资料显示，在影响我国既有线旅客列车运行的诸多因素中，线路等设施设备维修施工、不良气候条件以及设施设备的故障造成列车运行晚点占 80%以上。在总结分析以上案例和国内外研究实践的基础上，分析高速列车列车的运行过程及其约束条件可以知道，高速铁路列车运行的干扰产生原因主要来自三个方面：

(1)设备因素

设施设备的故障、性能下降等是列车运行干扰的重要来源之一，包括动车组、信号、通信、线路和供电故障等。其中动车组和信号故障是造成列车干扰的主要原因，当动车组和信号设备发生故障时，可能阻塞部分区间或车站，影响列车群的正常运行。2011 年 7 月 10 日 18:00 许，因山东省境内雷雨大风，造成京沪高铁曲阜东至滕州东至枣庄间下行线接触网故障断电，干扰京沪高铁 19 趟下行列车运行，导致了全线多个列车间冲突、动车组接续冲突等，被延误的最后一列车到达上海虹桥站的时间是 0:43，与天窗开设时间产生了冲突，从而致使天窗开设时间推迟。

(2)人为因素

人为因素包括人为操作失误、突发客流或调度指挥不当等。如行车指挥人员的管理水平、业务素质低;列车超员严重,旅客上下车人多,原规定的到站停车时间不够,旅客乘降作业超过规定时间;车站纠纷及行车事故等的影响。对于高速铁路来讲,在节假日特别是在春运、暑运等客流高峰期的高峰客流或突发客流,是造成旅客列车运行干扰的一个重要因素。所谓调度指挥不当是指凡是违反《铁路运输调度规则》规定的行车指挥工作。例如列车调度员在指挥行车时,车站间隔时间不足、发布违章命令或错发漏发命令等。

(3)外部环境因素

外部环境因素包括自然环境和人造环境,如台风、雷雨、冰雹等恶劣天气以及洪水地震等自然灾害,线路沿线发生具有破坏性的自然力造成的线路损坏等。如2008年初的南方大雪灾,致使南方路网几近瘫痪,列车秩序大面积紊乱;"5·12"特大地震导致宝成线全线瘫痪,并进而影响达成、成渝方向的列车运行。跨线列车给高速铁路的正常运营所带来的干扰也不可忽视。对于高速铁路局部路网或具体线路而言,其他局部路网和线路的列车运行情况是其重要的外部环境因素。

2. 列车运行干扰的分类

按导致列车运行偏离运行计划因素的来源,高速铁路列车运行干扰可以有以下四种分类方法:

(1)按列车运行干扰是来自于铁路系统的内部还是外部分

①来自铁路系统内部的干扰,如列车运行时间的相互制约、前一列车晚点引发的列车连带晚点,设备故障维修等。

②来自铁路系统外部的干扰,如铁路运输需求的波动、雨雪天气以及地震等自然灾害的影响等。

(2)按列车的运行过程分

①来自列车的干扰,包括列车开行方案、行车组织方式、不同列车之间的等级、跨线列车对本线列车的影响等。

②来自区间的干扰,包括由于线路车站和区间的施工封锁、自然灾害的影响和线路故障慢行限制等,列车无法按设定速度运行而采取的列车运缓措施等。如在实际运输生产过程中,列车运行受到多种因素的影响,列车运行时分将偏离运输计划,在我国铁路列车在区间的运行时分最大偏离可达26%,而平均偏离为12%,在施工慢行、信号显示状态不良等非正常情况下,区间运行时分的偏离将更大,最大达到40%~60%。

③来自车站的干扰,如乘降旅客数大幅波动,旅客数量骤增、乘客行李多等均可能导致列车在站停留时间延长而对列车运行产生干扰,到发线运用方案变更等将影响车站的作业效率对列车运行产生干扰,车站的信联闭等设备的故障而不能正常接发列车对列车运行产生干扰。

(3)按干扰来源是物理的还是运输组织上的分

①来自物理因素的干扰,属于客观方面的干扰,如线路临时限速、气候条件恶劣、机械设备故障等。

②来自运输组织方面的干扰,属于主观方面的干扰,如列车运行调整需求、设备运用规

则的变更等。

(4)按干扰来源的层次分

①初级干扰,指由于设备、人为和环境等因素直接引起的列车运行干扰,如2008年初的南方大雪灾,严重影响了京广线南段、浙赣、焦柳等线路列车的正常运营。

②次生干扰。无论是什么原因引起的列车运行干扰,其最终的表现形式均是列车在车站或区间的运行延误(晚点),而由于列车运行晚点的传播,少数列车的干扰将对其他列车的运行产生干扰、局部的干扰将引起大面积的干扰,把这样的干扰称为次生干扰。如2008年初的南方大雪灾中南方局部路网的列车运行干扰导致全国整体路网的列车运行均受到不同程度的干扰。

3.1.3 列车运行干扰的分布规律

列车运行干扰分布规律的研究是利用计算机对列车运行干扰产生及作用机理进行模拟仿真的理论基础。

对列车运行干扰分布规律的研究,胡思继教授结合长期的研究和对既有铁路实际工作的观测,运用统计方法归纳出:列车运行干扰是一个泊松过程,出现的频率可以用泊松分布函数来描述,而干扰发生的时间分布则服从负指数分布。荷兰代尔伏特理工大学的学者Goverde通过对荷兰铁路列车到达、出发以及停站时间的长期观测和分析,学者Yuan J. 对荷兰铁路海牙(Hague HS)车站的列车到发统计分析也得到了列车运行干扰发生时间服从负指数分布(negative exponential distribution)的相同结论。

泊松流常用来描述一个随机质点流的状态变化过程。如果将列车看作是到达目标,运行过程中随机干扰看作是源源不断一个接一个随机地到达目标的一串质点,则列车运行干扰具有以下三个概率特征:

①在考察时间区域$[0,T]$内的不同不相交时间子区间内发生的列车运行干扰的数量(到达目标的质点数)是相互独立的。

②对于充分小的$\Delta t>0$,在时间区间$[t,t+\Delta t]$内有一次列车运行干扰发生的概率与时间起点t无关,而仅与Δt的长度成正比。

③对于充分小的$\Delta t>0$,在时间区间$[t,t+\Delta t]$内发生一次以上列车运行干扰的概率几乎为0。

列车运行干扰的以上三个概率特征与泊松过程质点流的独立性、平稳性以及普遍性特征完全吻合。因此,列车运行干扰对列车运行的影响是一个泊松过程。记λ为列车在运行过程中单位时间内受到随机因素干扰的次数,称为列车运行干扰率,对应于泊松流的到达率。记$T_i(i=1,2,\cdots)$为第i次列车运行干扰与前一干扰的相继发生时间间隔,则T_i服从列车运行干扰强度λ的负指数分布,这是泊松流的基本性质。

由于现阶段我国高速铁路的运营密度还较小,列车运行实绩统计数据缺乏,但高速铁路在列车运行干扰的来源、类型、干扰导致的结果等方面与既有铁路的列车运行干扰具有相似性,因此本书认为,高速铁路列车在全程运行过程中受到的干扰用泊松分布来描述,高速列车受到运行干扰的时间序列服从负指数分布。则列车运行干扰时间序列的概率密度函数$p(x)$为:

$$p(x)=\lambda e^{-\lambda x};x>0,\lambda>0 \tag{3.1}$$

其分布函数为

$$F(x)=\int_0^x p(t)\mathrm{d}t=\int_0^x \lambda \mathrm{e}^{-\lambda t}\mathrm{d}t=\lambda \mathrm{e}^{-\lambda t}\Big|_0^x=1-\mathrm{e}^{\lambda x} \tag{3.2}$$

根据概率论相关理论，则列车运行干扰发生平均间隔时间 $E(T_i)$ 为

$$E(T_i)=\int_0^{\infty} x\mathrm{d}F(x)=\frac{1}{\lambda} \tag{3.3}$$

列车运行干扰发生平均间隔时间的物理意义是列车运行干扰率的倒数。

将产生干扰的时间点称为干扰时点，将产生干扰的地点称为干扰地点，列车运行干扰时点和干扰地点都是不连续的，分布在离散的时间点和地点，如若干个区间、区间的某段线路内、若干个车站、车站内的某些设备在运行全程时间内的某个时间点或时间段由于天气、设备或人为等原因对列车运行产生干扰。干扰产生的地点和产生的时间不固定，具有时间波动性和偶然性，干扰的来源具有不确定性。因此，列车运行干扰的产生是离散、随机的，列车在运行过程中所受到的干扰是一个离散随机事件。

定义 3.2　干扰情景

在一定的干扰原因下产生的干扰事件称为列车运行干扰情景，简称干扰情景，记为 K。它是各种类型干扰事件的集合。

干扰情景因干扰源的不同可取有限个数值，是一个离散随机变量。在每个干扰情景下的每一次干扰，对列车运行产生的影响体现为干扰延误时间的大小，表示列车在受到干扰后实际区间运行(车站停车)时分与图定区间运行(车站停车)时分的差值。将第 k 类列车干扰情景下的干扰延误时间记为 $T(k)$。

在高速铁路实际运营中，单列车全程所受干扰虽然具有波动性，不可能准确确定每类干扰情景的干扰延误时间。但是同一运行径路上大量列车在运行过程中的干扰情景及干扰延误时间却是具有一定规律的，干扰发生的地点、时间、干扰类型、干扰持续时间等呈现出波动中的稳定性。只要运行的条件不改变，则列车运行干扰的规律性就不会改变，可以计算得到各类列车运行干扰情景下干扰延误时间的数学期望。因此，第 k 类列车干扰情景下的干扰延误时间 $T(k)$ 为一数学期望值。

对于每一个区间和车站，其列车运行干扰产生的情景及概率是随机和离散的，因此列车在其运行径路上各站及区间所受干扰的分布可表示为

$$K\sim\begin{pmatrix} k_1 & k_2 & \cdots & k_m & \cdots \\ P_1 & P_2 & \cdots & P_m & \cdots \end{pmatrix} \tag{3.4}$$

干扰情景 k 下列车运行干扰延误时间的分布律为

$$P_k(x=t_i)=p_i \quad (k\in K, i=1,2,\cdots) \tag{3.5}$$

t_i 为每次统计的在干扰情景 k 下列车运行干扰造成的延误时间。

干扰情景 k 下列车运行干扰延误时间的均值为

$$T(k)=E_k(t)\sum_{i=1}^{\infty} t_i p_i \tag{3.6}$$

对于列车运行的全过程而言，在一条运行径路上，列车需经过 n 个车站和 $n-1$ 个区间，而在这些车站和区间上，列车均可能受到列车运行干扰的影响。分别记列车 i 运行径路上的车站序列为 S^i，记列车 i 运行径路上的区间序列为 Q^i，则有：

$$S^i=(s_1^i,s_2^i,\cdots,s_j^i,\cdots,s_n^i) \tag{3.7}$$

$$Q^i=(q_1^i,q_2^i,\cdots,q_j^i,\cdots,q_{n-1}^i) \tag{3.8}$$

高速铁路的列车运行干扰情景可用表 3.2 的形式表示。

表 3.2　列车运行干扰情景

干扰地点	列车等级	干扰类型 k	干扰延误时间
s_j	l($l\in\{1,2\}$,1 表示 A 类列车,2 表示 B 类列车)	$k\in K$	$T_{sj}(k)$
q_j	l($l\in\{1,2\}$,1 表示 A 类列车,2 表示 B 类列车)	$k\in K$	$T_{qj}(k)$

将列车到达终到站或区段终点站认定为列车运行过程结束,故不考虑列车在车站 n 受到的干扰。因此,列车 i 在各种干扰情景 k 下列车运行干扰延误总时间为其所经过各区间及车站所受干扰时间的累加和,记为 $T_i(K)$。

$$T_i(K)=\sum_{k\in K}\sum_{j=1}^{n-1}[\delta T_{sj}^i(k)+\beta T_{qj}^i(k)] \tag{3.9}$$

式中　k——第 k 种列车干扰情景;

K——列车运行干扰情景集;

$T_{sj}^i(k)$——列车 i 在车站 s_j 受到干扰情景 k 的影响时间;

$T_{qj}^i(k)$——列车 i 在区间 q_j 受到干扰情景 k 的影响时间;

δ——二值决策变量,取值为 1 或 0,取 1 时表示列车在车站受到干扰情景 k 的影响,取 0 时表示不受影响;

β——二值决策变量,取值为 1 或 0,取 1 时表示列车在区间受到干扰情景 k 的影响,取 0 时表示不受影响。

列车运行干扰能向纵向和横向传播,具有累积效应。所谓累积效应是指列车在运行过程中由于受到随机干扰的影响,将导致列车产生延误,且随着受到干扰的增加,列车的运行时间延误也将增加。列车运行干扰的传播和累积将使列车到达车站或进入区间的时间晚点,导致列车群之间的安全间隔不满足作业标准、车站没有适合于该列车到发条件的到发线、动车组接续时间不足、旅客在车站错过换乘其他列车时间以及列车的区间运行时分落入天窗维修时段等,这些都是潜在的列车运行冲突。

定义 3.3　列车运行干扰的纵向传播

由于某列车 i 在受到强度 d_i($d_i>0$)的干扰并偏离运行计划后,使该列车在后续车站及区间均不能"按图行车",且具有 d_i'($d_i'>0$)的干扰,这种列车运行干扰对单列车的干扰称为列车运行干扰的纵向传播。

列车 i 在其运行径路上各站受到的第 k 类列车运行干扰频数记为 $\lambda_{sj}^i(k)$,其中 $j=1,2,\cdots,n-1$;在其运行径路上各区间受到的第 k 类列车运行干扰频数记为 $\lambda_{qj}^i(k)$,其中 $j=1,2,\cdots,n-1$。

列车 i 在其运行径路上受到的列车运行干扰频数 λ^i 等于其在各站和各区间受到各类干扰频数的总和,因此有

$$\lambda^i=\sum_{k\in K}\sum_{j=1}^{n-1}\lambda_{sj}^i(k)+\sum_{k\in K}\sum_{j=1}^{n-1}\lambda_{qj}^i(k)=\sum_{k\in K}\sum_{j=1}^{n-1}[\lambda'_{sj}(k)+\lambda_{qj}^i(k)] \tag{3.10}$$

式中 $\sum_{k\in K}\sum_{j=1}^{n-1}\lambda_{sj}^{i}(k)$——列车 i 在其运行径路上各站受到全部干扰频数的总和；

$\sum_{k\in K}\sum_{j=1}^{n-1}\lambda_{qj}^{i}(k)$——列车 i 在其运行径路上各区间受到全部干扰频数的总和。

在考虑列车运行干扰发生概率的统计规律后，列车受到干扰后的晚点时间值可通过各类干扰情景下干扰发生的概率与各干扰情景下车站、区间干扰延误时间乘积的累加和来求得。其数学表达式为

$$T_d^i(j)=\sum_{k\in K}P_i(k)\times T_i^j(K)=\sum_{k\in K}\sum_{1}^{j-1}P_i(k)\times[\delta T_{sj}^i(k)+\beta T_{qj}^i(k)] \tag{3.11}$$

式中 $T_d^i(j)$——列车 i 运行至车站 s_j 时的总干扰延误时间；

$P_i(k)$——列车 i 在运行径路上受到第 k 类列车干扰情景的概率，其值等于列车 i 在其运行径路上受到的第 k 类列车运行干扰频数占列车 i 在其运行径路上受到的所有列车运行干扰频数的比值，即有

$$P_i(k)=\frac{\sum_{j=1}^{n-1}\lambda_{sj}^i(k)+\sum_{j=1}^{n-1}\lambda_{qj}^i(k)}{\lambda^i}=\frac{\sum_{j=1}^{n-1}[\lambda_{sj}^i(k)+\lambda_{qj}^i(k)]}{\sum_{k\in K}\sum_{j=1}^{n-1}[\lambda_{sj}^i(k)+\lambda_{qj}^i(k)]} \tag{3.12}$$

且有：

$$\sum P_i(k)=1 \tag{3.13}$$

此时 δ 和 β 两个二值决策变量均取值为 1。

对于单列车 i 而言，由于列车运行干扰的累积效应，其完成从起点站 s_1 到终点站 s_n 的运行后，其受到的总干扰频率为 λ^i，该列车受到的总干扰强度为 T_d^i，在此处表示晚点时间的数学期望值，在推导和预测列车的运行状态、终到干扰晚点以及辅助行车指挥决策方面具有重要的价值。

而对于由多列车组成的列车群，由于列车运行干扰的纵向传播，尤其是高密度运行的高速铁路，列车运行干扰在列车群间的累积效应更明显。

定义 3.4 列车运行干扰的横向传播

由于某列车 i 在受到强度 $d_i(d_i>0)$ 的干扰并偏离运行计划后，在对列车运行不进行任何人为干预的情况下，将使其后续列车受到强度为 $d_j(d_j>0)$ 的干扰，这种由一列车的干扰传播给多列车的干扰称为列车运行干扰的横向传播。

在图 2.3 所示的冲突中，设列车 j 在到达该车站前为正点运行，列车 i 受到 d_i 的干扰，列车 j 为了避让列车 i 而需在进站信号机外停车，则列车 j 由于列车 i 所受干扰的横向传播受到的干扰 d_{ij} 为：$d_{ij}=t_i+t_{P,D}+T_S+T_B-t_j$，其中 t_i 为列车 i 占用道岔的时刻，$T_{P,D}$ 为列车 i 通过和出清岔区的时间，T_S 为道岔转换作业时间，T_B 为列车 j 提前减速的时间，t_j 为列车 j 占用道岔的时刻。

考察由 l 列车组成的具有相同运行径路的一个紧密追踪列车群 Ω，按照其运行顺序依次编号为 $1,2,\cdots,l$，则列车群最后一列车 l 将接受其前行列车 $1,2,\cdots,l-1$ 所受到列车运行干扰的横向传播，其全程所受到的干扰强度 λ^{Ω} 等于其自身所受干扰与所有前行列车所受干扰的总和。其数学表达式为：

$$\lambda^{\Omega}=\lambda^{l}+\sum_{i=1}^{l-1}\lambda^{i}=\sum_{i=1}^{l}\lambda^{i} \tag{3.14}$$

式中 λ^{l}——列车 l 自身全程受到干扰的累积；

$\sum_{i=1}^{l-1}\lambda^{i}$——列车 l 的所有前行列车所受干扰的累积。

因此有

$$\begin{aligned}\lambda^{\Omega}&=\sum_{k\in K}\sum_{j=1}^{n-1}[\lambda_{sj}^{l}(k)+\lambda_{qj}^{l}(k)]+\sum_{i=1}^{l-1}\sum_{k\in K}\sum_{j=1}^{n-1}\lambda_{sj}^{i}(k)+\sum_{i=1}^{l-1}\sum_{k\in K}\sum_{j=1}^{n-1}\lambda_{qj}^{l}(k)\\&=\sum_{k\in K}\sum_{j=1}^{n-1}[\lambda_{sj}^{l}(k)+\lambda_{qj}^{l}(k)]+\sum_{i=1}^{l-1}\sum_{k\in K}\sum_{j=1}^{n-1}[\lambda_{sj}^{i}(k)+\lambda_{qj}^{i}(k)]\\&=\sum_{i=1}^{l}\sum_{k\in K}\sum_{j=1}^{n-1}[\lambda_{sj}^{i}(k)+\lambda_{qj}^{i}(k)]\end{aligned} \tag{3.15}$$

列车 l 由于频数为 λ^{Ω} 的列车运行干扰引起的列车运行干扰晚点时间为前 $l-1$ 列车运行干扰晚点时间的累加与列车 l 自身全程干扰时间的和，因此有

$$\begin{aligned}T_{d}^{l\in\Omega}(n)&=T_{d}^{l}(n)+\sum_{i=1}^{l-1}T_{d}^{i}(n)\\&=\sum_{k\in K}\sum_{1}^{j-1}P_{l}(k)\times[T_{sj}^{i}(k)+T_{qj}^{i}(k)]+\sum_{i=1}^{l-1}\sum_{k\in K}\sum_{j=1}^{n-1}P_{i}(k)\times[T_{sj}^{i}(k)+T_{qj}^{i}(k)]\\&=\sum_{i=1}^{l}\sum_{k\in K}\sum_{j=1}^{n-1}P_{i}(k)\times[T_{sj}^{i}(k)+T_{qj}^{i}(k)]\end{aligned} \tag{3.16}$$

对于紧密追踪列车群 Ω 中列车 l，其在运行全过程中列车的到站、离站称为列车运行状态转换点，是区分列车停站作业和区间运行的标记点。列车自 $j-1$ 站出发后到达 j 站受到其自身所受列车运行干扰的纵向积累及其前行列车运行干扰的横向传播。为了简单起见，将列车运行干扰理想化为在列车运行状态转换的瞬时发生作用，体现为列车运行干扰延误时分。有 n 个车站、$n-1$ 个区间的区段，列车运行干扰条件下列车 l 偏离运行计划的状态转移图可用图 3.3 表示。

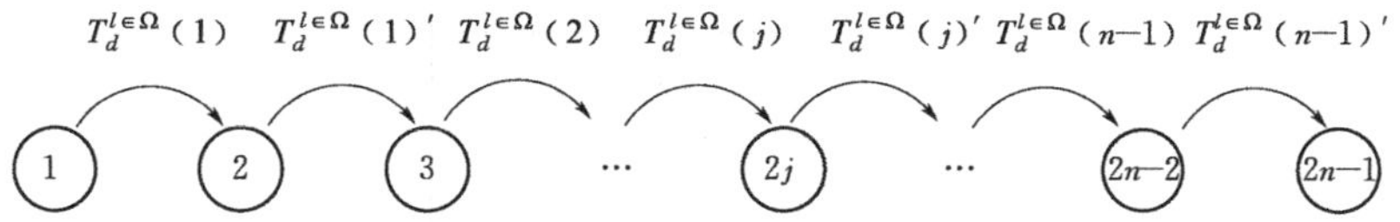

图 3.3 列车群中列车运行偏离运行计划的状态转移图

○为状态符号，表示列车到达车站和离开车站偏离列车运行计划量，图中共有 $2n-1$ 个状态；箭头为从一个状态到另一个状态的转移；箭头上的数值为前一状态到后一状态列车运行偏离运行计划的时分，且有

$$T_{d}^{l\in\Omega}(1)=\sum_{i=1}^{l}\sum_{k\in K}P_{i}(k)\times T_{s1}^{i}(k)$$

$$T_{d}^{l\in\Omega}(1)'=T_{d}^{l\in\Omega}(1)+\sum_{i=1}^{l}\sum_{k\in K}P_{i}(k)\times T_{q1}^{i}(k)$$

$$\vdots$$

$$T_d^{l\in\Omega}(j)'=T_d^{l\in\Omega}(j)+\sum_{i=1}^{l}\sum_{k\in K}P_i(k)\times T_{qj}^{i}(k)$$

$$\vdots$$

$$T_d^{l\in\Omega}(n-1)'=T_d^{l\in\Omega}(n-1)+\sum_{i=1}^{l}\sum_{k\in K}P_i(k)\times T_{q_{n-1}}^{i}(k)$$

可以得到列车运行偏离运行计划状态的转移矩阵为

$$\begin{array}{c} \quad 1 \quad 2 \quad 3 \quad \cdots \quad 2j \quad \cdots \quad 2n-2 \\ \boldsymbol{\Lambda}=\left[\begin{array}{ccccccc} T_d^{l\in\Omega}(1) & & & & & & \\ & T_d^{l\in\Omega}(1)' & & & & & \\ & & T_d^{l\in\Omega}(2) & & & & \\ & & & \cdots & & & \\ & & & & T_d^{l\in\Omega}(j)' & & \\ & & & & & \cdots & \\ & & & & & & T_d^{l\in\Omega}(n-1)' \end{array}\right]\begin{array}{c} 2\\3\\4\\ \vdots \\ 2j+1 \\ \vdots \\ 2n-1 \end{array} \end{array} \tag{3.17}$$

3.1.4 列车运行干扰的作用机理

图 3.4 为高速铁路列车运行干扰传播的示意图，图中虚线表示计划运行线，实线表示实绩运行线。

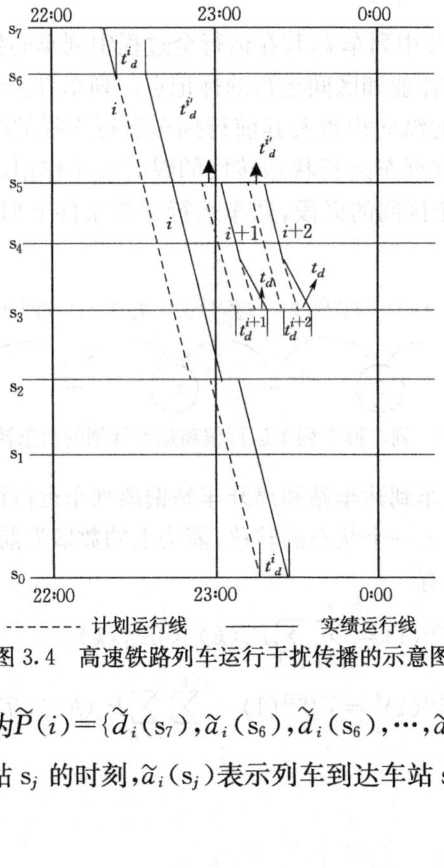

图 3.4 高速铁路列车运行干扰传播的示意图

列车 i 的计划运行线为$\widetilde{P}(i)=\{\widetilde{d}_i(s_7),\widetilde{a}_i(s_6),\widetilde{d}_i(s_6),\cdots,\widetilde{a}_i(s_1),\widetilde{d}_i(s_1),\widetilde{a}_i(s_0)\}$，其中$\widetilde{d}_i(s_j)$表示列车离开车站 s_j 的时刻，$\widetilde{a}_i(s_j)$表示列车到达车站 s_j 的时刻，对于列车不停站

的车站，有$\tilde{d}_i(s_j)=\tilde{a}_i(s_j)$。

列车 i 的实绩运行线为$P(i)=\{d_i(s_7),a_i(s_6),d_i(s_6),\cdots,a_i(s_1),d_i(s_1),a_i(s_0)\}$，其中 $d_i(s_j)$为列车实际离开车站 s_j 的时刻，$a_i(s_j)$为列车实际到达车站的 s_j 时刻，对于列车不停站的车站，有 $d_i(s_j)=a_i(s_j)$。

为讨论方便，图中仅考虑了在 s_6 站列车 i 受到由于旅客乘降时间增长、强度为 t_d^i 的干扰，此例中不考虑列车 i 在其后续车站和区间受到其他类型干扰的情况，其在后续各站及区间仅受到列车 i 在车站 s_6 所受干扰 t_d^i 纵向传播的影响，此时 $P_i(k)$为 1，$T_i(k)$等于 t_d^i，k 表示列车在站旅客乘降时间延长的干扰情景。在不考虑人为调整和控制的情况下，列车 i 到达 s_0 站时的干扰晚点时间为 t_d^i，即有 $d_i(s_6)=\tilde{d}_i(s_6)+t_d^i$，$a_i(s_5)=\tilde{a}_i(s_5)+t_d^i$，…，$a_i(s_0)=\tilde{a}_i(s_0)+t_d^i$。

列车 $i+1$ 和列车 $i+2$ 是列车 i 的追踪列车，且均为 s_5～s_3 之间的城际高速列车。列车 $i+1$ 和列车 $i+2$ 紧密追踪，即有$\tilde{d}_{i+2}(s_5)-\tilde{d}_{i+1}(s_5)=I_{\min}$，$I_{\min}$为最小列车追踪间隔时分；列车$i+1$和列车 i 非紧密追踪，即有$\tilde{d}_{i+1}(s_5)-\tilde{d}_i(s_5)>I_{\min}$。由于列车 i 受到t_d^i 的干扰后，列车$i+1$在 s_5 的始发时间与列车 i 在 s_5 站的通过时间之差$\tilde{d}_{i+1}(s_5)-d_i(s_5)<I_{\min}$，不满足追踪间隔时间标准，使列车 $i+1$ 需在 s_5 出发的时刻偏离 $t_d^{i'}$ ($t_d^{i'}<t_d^i$)，即受到 $t_d^{i'}$ 的干扰，这是列车 i 所受干扰的横向传播导致的。同时在 s_4—s_3 区间由于线路临时限速给列车 $i+1$带来强度为 t_d 的干扰，此时 $P_i(k)$为 1，$T_i(k)$等于 t_d，k 表示线路临时限速的干扰情景。列车 $i+1$ 终到 s_3 站的总干扰 t_d^{i+1} 等于列车i 的干扰横向传播值与列车 $i+1$ 自身所受干扰纵向传播的和，即 $t_d^{i+1}=t_d^{i'}+t_d$。

同理，列车 $i+2$ 需受到列车 i 和列车 $i+1$ 所受干扰的横向传播，假设列车 $i+2$ 在全程自身不受干扰，即列车 $i+2$ 的自身干扰为 0，其终到 s_3 站的总干扰 t_d^{i+2} 等于 t_d^{i+1}。

如图 3.5 所示是由高速铁路列车运行干扰导致列车运行冲突的示意图。

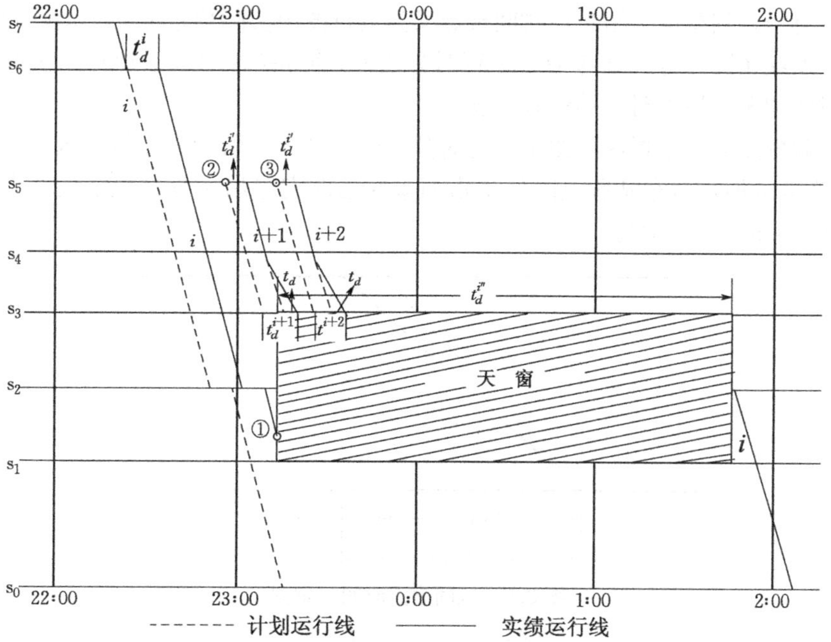

图 3.5 高速铁路列车运行干扰导致列车运行冲突的示意图

列车 i 受到干扰产生 t_d^i 的延误时间后，列车 $i+1$ 若按计划时刻发车将与列车 i 的通过时分产生出发间隔时间冲突；同理，列车 $i+2$ 若按计划时刻运行又将与列车 $i+1$ 的实绩运行线产生出发间隔时间冲突。

图中 s_3—s_1 区段在 23:15～1:45 之间开设 150 min 的垂直矩形天窗，记天窗开始时间为 T_{tb}。在正常情况下，列车 i 能在天窗开始前通过 s_2—s_1 区间[$\widetilde{a}_i(s_1)=\widetilde{d}_i(s_1)<T_{tb}$]。但由于列车运行干扰的存在，列车 i 将在 s_2—s_1 区间内落入天窗时段[$a_i(s_1)=d_i(s_1)>T_{tb}$]，从而产生列车运行与天窗开设的冲突，在列车 i 在站 s_1 不能通过联络线转至其他平行线路运行的情况下，列车 i 只能在 s_2 站等待天窗结束，并进而产生 $t_d^{i''}$ 的干扰。

图中①②③为 3 个列车运行冲突点(图中用○表示)，其中①为列车 i 所受干扰纵向传播产生的，是行车作业与维修作业的冲突；②和③则是由列车 i 所受干扰横向传播造成的，是车站间隔时间冲突。

随着列车运行干扰的增加，大量干扰延误时间将导致计划运行线与实际作业组织之间的大量冲突。因此，高速铁路列车运行冲突是由于列车在运行过程中所受到的大量列车运行干扰累积和传播导致的。

由上述分析可以看出，列车群所受干扰纵向和横向传播的累积效应将直接导致列车运行干扰延误时间的产生，在不考虑人为调整和控制因素的情况下，列车运行干扰延误时间的存在，将导致大量列车运行冲突的产生。因此，列车运行干扰是列车运行冲突的直接致因。

3.2 高速铁路列车运行图冗余时间-冲突机理

3.2.1 基本概念

在实际铺画列车运行图时，在通过能力允许的情况下，图定列车运行间隔时间要大于最小列车间隔时间。列车运行图缓冲时间被定义为运行图中实际预定的列车运行间隔与最小列车间隔之差或实际运行时分与最小运行时分之差，简称缓冲时间。运行图缓冲时间多以区间撒点时间和车站撒点时间的形式出现。

所谓区间撒点时间是指区间图定运行时分与通过列车牵引计算所得到区间最小运行时分的差(如图 3.6 所示)，车站撒点时间是指列车在站图定停站时分与规定的最小列车停站时分的差额(如图 3.7 所示)。

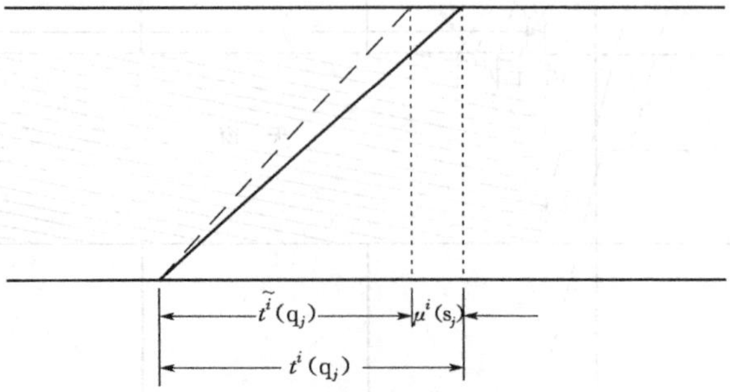

图 3.6 区间撒点时间示意图

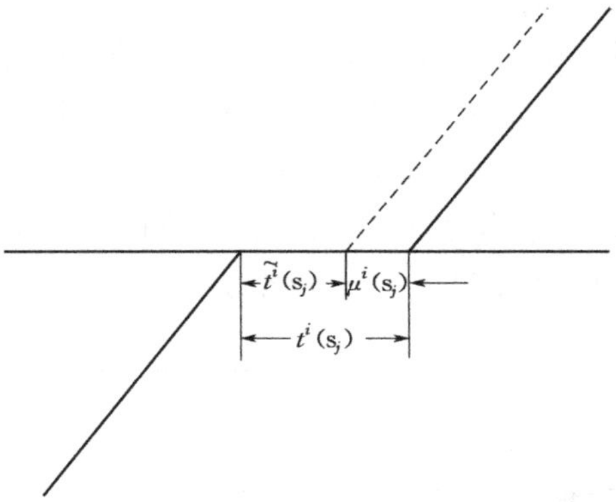

图 3.7　车站撤点时间示意图

图中，实线为图定运行线，虚线为由列车牵引计算确定的运行线。$\mu^i(q_j)$为第 i 列车在第 j 区间运行的撤点时间，min；$t^i(q_j)$为第 i 列车在第 j 区间运行的图定运行时分，min；$\tilde{t}^i(q_j)$为第 i 列车在第 j 区间运行的最小运行时分；$\mu^i(s_j)$为第 i 列车在第 j 站的撤点时间，min；$t^i(s_j)$为第 i 列车在第 j 站的图定停站时分，min；$\tilde{t}^i(s_j)$为第 i 列车在第 j 站的最小列车停站时分，min。

因此有

$$\mu^i(q_j)=t^i(q_j)-\tilde{t}^i(q_j) \tag{3.18}$$

$$\mu^i(s_j)=t^i(s_j)-\tilde{t}^i(s_j) \tag{3.19}$$

为了使列车运行图有足够的应变能力，保障高速列车的正点率，当列车运行紊乱时能尽快恢复正常运行秩序，使运行图具有较强的弹性，常要在列车运行线间预留一定的“富余”时间，称为列车运行线间冗余时间(如图 3.8 所示)。

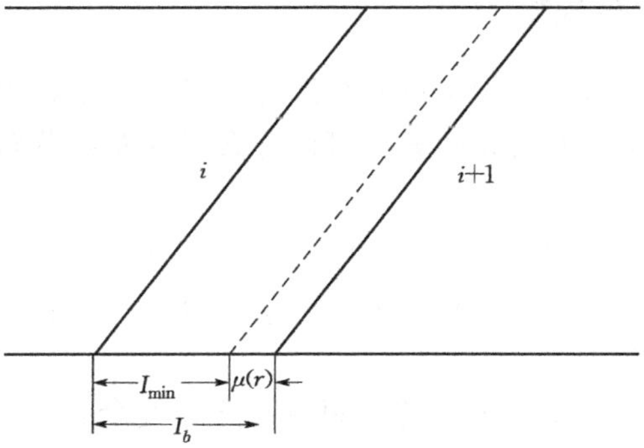

图 3.8　列车运行线间冗余时间示意图

图中 I_b 为运行图图定列车追踪间隔时分，$I_{\min}$为最小追踪间隔时分，$\mu(r)$为列车运行线间冗余时间，且有

$$\mu(r)=I_b-I_{\min} \tag{3.20}$$

同时，由于运行线布局对时间的分割，可能导致某些时间无法被利用，称为运行线间的空费时间。

我们将高速铁路列车运行线间冗余时间、运行图缓冲时间以及运行线间的空费时间统称为高速铁路列车运行图冗余时间(简称冗余时间)。

在冗余时间中,空费时间由于一般均为小值时间且较为分散,对改善运行图质量不明显,而仅有列车运行线间冗余时间和缓冲时间对于改善运行图质量作用明显。因此,本书在研究中仅考虑列车运行线间冗余时间和缓冲时间。

张星臣教授通过采集列车平均晚点时间和冗余时间的大量数据进行了模拟,得到了如图 3.9 所示的列车平均晚点时间随冗余时间变化的规律。

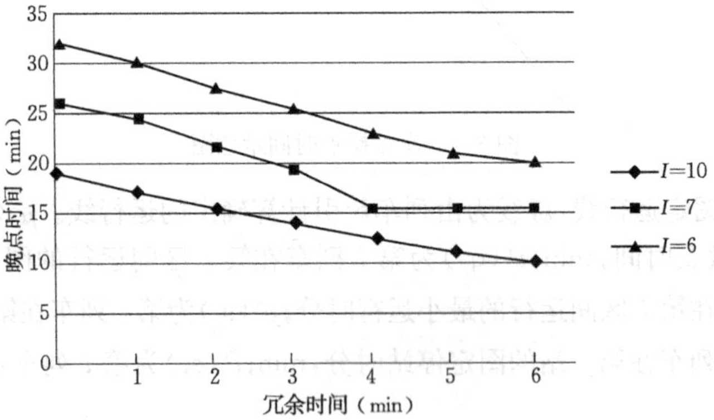

图 3.9　列车平均晚点时间随冗余时间变化图

从上图可以看出,各种追踪间隔($I=6$、7、10 min 时)的列车平均晚点时间随着冗余时间的增大而呈明显的减小趋势。由此可见,冗余时间对于缓解列车运行过程中由于各种随机因素的影响所造成的列车区间运行时分的波动和列车晚点具有积极的作用,冗余时间的设置有利于提高运行图的稳定性,增强列车运行图的抗干扰能力。

3.2.2　冗余时间的分布规律

在运行图的铺画过程中,一般均会在列车运行径路上的车站和区间预留一定的冗余时间。因此,列车运行径路上的冗余时间分布可用冗余时间车站分布序列和区间分布序列分别表示。

$$\mu(\mathrm{S})=(\mu(\mathrm{s}_1),\mu(\mathrm{s}_2),\cdots,\mu(\mathrm{s}_j),\cdots,\mu(\mathrm{s}_{n-1}))\tag{3.21}$$

$$\mu(\mathrm{Q})=(\mu(\mathrm{q}_1),\mu(\mathrm{q}_2),\cdots,\mu(\mathrm{q}_j),\cdots,\mu(\mathrm{q}_{n-1}))\tag{3.22}$$

式中　$\mu(\mathrm{s}_j)$——车站冗余时间;

$\mu(\mathrm{q}_j)$——区间冗余时间,线间冗余时间纳入车站冗余时间处理。

列车 i 在其运行径路上全程车站冗余时间记为 $\mu^i(\mathrm{S})$,区间冗余时间记为 $\mu^i(\mathrm{Q})$,总冗余时间记为 μ^i,即

$$\mu^i(\mathrm{S})=\sum_{j=1}^{n-1}\mu^i(\mathrm{s}_j)\tag{3.23}$$

$$\mu^i(\mathrm{Q})=\sum_{j=1}^{n-1}\mu^i(\mathrm{q}_j)\tag{3.24}$$

$$\mu^i=\sum_{j=1}^{n-1}[\mu^i(\mathrm{s}_j)+\mu^i(\mathrm{q}_j)]\tag{3.25}$$

列车群 Ω 在车站 s_j 的全部最大可利用冗余时间 $\mu^{\Omega}(s_j)$ 等于列车群中各列车在该站所具有的最大冗余时间的累加和，即

$$\mu^{\Omega}(s_j)=\sum_{i\in\Omega}\mu^{i}(s_j) \tag{3.26}$$

列车群 Ω 在区间 q_j 的全部最大可利用冗余时间 $\mu^{\Omega}(q_j)$ 等于列车群中各列车在该区间所具有的最大冗余时间的累加和，即

$$\mu^{\Omega}(q_j)=\sum_{i\in\Omega}\mu^{i}(q_j) \tag{3.27}$$

冗余时间具有固定性和不完全累加性，固定性表现在一旦设定了区间和车站的冗余时间分布方案，即 $\mu(s)$ 和 $\mu(q)$ 序列给定之后，在实施过程中不能改变；不完全累加性是指冗余时间仅限于在给定的车站和区间利用，表现为仅当列车受到干扰偏离运行计划并需要进行列车运行调整时才利用冗余时间，在当前区间和车站实施列车运行调整时，之前区间和车站的冗余时间不能储存至当前区间和车站，不对列车运行调整产生作用，当前区间和车站未被完全利用的冗余时间也不能累加进列车运行前方车站和区间。

与列车运行干扰类似，列车 l 冗余时间可用一个状态转移图来表示冗余时间对列车运行偏离运行计划的恢复过程，如图 3.10 表示。为了方便起见，将列车运行冗余时间的缓冲作用理想化为在列车运行状态转换的瞬时发生作用。由于列车群 Ω 中各列车利用其冗余时间是相互独立的，列车是否利用区间和车站的冗余时间及利用的多少仅取决于其自身的晚点延误情况，则列车群 Ω 中所有列车的偏离运行计划恢复状态转移图形式都是一致的，只是冗余时间的利用值存在差异。

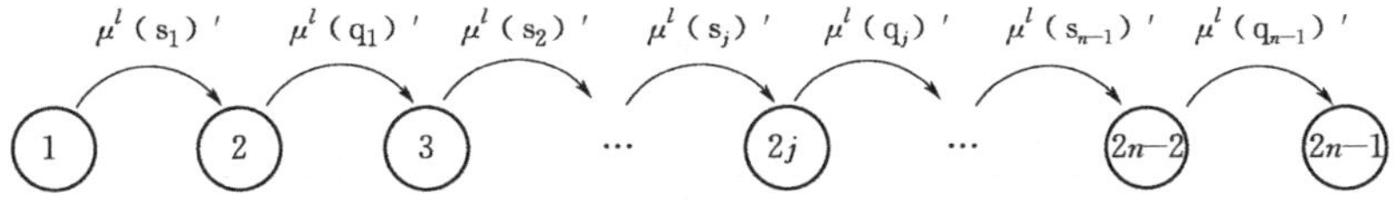

图 3.10 列车偏离运行计划恢复状态转移图

图中 $\mu^{l}(q_j)'$ 和 $\mu^{l}(s_j)'$ 分别为干扰延误列车 l 在区间 q_j 和车站 s_j 的实际利用冗余时间，且有 $\mu^{l}(q_j)'\leqslant\mu^{l}(q_j)$ 和 $\mu^{l}(s_j)'\leqslant\mu^{l}(s_j)$。

同样，可以得到列车偏离运行计划恢复状态矩阵，即

$$\boldsymbol{\Gamma}=\begin{array}{c} \begin{array}{ccccccc} 1 & 2 & 3 & \cdots & 2j & \cdots & 2n-2 \end{array} \\ \left[\begin{array}{ccccccc} \mu^{l}(s_1)' & & & & & & \\ & \mu^{l}(q_1)' & & & & & \\ & & \mu^{l}(s_2)' & & & & \\ & & & \cdots & & & \\ & & & & \mu^{l}(q_j)' & & \\ & & & & & \cdots & \\ & & & & & & \mu^{l}(q_{n-1})' \end{array}\right] \end{array} \begin{array}{c} \\ 2 \\ 3 \\ 4 \\ \vdots \\ 2j+1 \\ \vdots \\ 2n-1 \end{array} \tag{3.28}$$

3.2.3 冗余时间的缓冲作用机理

冗余时间能够在一定程度上吸收由于列车运行过程中受到随机因素干扰而导致的晚点时间。区间和车站撒点时间越多、线间冗余时间越多，相应晚点列车用于恢复正常运行秩序的时间也越多，即对列车运行干扰的恢复能力越强。

对于图 3.4 所示的列车运行干扰情况，由于在铺画运行图时，在车站以及区间均设有冗余时间，s_6—s_5 区间撒点冗余时间为 $\mu^i(q_6)$，区段 s_5—s_2 之间的区间撒点冗余时间为 $\mu^i(q_5)+\mu^i(q_4)+\mu^i(q_3)$，区段 s_2—s_0 之间的区间撒点冗余时间为 $\mu^i(q_2)+\mu^i(q_1)$，车站 s_2 的撒点冗余时间为 $\mu^i(s_2)$，且有 $\sum_{j=1}^{6}\mu^i(q_j)+\mu^i(s_2)>d_i$。则当列车 i 在 s_6 站受到干扰并产生 d_i 的延误后，列车利用剩余区段的冗余时间赶点运行，列车 i 到达 s_0 站时能够完全吸收掉列车 i 在 s_6 站受到的干扰 d_i，如图 3.11 所示。

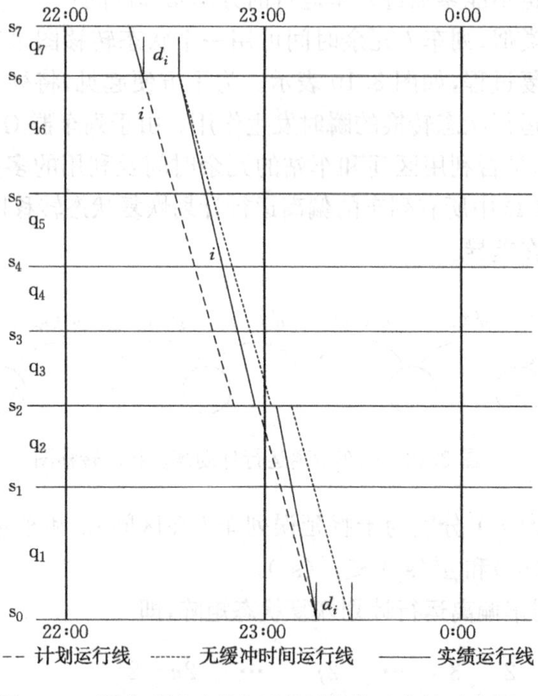

图 3.11 缓冲时间对列车运行干扰的吸收性示意图

图 3.5 中，列车 i 在 s_6—s_2 区段及 s_2 站的冗余时间赶点运行，并能在天窗开始前通过 s_2—s_1 区间[$a_i(s_1)=d_i(s_1)<T_{tb}$]，从而消除了冲突点①(用①表示)，如图 3.12 所示。

对于列车 $i+1$，列车 i 在 s_6—s_5 区间利用冗余时间 $\mu^i(q_6)$ 赶点运行，但由于 $\mu^i(q_6)<d_i+1$，冲突点②仍然存在，但列车 $i+1$ 在 s_5 站受到列车 i 所受干扰横向传播的影响减小为 d'_{i+1}[$d'_{i+1}=d_{i+1}-\mu^i(q_6)$]，其在 s_5—s_3 区段利用区间冗余时间加速运行，可以正点到达终到站。而对于列车 $i+2$，其与列车 $i+1$ 之间存在线间冗余时间 t_{rx21}，且有 $t_{rx21}\geqslant d_{i+2}$，则 d_{i+2} 的干扰全部被吸收，冲突点③被消除(用③表示)，列车 $i+2$ 按计划运行线运行。

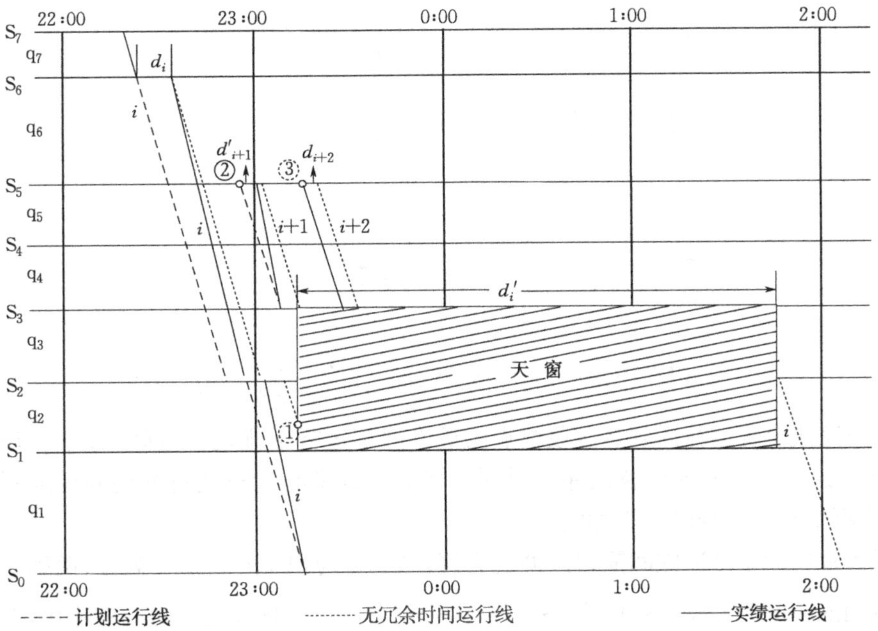

图 3.12 利用冗余时间消除列车运行冲突的示意图

3.3 高速铁路列车运行冲突的产生机理及其仿真

3.3.1 列车运行冲突的产生机理分析

考虑到列车运行过程中若产生运行干扰延误，调度员便会立即运用区间及车站的冗余时间进行调整，列车在各状态转换点的列车运行偏离计划值等于列车运行干扰延误时间与其冗余时间利用的差值，若列车运行干扰延误时间大于可利用的冗余时间之和，则列车运行干扰纵向传播和横向传播积累。列车运行冲突是在冗余时间没有完全吸收列车运行干扰延误的情况下，最终干扰延误时间超过了列车运行的相关技术作业要求，导致列车竞用相关技术设备或相关作业组织过程不符合列车的作业要求而产生列车运行冲突。下面具体讨论列车在列车运行干扰和冗余时间共同作用下列车运行冲突的产生过程。

考虑冗余时间的作用后，列车群 Ω 中列车 l 的偏离运行计划状态转移矩阵变为

$$\begin{array}{c} \quad\quad 1 \quad 2 \quad 3 \quad \cdots \quad 2j \quad \cdots \quad 2n-2 \\ \boldsymbol{\Lambda}=\begin{bmatrix} \Delta T_d^{l\in\Omega}(1) & & & & & & \\ & \Delta T_d^{l\in\Omega}(1)' & & & & & \\ & & \Delta T_d^{l\in\Omega}(2) & & & & \\ & & & \cdots & & & \\ & & & & \Delta T_d^{l\in\Omega}(j)' & & \\ & & & & & \cdots & \\ & & & & & & \Delta T_d^{l\in\Omega}(n-1)' \end{bmatrix} \begin{array}{l} 2 \\ 3 \\ 4 \\ \vdots \\ 2j+1 \\ \vdots \\ 2n-1 \end{array} \end{array} \tag{3.29}$$

$$\Delta T_d^{l\in\Omega}(1)=T_d^{l\in\Omega}(1)-\sum_{i=1}^{l}\mu^i(\mathrm{s}_1)'$$

$$\Delta T_d^{l\in\Omega}(1)'=T_d^{l\in\Omega}(1)'-\sum_{i=1}^{l}\mu^i(\mathrm{q}_1)'$$

$$\vdots$$

$$\Delta T_d^{l\in\Omega}(j)'=T_d^{l\in\Omega}(j)'-\sum_{i=1}^{l}\mu^i(\mathrm{q}_j)'$$

$$\vdots$$

$$\Delta T_d^{l\in\Omega}(n-1)'=T_d^{l\in\Omega}(n-1)'-\sum_{i=1}^{l}\mu^i(\mathrm{q}_{n-1})'$$

将列车完成全程运行后到达区段终点的最终列车运行干扰延误时间 $\Delta T_d^{l\in\Omega}(j)$简记为 ΔT，且定义 ΔT 为列车运行潜在冲突时间。将 ΔT 分别与列车运行冲突判定准则进行对照，判定在哪个车站出现哪一类冲突。

以最为常见的车站追踪间隔时间冲突为例，列车 i 为列车 r 的前行列车，两列车到达站 s_j 的计划间隔时间为$\tilde{I}=\tilde{a}_r(\mathrm{s}_j)-\tilde{a}_i(\mathrm{s}_j)$，但由于列车运行干扰及冗余时间的作用，两列车到达站 s_j 的实际追踪间隔时间将为

$$I=a_r(\mathrm{s}_j)-a_i(\mathrm{s}_j)=\tilde{I}-[\Delta T_d^r(j)-\Delta T_d^i(j)]$$

如果 I 小于两列车间的最小追踪间隔时间 $I_{\min}$，则两列车存在车站间隔时间冲突。

再如列车 p 是列车 i 的接续列车，动车组接续时间为 T_c，如果$\tilde{d}_p(\mathrm{s}_n)-[\tilde{a}_i(\mathrm{s}_n)+\Delta T_d^i(n)]<T_c$，则存在动车组接续时间冲突。同理可以得到其他类型冲突的产生机理。

由前面的分析可知，运输资源的稀缺性和独占性使铁路运输资源具有竞争性，这是列车运行冲突产生的根本原因。而列车运行干扰是列车运行冲突产生与发展的主要和直接驱动力，高速铁路列车运行冲突是列车运行干扰发展到一定程度的产物。同时，由于列车运行冲突的存在，可能导致新的列车运行干扰的产生，使列车所受到的列车运行干扰程度加剧（如图 3.5 中的 $t_d^{i'}$ 和 $t_d^{i''}$），从而进一步扰乱列车运行秩序，产生更多的列车运行冲突。因此，高速铁路列车运行冲突和列车运行干扰构成一个正反馈回路，如图 3.13 所示。

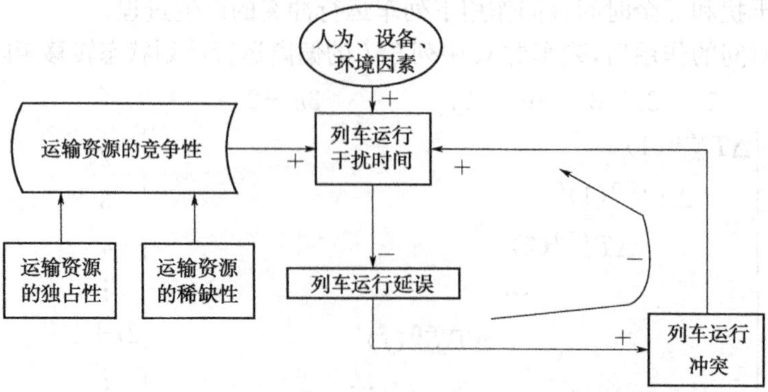

图 3.13　高速铁路列车运行干扰一冲突关系图

另一方面，冗余时间可以在一定程度上减少或消除列车运行延误，从而减少或消除列车运行冲突。如果列车按图行车，则冗余时间不被利用，一旦发生列车运行延误及发生列车运行冲突，则需要尽可能地利用冗余时间。因此，列车运行冲突和列车运行图冗余时间构成一个负反馈回路，如图 3.14 所示。

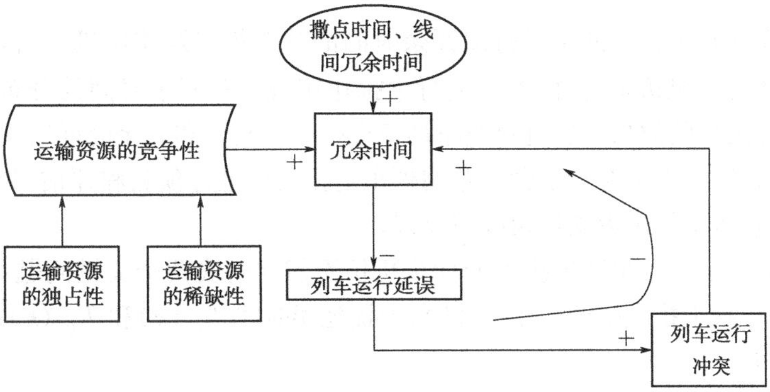

图 3.14　高速铁路缓冲时间-冲突关系图

正反馈表示的是加强作用，负反馈表示的是削弱作用，故列车运行干扰和冗余时间对列车运行冲突起到相反的作用。高速铁路列车运行冲突数随着列车运行干扰的增加而增加，随着运行图冗余时间的增加而减少，即列车运行冲突数与列车运行干扰正相关，与运行图冗余时间负相关。

分别定义区间和车站的可用冗余时间与列车运行延误时间的比值为列车区间和车站晚点恢复系数[$\gamma(q_j)$和$\gamma(s_j)$]，可用来评价列车运行图的可调整度及运行图的质量，即

$$\gamma(q_j)=\frac{\mu^l(q_j)'}{\Delta T_d^{l\in\Omega}(j)'} \tag{3.30}$$

$$\gamma(s_j)=\frac{\mu^l(s_j)'}{\Delta T_d^{l\in\Omega}(j)'} \tag{3.31}$$

式中，$\mu^l(q_j)'\leqslant\Delta T_d^{l\in\Omega}(j)'$，$\mu^l(s_j)'\leqslant\Delta T_d^{l\in\Omega}(j)$。很显然，$0\leqslant\gamma(q_j)\leqslant1$，$0\leqslant\gamma(s_j)\leqslant1$。

区间恢复系数和车站吸收系数与运行图设定的冗余时间值密切相关，设定冗余时间值越大，则恢复系数越大。但冗余时间是在运行干扰发生后才利用，因此运行图的实际恢复系数与列车运行的动态过程相关。为了体现冗余时间利用对列车运行冲突的吸收作用，此处定义列车运行冲突吸收系数。

定义 3.5　列车运行冲突吸收系数

列车运行冲突吸收系数是指在一定的列车运行随机干扰条件下，利用列车运行图冗余时间后列车运行冲突减少的个数与仅在列车运行随机干扰条件下列车运行冲突个数的比值，即

$$\gamma=\frac{N_D-N_D^R}{N_D} \tag{3.32}$$

式中 γ——列车运行冲突吸收系数，很显然有 $0\leqslant\gamma\leqslant1$；

N_D——仅在随机列车运行干扰条件下的冲突个数；

N_D^R——利用列车运行图冗余时间后列车运行冲突的个数。

3.3.2 仿真功能及界面

清楚了列车运行干扰和列车运行图冗余时间的分布规律及作用机理后，可以实现列车运行冲突机理的计算机仿真，获得列车运行干扰作用规律和冗余时间的分布对于减少高速铁路列车运行冲突数的效果。通过对线路列车运行干扰延误和冗余时间对列车运行冲突作用过程的计算机仿真，可以对新运营线路的列车运行质量进行预测和评估，为列车运行图的铺画、行车组织技术提供决策支持及改进建议。

高速铁路列车运行冲突产生机理的计算机仿真需要解决两个关键问题：①列车运行干扰情景的生成，包括干扰发生的概率 $P_i(k)$、干扰延误时间 $T_{sj}^i(k)$ 和 $T_{qj}^i(k)$；②列车运行图冗余时间的分布。

由于目前我国高速铁路尚在运营初期，缺乏列车运行干扰的长期统计数据，难以得到各列车运行干扰发生的概率及干扰延误时间，本书的仿真不对干扰的类型进行细分，遵循列车计划停站(区间运行)时分越长则受干扰概率越大的原则。随机干扰时间最大时长分为区间随机干扰时间最大时长和车站随机干扰时间最大时长，可根据仿真需求设定。通过对已经运营的高速铁路运营情况的调研后，得到区间随机干扰时间的服从以 120 s 为均值的均匀分布，本书仿真中区间随机干扰时间最大时长有 3 min 和 5 min 两种情景。由于高速铁路列车在车站停车时间都很短，本书仿真中将车站随机干扰时间最大时长取为 1 min。因此，本书仿真中，区间随机干扰时间的取值范围为[0,5 min]和[0,3 min]两种，车站随机干扰时间的取值范围为[0,1 min]。列车运行随机干扰的影响过程视为是离散和瞬时发生的，区间随机干扰时间体现在列车到站时分的偏离上，而车站随机干扰时间则体现在各列车离站时分的偏离上。

区间随机干扰概率的取值遵循“小值干扰概率大的原则”，例如：当随机干扰概率为50%、区间随机干扰时间的取值范围为[0,3 min]时，取 0～1 min 干扰时间的概率为 25%，取 1～2 min 干扰时间的概率为 15%，取 2～3 min 干扰时间的概率为 10%。下面的第 1 段程序伪代码是当随机干扰概率为 30%、区间随机干扰时间的取值范围为[0,3 min]时，取0～1 min 干扰时间的概率为 15%，取 1～2 min 干扰时间的概率为 10%，取 2～3 min 干扰时间的概率为 5%，第 2 段程序代码是干扰时间的加载示例，其中[列车序号]是循环变量，遍历仿真过程中的各列车，为每列车的每个区间和车站加载随机干扰。

区间随机干扰时间及列车运行干扰时间的伪代码如下：

(1)区间随机干扰时间产生示例。

```
置随机数种子( )
i=取随机数(0,100);
.如果(i≤70)
区间随机干扰=0
```

```
.如果(i>70 且 i≤85);
区间随机干扰=1+取随机数(0,10)×0.1;
.如果(i>85 且 i≤95)
区间随机干扰=1+取随机数(0,10)×0.1;
.如果(i>95 且 i≤100)
区间随机干扰=2+取随机数(0,10)×0.1;
```

(2)列车运行干扰时间的加载示例:

```
各列车到站时分[列车序号]=始发时间[列车序号]+区间各列车运行时分[列车序号]+停车附加时分+区间干扰时间;
各列车离站时分[列车序号]=各列车到站时分[列车序号]+车站各列车停车时分[列车序号]+车站干扰时间;
```

在运行图冗余时间的处理方面,分别设定若干个不同的冗余时间布局方案。本书仿真中运行图冗余时间值等于相应区间纯运行时分或车站作业时间乘以一个按仿真需要设定的小值比例。冗余时间的利用是在判定列车已经受到随机干扰并偏离运行计划后确定区间及车站冗余时间是否利用及利用的时间值。当冗余时间值大于列车的当前偏离运行计划的值时,冗余时间利用的时间值等于列车偏离运行计划的值;当冗余时间值小于列车的当前偏离运行计划的值时,冗余时间利用的时间值等于可利用的最大冗余时间。

计算机仿真分为两步:第一步,在不加载冗余时间方案,仅在列车运行干扰作用条件下列车群运行完后的冲突数;第二步,加载冗余时间布局方案后在列车运行干扰和冗余时间共同作用下列车群运行完后的冲突数。在列车运行干扰方案不变的情况下,加载不同的冗余时间布局方案,可以考察不同冗余时间布局方案对列车运行干扰延误的吸收情况。为了减小仿真的复杂度,仿真过程不涉及进路及信号排列问题,相关车站进路排列和信号作业时间纳入车站作业时间计算。具体的仿真流程如图 3.15 所示。

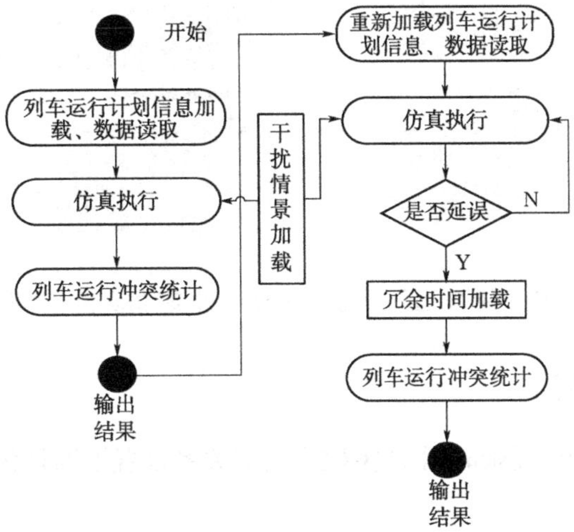

图 3.15　高速铁路列车运行冲突机理分析仿真流程图

本书仿真采用“易语言”开发工具编程。该编程语言以中文作为程序代码表达的语言形式，全可视化编程，支持程序界面设计和程序流程编码，集界面设计、代码编写、调试分析、编译打包等于一体，支持模块化开发。该编程语言编程思路及表达方式与人脑思维高度相同，具有“所见即所得”的显著特点，是程序开发的一大发展热点和趋势。

本书开发的“列车运行干扰-冗余时间-冲突”仿真程序能够实现每次对 4 个车站和 3 个区间内的 5 列高速列车在给定的仿真情景下的随机干扰时间统计、冗余时间利用、随机干扰作用下的列车运行冲突数统计及加载冗余时间后的列车运行冲突数统计等功能，从而得到列车运行干扰-冗余时间-冲突数三者之间关系的分析结果。该程序仅对常见的高速铁路列车到达间隔时间冲突和列车出发间隔时间冲突等两类车站间隔时间冲突进行了统计。冲突判定方法采用第 4 章介绍的各类高速铁路列车运行冲突判定方法进行。

“列车运行干扰-冗余时间-冲突”仿真程序的仿真界面如图 3.16 和图 3.17 所示。

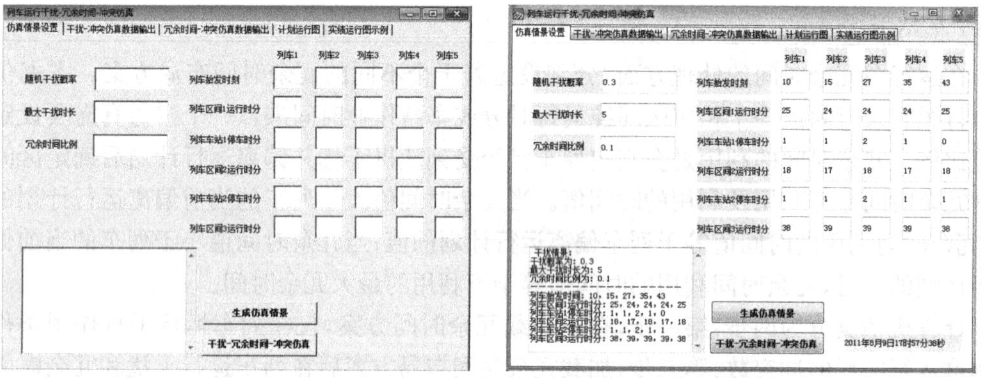

图 3.16 “列车运行干扰-冗余时间-冲突”仿真程序界面一

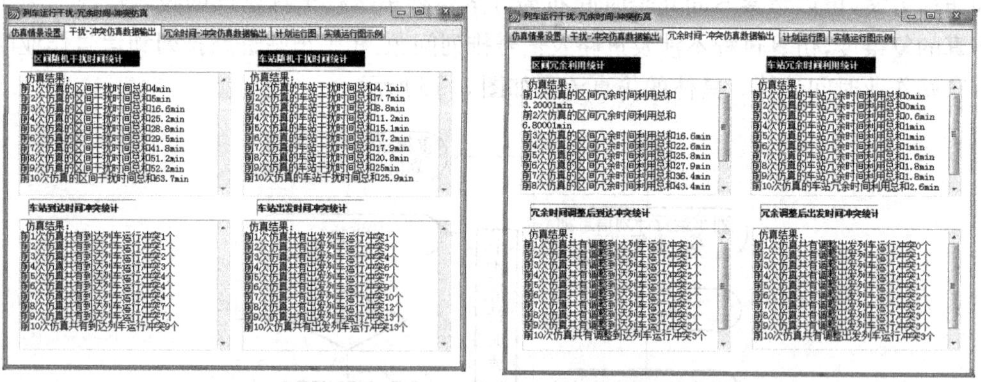

图 3.17 “列车运行干扰-冗余时间-冲突”仿真程序界面二

3.3.3 仿真结果分析

本书对列车运行干扰-冗余时间-冲突数之间的关系设置了四种仿真情景。

情景一

干扰概率：50%；

区间随机干扰时间取值区间：[0,3]；

车站随机干扰时间取值区间:[0,1];

冗余时间比例:10%。

情景二

干扰概率:50%;

区间随机干扰时间取值区间:[0,5];

车站随机干扰时间取值区间:[0,1];

冗余时间比例:10%。

情景三

干扰概率:50%;

区间随机干扰时间取值区间:[0,5];

车站随机干扰时间取值区间:[0,1];

冗余时间比例:15%。

情景四

干扰概率:30%;

区间随机干扰时间取值区间:[0,3];

车站随机干扰时间取值区间:[0,1];

冗余时间比例:10%。

分别对每个情景进行了10轮仿真,每轮仿真得到了同一情景下的10次仿真结果(每一仿真情景进行10次循环),每次仿真对5列车在3个区间、4个车站的运行结果进行统计,每轮仿真对10次仿真结果进行累加。也就是说,以下将对高速铁路列车在每种情景下的100次仿真结果进行对比分析,体现了大规模、多频次的实验原则。根据仿真需求,增加每次仿真的循环次数就可实现更大实验规模的实验结果进行分析。

上述四个仿真情景的仿真结果见表3.3~表3.6。

表3.3 情景一仿真结果

指标	仿真次数										平均值
	1	2	3	4	5	6	7	8	9	10	
区间干扰时间总和(min)	79.7	90	107.2	95.3	107.8	110.5	98.1	81.1	93.3	87.6	95.1
站干扰时间总和(min)	23.3	18.5	21.1	23.1	21.7	26.6	20	26.2	25.7	20.5	22.7
区间冗余时间利用(min)	60.7	57.6	79.7	70.3	66.4	78.2	64.2	58.8	65.1	64.3	66.5
车站冗余时间利用(min)	4.4	4.2	4.9	5.5	4.6	5.2	4.1	4	5.6	4.4	4.7
到达列车运行冲突(个)	14	11	13	11	17	17	19	18	16	11	14.7
出发列车运行冲突(个)	15	13	12	15	15	16	15	15	19	18	15.3
调整后到达列车运行冲突(个)	12	6	8	7	11	12	11	14	8	10	9.9
调整后出发列车运行冲突(个)	6	2	4	6	5	5	5	6	8	6	5.3

表 3.4 情景二仿真结果

指　标	仿真次数										平均值
	1	2	3	4	5	6	7	8	9	10	
区间干扰时间总和(min)	197.8	200.2	198.2	189	194.1	170.1	153.1	206.5	175.1	170.9	185.5
站干扰时间总和(min)	20.3	21.2	21.3	27.3	25.9	23.8	23.9	30.8	25	28.7	24.8
区间冗余时间利用(min)	113.6	108.5	96.7	96.5	105.1	85.2	77.2	99.1	67.7	76	92.6
车站冗余时间利用(min)	6.8	5.6	5	4	5.6	4.8	3.8	4.6	3.2	6	4.9
到达列车运行冲突(个)	23	24	17	13	20	13	17	21	18	16	18.2
出发列车运行冲突(个)	14	14	13	13	15	15	12	12	15	15	13.8
调整后到达列车运行冲突(个)	12	15	12	8	11	10	6	12	12	10	10.8
调整后出发列车运行冲突(个)	5	5	5	4	5	5	2	7	6	6	5.0

表 3.5 情景三仿真结果

指　标	仿真次数										平均值
	1	2	3	4	5	6	7	8	9	10	
区间干扰时间总和(min)	194	184.5	190.1	206	173.4	192.7	169.8	211.5	177.4	159.1	185.9
站干扰时间总和(min)	22.5	23	18.1	26.9	23.6	18.5	27.3	21.5	25.5	21.1	22.8
区间冗余时间利用(min)	121.2	116.7	110.7	130	113.4	107.4	101.3	126.1	100.1	94.4	112.1
车站冗余时间利用(min)	7	8.4	7.2	9	6.6	8.4	7.8	7.5	5.4	6.6	7.4
到达列车运行冲突(个)	17	24	24	22	18	18	18	21	21	16	19.9
出发列车运行冲突(个)	15	15	13	13	12	14	15	15	15	14	14.1
调整后到达列车运行冲突(个)	8	12	11	10	9	6	6	10	11	9	9.2
调整后出发列车运行冲突(个)	4	6	6	6	5	5	4	5	6	7	5.4

表 3.6 情景四仿真结果

指　标	仿真次数										平均值
	1	2	3	4	5	6	7	8	9	10	
区间干扰时间总和(min)	66.3	77.5	59.2	56.3	82.5	66.7	63.4	63	56.5	66.5	65.8
站干扰时间总和(min)	21.6	26.3	22.9	23.7	23.7	18.4	22.4	26.5	22.3	22.3	23.0
区间冗余时间利用(min)	54.9	59.2	43.9	45.2	65.8	51.8	45.8	55.5	47.2	56.3	52.6
车站冗余时间利用(min)	3	3.1	2.3	2.3	3.9	3.4	2.1	2.2	1.6	3.4	2.7
到达列车运行冲突(个)	16	9	10	9	12	12	17	6	10	10	11.1
出发列车运行冲突(个)	16	13	10	13	17	13	16	15	14	10	13.7
调整后到达列车运行冲突(个)	10	7	6	5	8	3	11	9	7	6	7.2
调整后出发列车运行冲突(个)	7	3	1	2	7	6	6	3	4	3	4.2

各情景下各指标的对比如图 3.18～图 3.27 所示。

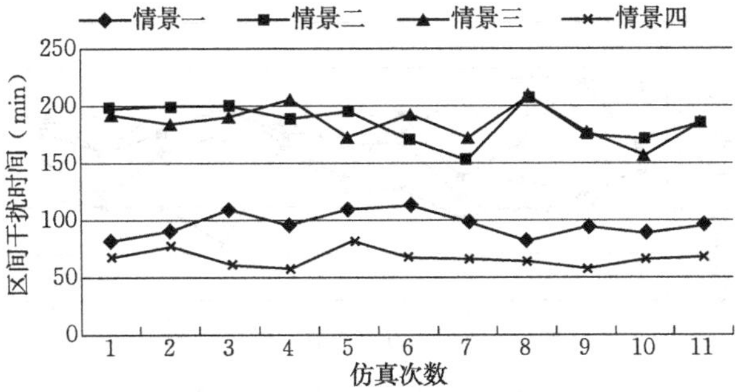

图 3.18　区间干扰时间统计

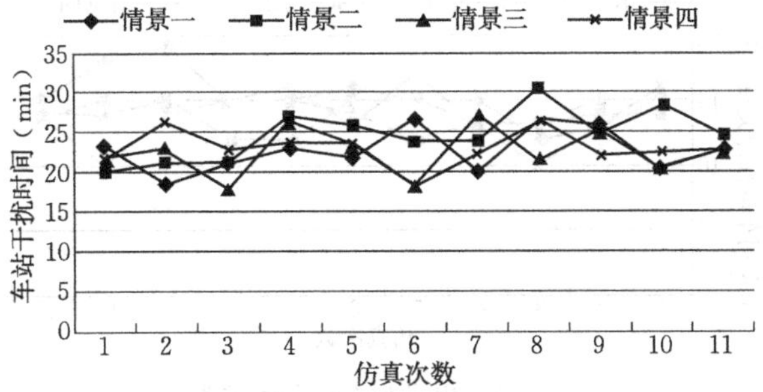

图 3.19　车站干扰时间统计

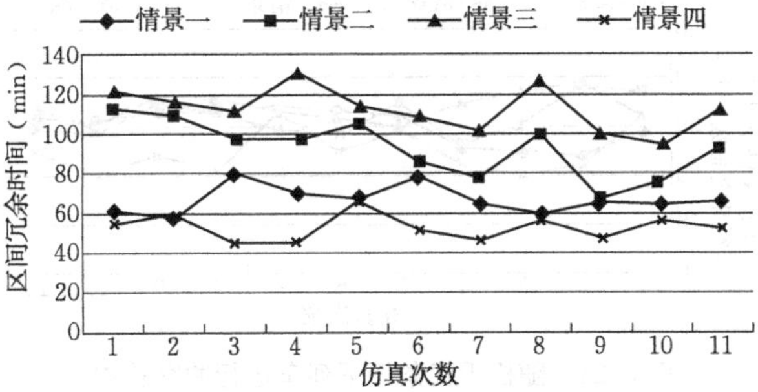

图 3.20　区间冗余时间利用

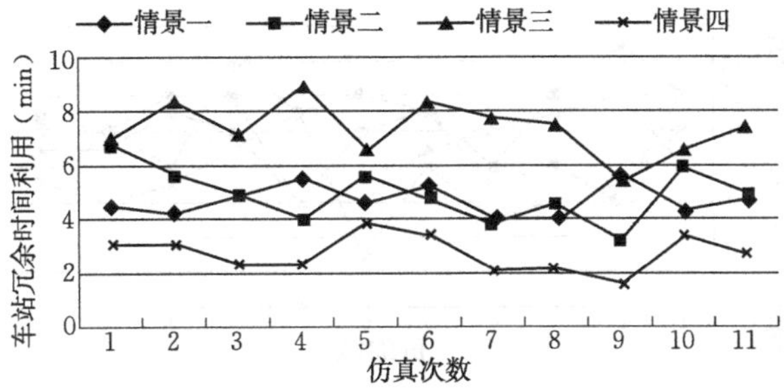

图 3.21　车站冗余时间利用

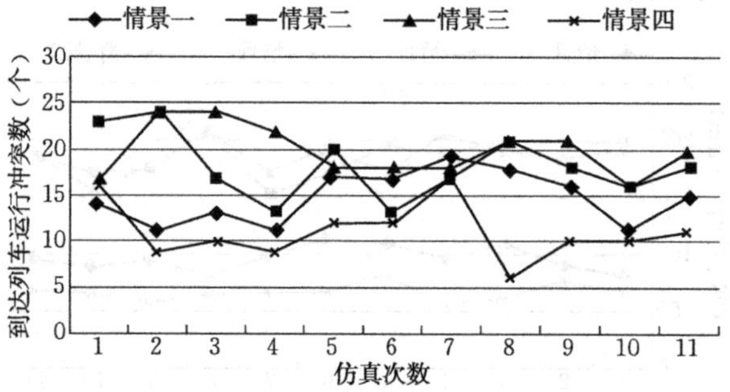

图 3.22　到达列车运行冲突数

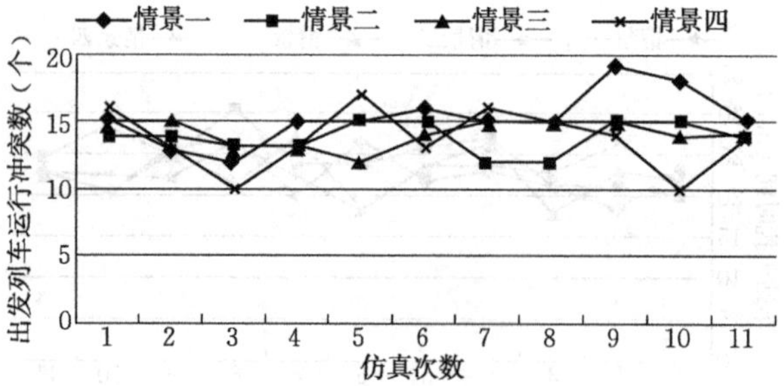

图 3.23　出发列车运行冲突数

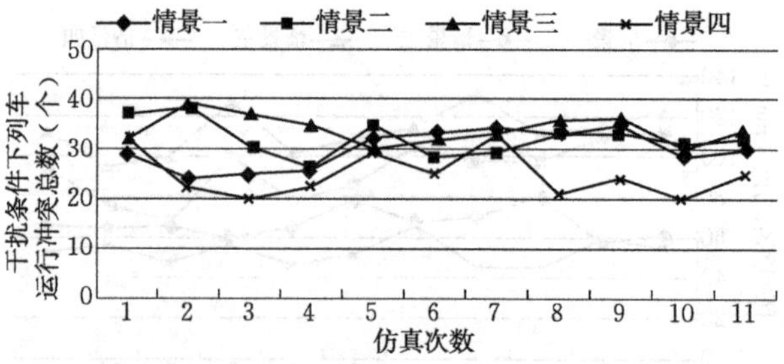

图 3.24　随机干扰条件下列车运行冲突总数

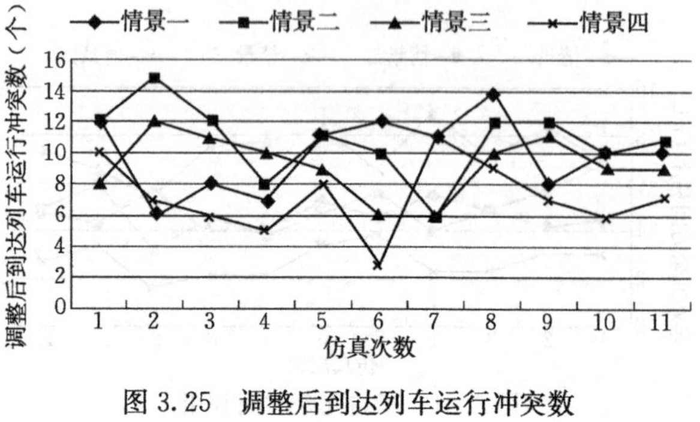

图 3.25　调整后到达列车运行冲突数

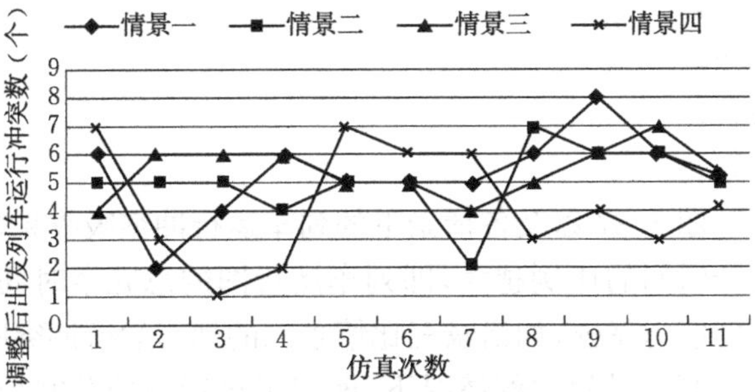

图 3.26　调整后出发列车运行冲突数

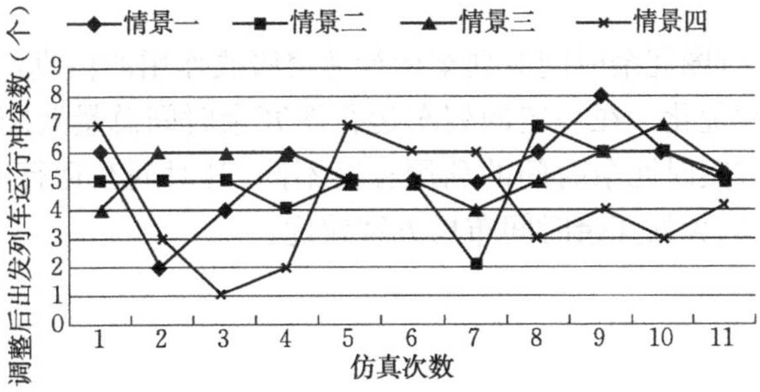

图 3.27　调整后列车运行冲突总数

上述各图中，横轴的 1～10 为一轮仿真的 10 次仿真数据，“11”为各对应指标的平均值。

从上述各表和相应的折线图可以得到以下结论：

(1)图 3.18 中情景二、三的区间干扰延误时间在整体趋势上要远大于情景一。在相同的干扰概率下，列车所受区间随机干扰延误时间随区间随机干扰时间取值区间的增大而增大。

(2)图 3.19 的结果显示，由于车站随机干扰时间的取值区间小，各情景下列车所受的车站随机干扰时间差别不大。

(3)图 3.20 和图 3.21 的结果显示，当冗余时间设置比例大时，列车受到随机干扰后的冗余时间利用值要大，如情景三的冗余时间利用在整体趋势上要大于情景一和情景二；在可利用冗余时间充足的情况下，当受到列车受到的随机干扰时间大时，其冗余时间利用也大，如情景二、三情景下列车受随机干扰大于情景一及情景四的随机干扰，则区间冗余时间和车站冗余时间的利用呈现出情景三冗余时间利用＞情景二冗余时间利用＞情景一冗余时间利用＞情景四冗余时间利用的趋势。

(4)图 3.22～图 3.24 的结果显示，列车受到的随机干扰越大，其产生的列车运行冲突数越多，证明了列车运行冲突与随机干扰正相关的关系。

(5)图 3.25～图 3.27 的结果显示，由于运行图冗余时间的利用，吸收了部分随机干扰延误时间，使列车运行冲突数减少，且冗余时间利用越多，冲突数减少越多，证明了列车运行冲突与运行图冗余时间负相关的关系。

为了考察运行图冗余时间对列车运行冲突的吸收作用，计算四种情景下的列车运行冲突吸收系数：

情景一：$\gamma_1=49.3\%$。

情景二：$\gamma_2=50.6\%$。

情景三：$\gamma_3=57.1\%$。

情景四：$\gamma_4=54.0\%$。

对比分析图 3.24 和图 3.27 以及各情景下的列车运行冲突吸收系数值可以知道：

(1)列车运行图冗余时间的比例越大，即列车运行图的总冗余时间越多，其吸收随机干扰、消除列车运行冲突的能力越强，如情景三比情景二的列车运行冲突吸收系数要大。

(2)相同列车运行图冗余时间比例情况下，即列车运行图的总冗余时间一定时，冗余时间对小干扰概率及干扰总量下的列车运行冲突吸收作用更明显，如情景四比情景一的列车运行冲突吸收系数要大。

(3)通过对列车运行图冗余时间对列车运行冲突吸收作用的仿真，可以对冗余时间的布局方案进行评估及方案优化。在一定的列车运行图冗余时间总量及随机干扰时间情况下，不同的冗余时间布局方案时冗余时间的利用程度不同，其对列车运行冲突吸收的程度也不同，对运行冲突吸收系数大的冗余时间布局方案较优。

第4章 高速铁路列车运行冲突判定

本章运用人工智能领域中的产生式规则，分别提出了车站间隔时间冲突、区间冲突、到发线运用冲突、行车作业与维修作业冲突、列车运行与旅客换乘时间冲突、动车组接续时间冲突和跨线列车跨线运行时间冲突的产生式规则判定准则。利用时间拓扑矩阵模型作为高速铁路列车运行冲突判定的实现算法，给出了列车运行冲突判定的实现思想，设计了判定各类冲突的处理流程。

4.1 高速铁路列车运行冲突的判定依据

铁路运输系统是一个时间连续、组成元素众多、关系复杂、安全要求非常高的动态系统。高速铁路系统的运转受到各种规章制度的约束和市场需求的影响，各系统相辅相成、协调分工，为列车运行提供良好环境，保障铁路运输生产工作的完成。任何组成要素出现问题及系统外部环境的不利变化都将影响高速铁路系统的性能和效率。

列车运行过程是铁路运输组织的核心环节，根据列车运行所涉及的部门和影响因素，可用图 4.1 表示与高速列车运行相关的系统。

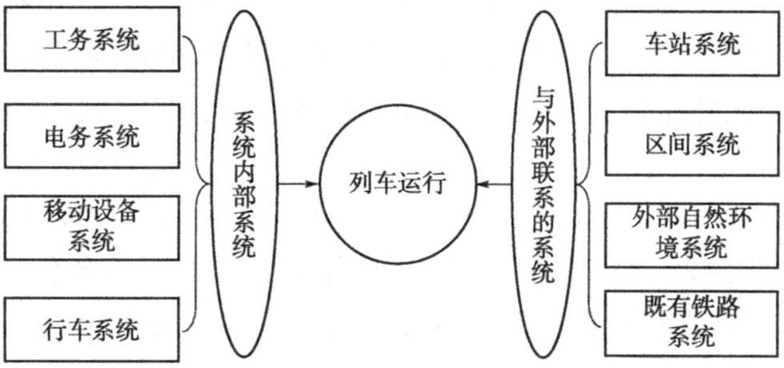

图 4.1　与高速列车运行相关的系统示意图

与其他运输方式相比，铁路是一个计划性、组织性很强的系统。但由于运输在客观上的不均衡性、铁路各环节的联动机特性、路网结构的复杂性以及外部运行环境在很大程度上是随机的等原因，列车的实际运行并不能与计划完全一致，而需要人为干预和调整，通过各种规章制度和作业标准来规范。从系统学的观点来看，列车运行依赖于各子系统和相关系统的正常稳定运行。列车系统具有大量交互成分，其内部关联复杂、具有不确定特性，尤其是人的计划与决策行为在铁路行车组织系统中具有重要作用。

在列车运行系统中，列车运行首先不能超越物理和安全极限，如列车在区间运行时不能超过最高限速，办理进站申请时受到股道运用规则的限制等；其次不能违反铁路的有关运行规则,如在车站各列车的到达和发车间隔等。因此,列车在运行过程中需要同时满足物理约束和经验约束的要求(列车运行约束条件如图 4.2 所示)。

高速铁路列车运行约束是高速列车运行过程中必须满足的条件,是列车运行冲突的判定依据。即需要运用铁路行车组织和系统科学等相关知识,将高速列车运行的实时数据与列车运行计划、《铁路技术管理规程(高速铁路部分)》《高速铁路行车组织细则》《车站行车工作细则》、资源利用等行车组织相关规章及技术设备运用情况进行逻辑运算和比照,判断列车之间及列车运行与技术设备、作业组织之间是否存在冲突。

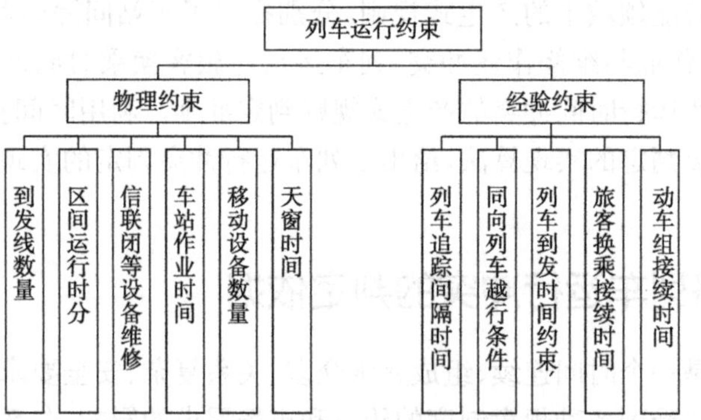

图 4.2　高速铁路列车运行约束条件

4.2　高速铁路列车运行冲突的判定准则

高速铁路列车运行冲突的判定准则是将列车的实时运行状态与其需要满足的各类时间标准、运行约束进行逻辑比较,如果满足运行条件,则不存在冲突,否则将存在冲突。这与人工智能领域的产生式规则知识表示形式一致,因此,本节运用产生式规则提出高速铁路列车运行冲突判定准则。

产生式规则是由波斯特(Post)于 1943 年提出的,是一个以"如果满足这个条件,那么就应当采取某些操作"形式表示的语句。产生式的如果(IF)被称为条件、前项或产生式的左边,它说明应用这条规则必须满足的条件;那么(THEN)部分被称为操作、结果、后项或产生式的右边。

最简单的产生式规则格式如下:

IF(如果)	THEN(则)
前提	结论
条件	行动

产生式规则的表现方式形式单一,便于理解和解释,规则之间相互独立,规则的结构化较好,有利于知识的提取和形式化表达,其问题求解的过程同人类的认知过程相似。产生式规则的简洁和易实现性,使其有利于问题求解和系统的开发,因而广泛应用于社会生产的各个领域,高速铁路列车运行冲突的判定采用产生式规则表示,利于知识的表达。

第 2 章中将高速铁路列车运行冲突根据列车运行冲突发生时间和地点的不同细分为七

类，本小节将给出每类冲突判定的 IF-THEN 产生式规则判定方法。

为了在后面讨论方便，将列车运行冲突判定准则中出现的参数和符号汇总于表 4.1。

表 4.1 参数和符号说明

符　号	说　明
$A_{i,j}$；$A_{l,j}$	列车 i，l 到达 j 站的时刻
$D_{i,j}$；$D_{l,j}$	列车 i，l 离开 j 站的时刻
I	追踪间隔时间
N	列车集合，且 $\|N\|=n$
S	车站集合
M_{jh}	车站 j 供高等级高速列车使用的车站到发线总数
M_{js}	车站 j 供低等级高速列车使用的车站到发线总数 列车 i 的等级，双态决策变量，取值为 0 或 1
υ_i	$\upsilon_i=\begin{cases}1 & 列车 i 为高等级高速列车\\0 & 列车 i 为低等级高速列车\end{cases}$
T_B	维修作业开始的时刻
T_E	维修作业结束的时刻
T_z	旅客换乘接续时间
T_c	动车组结束上一运输任务至重新担当另一运输任务的接续时间
A_g	跨线列车 g 跨线运行的时刻
$\varphi(z)$	双态决策变量，取值为 0 或 1：$\varphi(z)=\begin{cases}1 & z>0\\0 & z\leqslant 0\end{cases}$
$\propto$	$i\propto l$ 表示列车 i 是列车 l 的前行
Ξ	$i\Xi l$ 列车表示列车 l 是列车 i 的接续列车
$\leftrightarrow$	$Train_i\leftrightarrow Train_l=1$ 表示列车 i 与列车 l 冲突，取 0 时为不冲突

1. 车站间隔时间冲突(Interval Conflictz of Trans，ICT)

高速铁路一般仅将列车到达或出发间隔时间冲突作为车站间隔时间冲突的表现形式，如图 4.3 所示，其中，∘表示冲突点，虚线为不冲突时的列车运行线，下同。

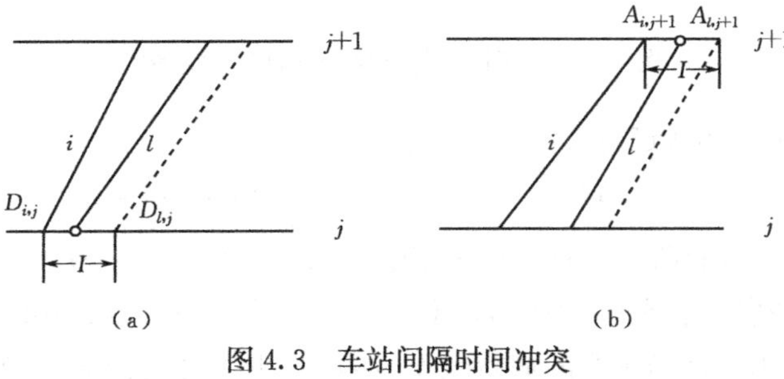

图 4.3 车站间隔时间冲突

对于两同向前行列车 i 和后行列车 k，如果其在车站的到达或出发间隔时间不满足追踪间隔时间标准，则产生车站间隔时间冲突，即

$$\text{IF} \quad \underset{(i,l\in N \quad j,j+1\in S|i\propto l)}{|D_{i,j}-D_{l,j}|<I \text{ or } |A_{i,j+1}-A_{l,j+1}|<I} \tag{4.1}$$

$$\text{THEN} \quad \text{Train}_i \leftrightarrow \text{Train}_l = 1, \text{ICT}++;$$

如果 ICT≠0，则存在车站间隔时间冲突，否则不存在。

2. 区间冲突(Section Conflict of Trains，SCT)

如图 4.4 所示，高速铁路列车区间冲突的发生是由于前行列车的运行限制了后行列车的运行，如果后行列车按照计划速度运行，两列车之间的追踪间隔时间将不满足最小追踪间隔时间标准。

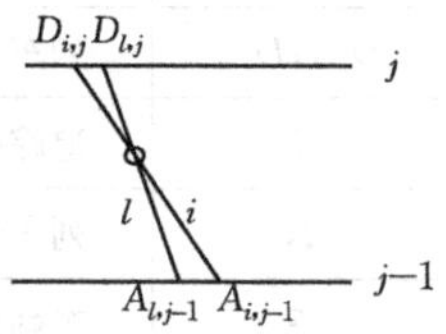

图 4.4　区间冲突

用以下逻辑判断表达式进行 SCT 的判定：

$$\text{IF} \quad \underset{(i,l\in N \quad j,j+1\in S|i\propto l)}{(A_{i,j-1}-A_{l,j-1})(D_{i,j}-D_{l,j})<0} \tag{4.2}$$

$$\text{THEN} \quad \text{Train}_i \leftrightarrow \text{Train}_l = 1, \text{SCT}++;$$

在进行冲突判定时，可将区间冲突作为车站间隔时间冲突处理。

3. 到发线运用冲突(Arrival & Departure track Conflict of Trains，ADCT)

在某一时刻 t，车站所能容纳的各类列车数不应超过各类到发线的数量，即某类型列车 i 在车站 j 到达或通过时，车站 j 需有合适的到发线满足列车 i 的作业需要，如果车站 j 没有能够满足列车 i 的作业需要则认为列车 i 与车站 j 存在到发线运用冲突。用以下逻辑判断表达式进行 ADCT 的判定：

$$\text{IF} \quad \underset{(i,n\in N \quad j\in S)}{\sum_{i=1}^{n}\varphi(A_{i,j}-t)\cdot\varphi(t-D_{i,j})\cdot\varphi(\upsilon_i)\geqslant M_{jh} \text{ or } \sum_{i=1}^{n}\varphi(A_{i,j}-t)\cdot\varphi(t-D_{i,j})\cdot\varphi(1-\upsilon)\geqslant M_{js}} \tag{4.3}$$

$$\text{THEN} \quad \text{Train}_i \leftrightarrow \text{Station}_j = 1, \text{ADCT}++;$$

4. 行车作业与维修作业冲突(Train Operation and Maintenance Conflict，TOMC)

如图 4.5 所示，高速铁路天窗维修时段内将不组织行车，列车①离开车站的时刻应不晚于维修作业开始的时刻；列车②到达车站的时间应不早于天窗结束的时刻，否则将产生冲突。

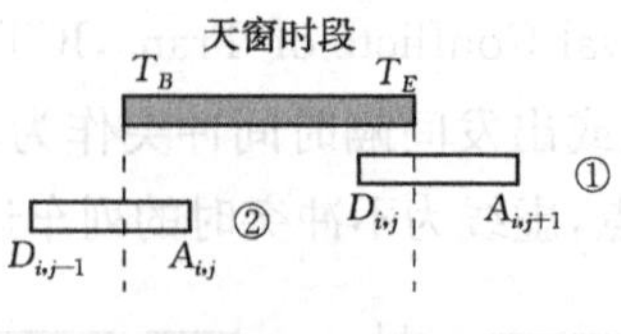

图 4.5　行车作业与维修作业冲突示意图

用以下逻辑判断表达式进行 TOMC 的判定：

$$\text{IF} \quad \underset{(i\in N \quad j\in S)}{D_{i,j}\in[T_B,T_E]\cup A_{i,j}\in[T_B,T_E]} \tag{4.4}$$

$$\text{THEN} \quad \text{Train}_i \leftrightarrow \text{Skylight time}, \text{TOMC}++;$$

5. 列车运行与旅客换乘时间冲突(Train Operation and Passenger-transfers Conflicts，TOPC)

如图 4.6 所示，为了保障旅客的旅行效率，尽量减少旅客的换乘等待时间，应保障有大

量旅客换乘的两列车之间的合理换乘接续，图中列车 i 到达 j 站的时刻应不大于旅客需换乘的列车 l 在 j 站的发车时刻减去必要的旅客换乘时间，否则将产生冲突。

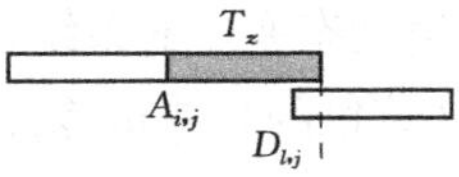

图 4.6　列车运行与旅客换乘时间冲突示意图

用以下逻辑判断表达式进行 TOPC 的判定：

$$\begin{aligned}&\text{IF}\quad \underset{(i,l\in N\quad j\in S|i\text{且}l)}{A_{i,j}\geqslant D_{l,j}-T_z}\\&\text{THEN}\quad \text{TOPC}++;\end{aligned}\tag{4.5}$$

6. *动车组接续时间冲突*(Connecting Time Conflicts of Trains，CTCT)

如图 4.7 所示，对于两高速列车共用同一组动车组时，为了不影响列车的正点始发，动车组前一运输任务的完成时间应不大于其担当后一运输任务列车始发时刻减去必要的动车组接续时间，图中列车 i 到达 j 站的时刻应不晚于该动车组重新担当列车 l 运输任务从 j 站出发的时刻，否则将发生冲突。

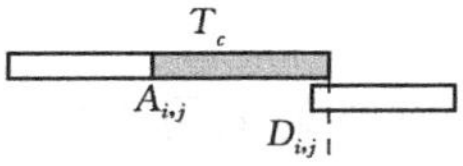

图 4.7　动车组接续时间冲突示意图

用以下逻辑判断表达式进行 CTCT 的判定：

$$\begin{aligned}&\text{IF}\quad \underset{(i,l\in\quad j\in S|i\text{且}l)}{A_{i,j}\geqslant D_{l,j}-T_c}\\&\text{THEN}\quad \text{CTCT}++;\end{aligned}\tag{4.6}$$

7. *跨线列车进入高速线的时间冲突*(Time Conflicts of Cross-line Time，TCCT)

应当严格控制跨线列车跨线运行的时刻，使跨线列车 g 跨线运行的时刻落入预先设定的时间域$[T_{J1},T_{J2}]$，即需满足 $A_g\in[T_{J1},T_{J2}]$，否则将发生冲突。用以下逻辑判断表达式进行 TCCT 的判定：

$$\begin{aligned}&\text{IF}\quad A_{i,g}<T_{J1}\ \underset{g\in N}{\text{or}}\ A_g>T_{J2}\\&\text{THEN}\quad \text{TCCT}++;\end{aligned}\tag{4.7}$$

8. *高速铁路列车运行冲突判定的表达式*

由于高速铁路列车运行冲突包括车站间隔时间冲突、区间冲突、到发线运用冲突、行车作业与维修作业冲突、列车运行与旅客换乘时间冲突、动车组接续时间冲突和跨线列车跨线时间冲突，因此只要上述各类冲突中出现其中某一类，就认为存在列车运行冲突，则需要采取相应的措施对列车运行状态进行调整，对相应的冲突进行消解。基于对以上各种冲突的讨论，我们可以给出高速铁路列车运行冲突(HSCT)的最终判定表达式为计算各类冲突标志值(ICT、SCT、ADCT、TOMC、TOPC、CTCT、TCCT)的加和，即

$$\text{HSCT}=\text{ICT}+\text{SCT}+\text{ADCT}+\text{TOMC}+\text{TOPC}+\text{CTCT}+\text{TCCT}\tag{4.8}$$

如果 HSCT$\neq$0，则存在高速铁路列车运行冲突，否则不存在。

4.3 高速铁路列车运行冲突判定方法

由于高速列车运行是一个连续高速动态变化的系统，冲突的判定需要及时准确，光靠人力是很难实现的，因此有必要充分利用计算机的高速运算性能，借助计算机实现高速铁路的列车运行冲突的判定。因此，本节将继续上一节的思路，研究高速铁路列车运行冲突判定的算法。

4.3.1 高速铁路事件的表示

定义 4.1 高速铁路事件

将高速列车、维修作业等对运输资源占用的每一个运输状态称为一个高速铁路事件，记为 E_k。

其中运输资源包括固定设备（车站咽喉、到发线和区间）和移动设备（动车组），用 R_i（$i=1,2,3,4,5$），分别表示进站咽喉、到发线、出站咽喉、区间和动车组。E_k 可表示高速列车对各类固定设备的占用、维修作业需求对各类固定设备的占用和运输任务对动车组的占用等。

定义 4.2 事件时间片

每一高速铁路事件对运输资源占用的时间可以用一个形如$[a_k,b_k]$的时间区间表示出来，将这个时间区间称为事件时间片，记为 T_k。其中 a_k 表示事件 k 的起始时刻，b_k 表示事件 k 的结束时刻。

高速铁路事件可以用运输资源和事件时间片组成的一个二元组来唯一标识，其形式如下：

$$E_k=(R_i,T_k) \tag{4.9}$$

定义 4.3 运输资源占用表 G_i

在运输计划或实际运输过程中，将发生在运输资源 R_i 上的高速铁路事件的时间片序列用一张图表的形式体现出来，这样的一张图表称为运输资源占用表。

如到发线 1 的运输资源占用表可用表 4.2 表示。

表 4.2 运输资源占用表示例

	$[a_1,b_1]$	$[a_2,b_2]$	…	$[a_k,b_k]$	…	$[a_n,b_n]$
T_1	—					
T_2		—				
…			…			
T_k				—		
…					…	
T_n						—

表 4.2 所示各高速铁路事件时间片之间没有重叠和运输资源的竞争，不存在列车运行冲突。

4.3.2 冲突判定的时间拓扑矩阵

高速铁路列车运行冲突判定问题的实质是高速铁路事件时间片之间的逻辑关系判定问题，可以利用事件的时间拓扑矩阵来解决。通过建立事件时态关系的时间拓扑矩阵，考察矩阵元素的关系，可以很容易得到两事件的时态关系，有利于建立计算机查询和判定数据库，提高事件冲突判定的效率。

问题描述：给定一个事件序列时间表，如 A 事件发生在第 30～35 min，用[30,35]表示，B 事件发生在第 33～37 min，用[33,37]表示，则如何判断出 A 事件和 B 事件存在时间上的重叠，重叠时间为[33,35]？另有 C 事件发生在第 28～36 min，用[28,36]表示，则如何判定 C 包含 A 并与 B 重叠，重叠时间为[33,36]？要实现以上过程，关键是对事件发生和结束时间点的相对位置进行判断。

上述问题可归结为基于事件 A 和事件 B 时间拓扑关系的查询及判定问题。舒红等给出了事件发生时间段内部、边界和外部的定义，建立了时态拓扑关系描述框架，Max J. Egenhofer 等提出 9 交模型作为拓扑关系点集理论描述框架。

定义 4.4　前引时间段

前引时间段指事件 X 开始前的时间段，记为 X^-。

定义 4.5　发生时间段

发生时间段指事件 X 延续的时间段，记为 X°。

定义 4.6　后续时间段

后续时间段指事件 X 发生后的时间段，记为 X^+。

事件 X 的前引时间段、发生时间段和后续时间段关系用图 4.8 表示。

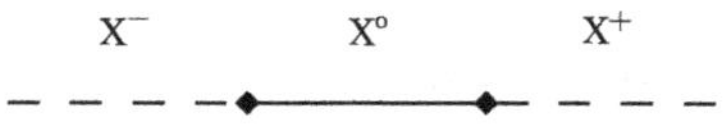

图 4.8　X^-、X°和 X^+ 的定义示意图

根据两事件时间片各时间段之间的相互关系，高速铁路事件时间片 A 和 B 的时间拓扑关系可用一个 1×9 的矩阵行表示，两事件时间片的时间拓扑模型矩阵行 $\boldsymbol{I}$ 表述如下：

$$\boldsymbol{I}=(A^-\vec{\cap}B^- \quad A^-\vec{\cap}B^\circ \quad A^-\vec{\cap}B^+ \quad A^\circ\vec{\cap}B^- \quad A^\circ\vec{\cap}B^\circ \quad A^\circ\vec{\cap}B^+ \quad A^+\vec{\cap}B^- \quad A^+\vec{\cap}B^\circ \quad A^+\vec{\cap}B^+)$$

$\boldsymbol{I}$ 为考察矩阵行两事件时间片各时间段是否有交集，如果相交为空，则 $\boldsymbol{I}$ 的该元素位取值为 0，若相交不为空，则该元素位取值为 1。且恒有 $A^-\vec{\cap}B^-=1$ 和 $A^+\vec{\cap}B^+=1$。

高速铁路事件时间片 A 和 B 的相互时态关系可以表示成由两时间片的开始时刻 a_{kA}和 a_{kB}，结束时刻 b_{kA}和 b_{kB}确定的一个四元模型，即

$$T_{kA}\Theta T_{kB}=\begin{pmatrix} a_{kA}\nabla a_{kB} & a_{kA}\nabla b_{kB} \\ b_{kA}\nabla a_{kB} & b_{kA}\nabla b_{kB} \end{pmatrix}$$

∇ 为数值大小关系比较运算符，即：

$$\nabla=\{>,<,=\}$$

因此，两高速铁路事件时间片之间的时态关系包含 $3^4=81$ 种情况，删去其中的重复情

况，最终得到 13 种情况，其具体时态关系见表 4.3。

表 4.3　两高速铁路事件时间片的时态关系

序号	关　系	起止时间表达式	图　示
(1)	A　Before　B	$b_{kA}<a_{kB}$	
(2)	A　During　B	$a_{kA}>a_{kB}\wedge b_{kA}<b_{kB}$	
(3)	A　Contains　B	$a_{kA}<a_{kB}\wedge b_{kA}>b_{kB}$	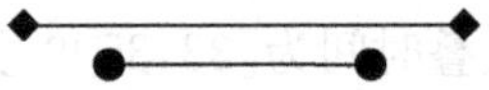
(4)	A　Overlaps　B	$a_{kA}<a_{kB}\wedge b_{kA}<b_{kB}\wedge a_{kB}<b_{kA}$	
(5)	A　Overlapped-by　B	$a_{kA}>a_{kB}\wedge b_{kA}>b_{kB}\wedge a_{kA}<b_{kB}$	
(6)	A　Meets　B	$b_{kA}=a_{kB}$	
(7)	A　Met-by　B	$a_{kA}=b_{kB}$	
(8)	A　Starts　B	$a_{kA}=a_{kB}\wedge b_{kA}<b_{kB}$	
(9)	A　Started-by　B	$a_{kA}=a_{kB}\wedge b_{kA}>b_{kB}$	
(10)	A　Finishes　B	$a_{kA}>a_{kB}\wedge b_{kA}=b_{kB}$	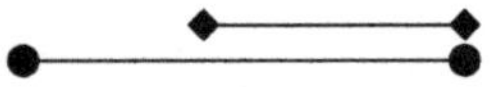
(11)	A　Finished-by　B	$a_{kA}<a_{kB}\wedge b_{kA}=b_{kB}$	
(12)	A　After　B	$a_{kA}>b_{kB}$	
(13)	A　Equals　B	$a_{kA}=a_{kB}\wedge b_{kA}=b_{kB}$	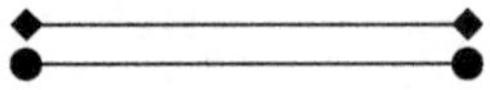

说明：事件 A◆———◆，事件 B●———●，Λ表示同时成立。

在计算时间拓扑矩阵时，遵循以下计算准则：

(1)若 $a_{kA}=a_{kB}$，则有 $\begin{cases} A^{-}\overrightarrow{\cap}B^{\circ}=0 \\ A^{-}\overrightarrow{\cap}B^{+}=0 \\ A^{\circ}\overrightarrow{\cap}B^{-}=0 \\ A^{\circ}\overrightarrow{\cap}B^{\circ}=1 \\ A^{+}\overrightarrow{\cap}B^{-}=0 \end{cases}$，(2)若 $b_{kA}=b_{kB}$，则有 $\begin{cases} A^{-}\overrightarrow{\cap}B^{+}=0 \\ A^{\circ}\overrightarrow{\cap}B^{\circ}=1 \\ A^{\circ}\overrightarrow{\cap}B^{+}=0 \\ A^{+}\overrightarrow{\cap}B^{-}=0 \\ A^{+}\overrightarrow{\cap}B^{\circ}=0 \end{cases}$，

(3)若 $a_{k\mathrm{A}} < a_{k\mathrm{B}}$，则有 $\begin{cases} A^{-}\vec{\cap}B^{\circ}=0 \\ A^{-}\vec{\cap}B^{+}=0 \\ A^{\circ}\vec{\cap}B^{-}=1 \end{cases}$，　(4)若 $a_{k\mathrm{A}} > a_{k\mathrm{B}}$，则有 $\begin{cases} A^{-}\vec{\cap}B^{\circ}=1 \\ A^{\circ}\vec{\cap}B^{-}=0 \\ A^{+}\vec{\cap}B^{-}=0 \end{cases}$，

(5)若 $b_{k\mathrm{A}} < b_{k\mathrm{B}}$，则有 $\begin{cases} A^{-}\vec{\cap}B^{+}=0 \\ A^{\circ}\vec{\cap}B^{+}=0 \\ A^{+}\vec{\cap}B^{\circ}=1 \end{cases}$，　(6)若 $b_{k\mathrm{A}} > b_{k\mathrm{B}}$，则有 $\begin{cases} A^{\circ}\vec{\cap}B^{+}=1 \\ A^{+}\vec{\cap}B^{-}=0 \\ A^{+}\vec{\cap}B^{\circ}=0 \end{cases}$，

(7)若 $b_{k\mathrm{A}} = a_{k\mathrm{B}}$，则有 $\begin{cases} A^{\circ}\vec{\cap}B^{\circ}=0 \\ A^{+}\vec{\cap}B^{-}=0 \end{cases}$，　(8)若 $a_{k\mathrm{A}} = b_{k\mathrm{B}}$，则有 $\begin{cases} A^{-}\vec{\cap}B^{+}=0 \\ A^{\circ}\vec{\cap}B^{\circ}=0 \end{cases}$，

(9)若 $a_{k\mathrm{A}} > b_{k\mathrm{B}}$，则有 $\begin{cases} A^{-}\vec{\cap}B^{+}=1 \\ A^{\circ}\vec{\cap}B^{\circ}=0 \end{cases}$，　(10)若 $a_{k\mathrm{A}} < b_{k\mathrm{B}}$，则有 $\begin{cases} A^{-}\vec{\cap}B^{+}=0 \\ A^{\circ}\vec{\cap}B^{\circ}=1 \end{cases}$，

(11)若 $b_{k\mathrm{A}} > a_{k\mathrm{B}}$，则有 $\begin{cases} A^{\circ}\vec{\cap}B^{\circ}=1 \\ A^{+}\vec{\cap}B^{-}=0 \end{cases}$，　(12)若 $b_{k\mathrm{A}} < a_{k\mathrm{B}}$，则有 $\begin{cases} A^{-}\vec{\cap}B^{+}=1 \\ A^{\circ}\vec{\cap}B^{\circ}=0 \end{cases}$。

用上述计算准则可以很方便地实现事件发生时间、结束时间之间的关系向易于理解和比较的时间拓扑矩阵形式转换，是实现事件关系的计算机快速查询和判定的有效方法。在具体操作过程中，仅需根据两事件起止时间进行比较，然后选择起止时间表达式对应的计算准则，就可以确定两事件的时间拓扑矩阵。

如：两事件具有时态关系(4)，则选取准则(3)、(5)和(11)并删去重复元素得到两事件的时间拓扑矩阵行为：1　0　0　1　1　0　0　1　1。同理可以得到其他时态关系的时间拓扑矩阵行，表 4.3 中所列的 13 种时态关系分别用时间拓扑矩阵表示出来，见表 4.4。

表 4.4　两事件时间片时态关系的时间拓扑矩阵模型

序　号	时间拓扑矩阵	序　号	时间拓扑矩阵
(1)	1 0 0 1 0 0 1 1 1	(8)	1 0 0 0 1 0 0 1 1
(2)	1 1 0 0 1 0 0 1 1	(9)	1 0 0 0 1 1 0 0 1
(3)	1 0 0 1 1 1 0 0 1	(10)	1 1 0 0 1 0 0 0 1
(4)	1 0 0 1 1 0 0 1 1	(11)	1 0 0 1 1 0 0 0 1
(5)	1 1 0 0 1 1 0 0 1	(12)	1 1 1 0 0 1 0 0 1
(6)	1 0 0 1 0 0 0 1 1	(13)	1 0 0 0 1 0 0 0 1
(7)	1 1 0 0 0 1 0 0 1		

考察表 4.4 中的时间拓扑矩阵中各行数据的区别，可以通过判断时间拓扑矩阵每行元素中的若干个关键元素来完成两事件时态关系的查询和判定，见表 4.5。

表 4.5　事件时态关系判定的关键元素

时态关系	时间拓扑模型关键元素	时态关系	时间拓扑模型关键元素
(1)	$A^{+}\overrightarrow{\cap}B^{-}=1$	(8)	$\begin{cases}A^{-}\overrightarrow{\cap}B^{\circ}=0\\A^{\circ}\overrightarrow{\cap}B^{-}=0\\A^{+}\overrightarrow{\cap}B^{\circ}=1\end{cases}$
(2)	$\begin{cases}A^{-}\overrightarrow{\cap}B^{\circ}=1\\A^{+}\overrightarrow{\cap}B^{\circ}=1\end{cases}$	(9)	$\begin{cases}A^{-}\overrightarrow{\cap}B^{\circ}=0\\A^{\circ}\overrightarrow{\cap}B^{-}=0\\A^{\circ}\overrightarrow{\cap}B^{+}=0\end{cases}$
(3)	$\begin{cases}A^{\circ}\overrightarrow{\cap}B^{-}=1\\A^{\circ}\overrightarrow{\cap}B^{+}=1\end{cases}$	(10)	$\begin{cases}A^{-}\overrightarrow{\cap}B^{\circ}=1\\A^{\circ}\overrightarrow{\cap}B^{+}=0\\A^{+}\overrightarrow{\cap}B^{\circ}=0\end{cases}$
(4)	$\begin{cases}A^{\circ}\overrightarrow{\cap}B^{-}=1\\A^{\circ}\overrightarrow{\cap}B^{\circ}=1\\A^{+}\overrightarrow{\cap}B^{\circ}=1\end{cases}$	(11)	$\begin{cases}A^{\circ}\overrightarrow{\cap}B^{-}=1\\A^{\circ}\cap B^{+}=0\\A^{+}\cap B^{\circ}=0\end{cases}$
(5)	$\begin{cases}A^{-}\overrightarrow{\cap}B^{\circ}=1\\A^{\circ}\overrightarrow{\cap}B^{\circ}=1\\A^{\circ}\overrightarrow{\cap}B^{+}=1\end{cases}$	(12)	$A^{-}\overrightarrow{\cap}B^{+}=1$
(6)	$\begin{cases}A^{\circ}\overrightarrow{\cap}B^{\circ}=0\\A^{+}\overrightarrow{\cap}B^{-}=0\\A^{+}\overrightarrow{\cap}B^{\circ}=1\end{cases}$	(13)	$\begin{cases}A^{-}\overrightarrow{\cap}B^{\circ}=0\\A^{\circ}\overrightarrow{\cap}B^{-}=0\\A^{\circ}\overrightarrow{\cap}B^{+}=0\\A^{+}\overrightarrow{\cap}B^{\circ}=0\end{cases}$
(7)	$\begin{cases}A^{-}\overrightarrow{\cap}B^{+}=0\\A^{\circ}\overrightarrow{\cap}B^{\circ}=0\\A^{\circ}\overrightarrow{\cap}B^{+}=1\end{cases}$		

将两事件时间片在时间轴上有重叠的情况称为并发事件，可以看到表 4.4 中时间拓扑矩阵的第 5 列元素表示的是两事件发生时间段的关系，$A^{\circ}\overrightarrow{\cap}B^{\circ}=1$ 时表示两事件并发，则此时两事件存在冲突，否则无冲突。即时态关系(1)、(6)、(7)和(12)为无冲突状态，其余情况

均为冲突状态。

在记录和读取高速铁路事件时间片并建立时间拓扑矩阵后，只需根据表4.5所列查询关键元素的语意表达，构建出简单的查询条件，便可迅速查询并确定高速铁路事件的时态关系，这是高速铁路行车指挥过程中快速掌握高速铁路事件的有效方法，是高速铁路列车运行冲突判定的基础。如有以下事件时间拓扑矩阵表：

事件 a 与事件 b	1	0	0	1	1	1	0	0	1
事件 a 与事件 c	1	0	0	1	1	0	0	1	1
事件 a 与事件 d	1	0	0	0	1	0	0	0	1
事件 a 与事件 e	1	1	1	0	0	1	0	0	1

如果要找到在事件 a 之前发生的事件，则仅需考察时态关系(12)发生的情况，即查询条件为 $A^{-}\overrightarrow{\cap}B^{+}=1$，在时间拓扑矩阵表中查询有关的拓扑矩阵行，只需判断各行的第3位是否为1则可完成。很显然，事件 e 在事件 a 之前发生。又如要查找包含于事件 a 的事件，则仅需考察时态关系(3)发生的情况，即查询条件为 $A^{\circ}\overrightarrow{\cap}B^{-}=1$ 和 $A^{\circ}\overrightarrow{\cap}B^{+}=1$，在时间拓扑矩阵表中查询有关的拓扑矩阵行，只判断各行第4位和第6位为1则可完成，很显然，事件 b 是包含于事件 a 的。

要找出与事件 a 无冲突的事件，则仅需考察时间拓扑矩阵行中第5位元素是否为0，很显然，事件 e 与事件 a 无冲突，其余3个事件均与事件 a 冲突。

4.3.3 冲突判定流程

在计划运行图中，各高速铁路事件时间片间满足各项时间标准，不存在冲突，但当列车运行受到随机干扰并偏离运行计划后，就可能导致高速铁路事件时间片间发生时间重叠，从而产生冲突。高速铁路列车运行冲突管理的重要内容是要判定这些事件时间片间的冲突并对这些冲突进行消解。

在进行列车运行冲突计算机判定时，需要将各列车作业时间标准作为常量预先设定。

由于车站一般均有多条到发线，列车在不同到发线的作业、停留时间允许有重叠，建立事件的时间拓扑矩阵模型后，如果两事件时间片存在 $A^{\circ}\overrightarrow{\cap}B^{\circ}=1$ 则使记录到发线需要量的变量 N 增加1，当出现 N 大于车站办理相应列车到发作业的到发线总数 M 时，则报告到发线运用冲突，而其余类型冲突判定则是一旦出现 $A^{\circ}\overrightarrow{\cap}B^{\circ}=1$ 则报告相应的冲突。因此，高速铁路列车运行冲突的判定需对到发线运用冲突和其他类型冲突分别进行判定。

高速铁路列车运行冲突判定的总体流程为：

第1步 读取并标识高速铁路事件 E_k。

第2步 按照事件发生时刻从小到大的顺序依次为高速铁路事件对资源的占用时间建立相应的事件时间片 $T_k[a_k,b_k]$。

第3步 为每一运输资源建立一张运输资源占用表 G_i。

第4步 到发线运用冲突判定：读取运输资源占用表中到发线列车到发事件 $T_{k1}[a_{k1},b_{k1}]$、$T_{k2}[a_{k2},b_{k2}]\cdots T_{ki}[a_{ki},b_{ki}]\cdots T_{kn}[a_{kn},b_{kn}]$，依次对这些事件构建两两事件时间片之

间的时间拓扑矩阵行，若时间拓扑矩阵行的第5元素出现值1，则执行 $N+1$，并计入新的 N 值，执行完后比较 M 与 N 的大小，若 $M>N$ 则表示该时段内无到发线运用冲突，否则存在到发线运用冲突。如果车站到发线分类别，例如供较高速度高速列车使用的到发线数为 m_1，供较低速度高速列车使用的到发线数为 m_2，则需设置两个变量 n_1 和 n_2 分别记录不同列车对不同到发线的占用情况，如果有 $n_1>m_1$ 或 $n_2>m_2$，则存在到发线冲突。到发线运用冲突的判定流程如图4.9所示。

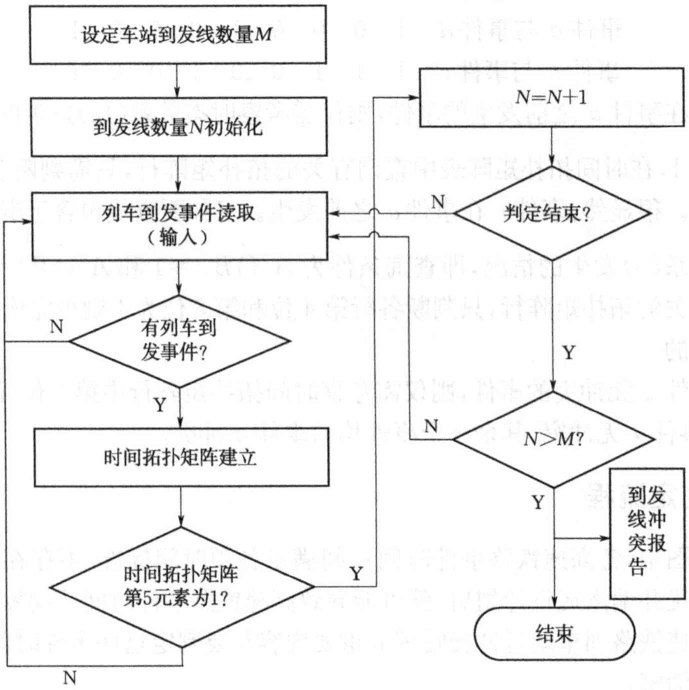

图4.9 到发线运用冲突判定流程

第5步 其他类型冲突判定：对 Gi 中的各事件时间片进行事件时间片的时间逻辑检算，判定的准则是4.2节中式(4.1)和式(4.2)、式(4.4)～式(4.7)所列的判定准则。由于已经得到了运输资源占用表，事件之间的先后顺序确定，故对于前后两高速铁路事件时间片 $T_{k1}[a_{k1},b_{k1}]$ 和 $T_{k2}[a_{k2},b_{k2}]$，$T_{k1}[a_{k1},b_{k1}]$ 为先行事件，且它们之间需保障必要的时间标准 t_b[t_b 为式(4.1)和式(4.2)、式(4.4)～式(4.7)所列各类时间标准]。因此，将 b_{k1} 加上 t_b，修改 T_{k1} 的结束时间为 B_{k1}，即有：$B_{k1}=b_{k1}+t_b$。此时再对 $[a_{k1},B_{k1}]$ 与 $[a_{k2},b_{k2}]$ 建立时间拓扑矩阵，若第5元素为0则不存在高速铁路列车运行冲突，否则根据 t_b 所代表的时间标准类型依次确定是否存在车站间隔时间冲突、区间冲突、行车作业与维修作业冲突、列车运行与旅客换乘时间冲突、动车组接续时间冲突和跨线列车跨线时间冲突等各类高速铁路列车运行冲突的类型，高速铁路其他类型列车运行冲突判定的流程可用图4.10表示。

第6步 根据第4步和第5步得出是否存在冲突及冲突类型的判定结果。

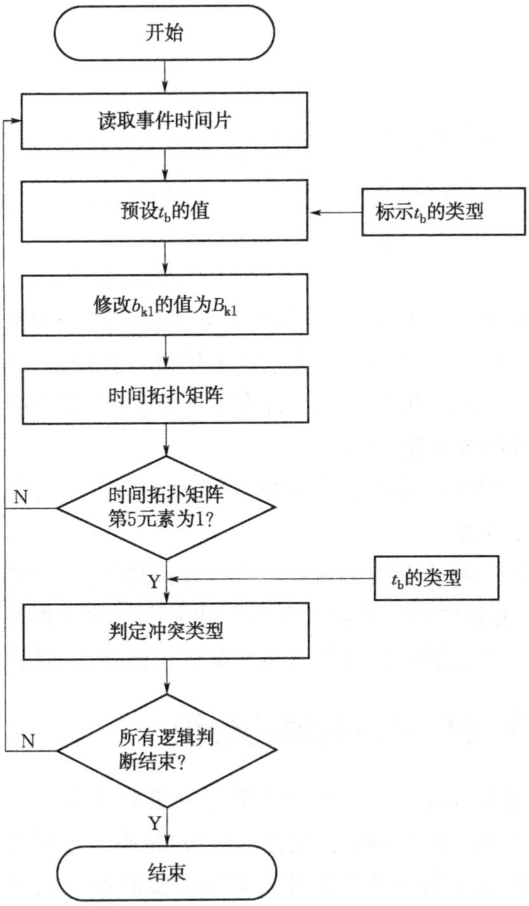

图 4.10　高速铁路其他类型列车运行冲突判定流程

第5章 高速铁路列车运行冲突程度度量

在运行图中往往存在多个列车运行冲突，此时如何确定哪个冲突影响较大、需要优先消解，是行车指挥中需要快速准确决策的，冲突消解的质量将直接列车运行图实施的质量。此处引入冲突程度的概念来测度不同列车运行冲突的严重程度，即冲突的大小。

定义 5.1 列车运行冲突程度（冲突度）

列车运行冲突程度（冲突度）是由于不同冲突列车所具有的不同运行状态而导致列车运行冲突严重程度不同的度量值。

高速铁路列车运行冲突程度越高，冲突对列车运行秩序的影响越大，由冲突造成的损失、影响程度越大。需要通过对高速铁路列车运行冲突进行冲突程度的量化，确定列车运行冲突的等级，为列车运行冲突消解、制定和调整列车运行调整计划提供依据。

5.1 高速铁路列车运行冲突程度的分级

高速铁路列车运行冲突程度的分级可分为静态分级和动态分级两个方面，静态分级是根据各类型冲突可能导致的不同影响进行定性的分级，是确定不同类型冲突的等级；而动态分级是通过定量化方法确定各类型冲突所涉及列车的实时运行状态，比较确定同类型冲突中不同冲突的严重程度。高速铁路列车运行是一个实时的动态系统，高速铁路列车运行冲突分级的重点和难点是确定同类型冲突之间的严重程度，即对列车运行冲突的动态分级。

5.1.1 高速铁路列车运行冲突程度的静态分级

在第 2 章中，已经将高速铁路列车运行冲突进行了分类：按照发生冲突的实体对列车运行冲突分类属于宏观层面分类，而按照列车运行冲突发生的时间和地点为列车运行冲突分类属于微观层面分类。高速铁路列车运行冲突程度的静态分级需要分别从宏观层面和微观层面进行。宏观层面的列车运行冲突程度分级是指对宏观层面分类的列车运行冲突进行分级，微观层面的列车运行冲突程度分级是指对微观层面分类的列车运行冲突进行分级。

俄罗斯学者对其国内铁路行车事故的统计分析得到：列车正面冲撞和同向追尾事故往往是特、重大事故，施工期间的行车事故及技术设备故障导致的事故严重程度要相对小些，而由于行车组织不当导致的列车延误产生的影响是最小的。我国的《铁路交通事故调查处理规则》中将列车的冲撞至少定位为险性事故，是行车事故中最需要严格控制的。根据国内外铁路行车实践经验可知，列车之间的冲突是险性冲突，最容易导致行车事故且一旦导致事故后往往要造成人员伤亡、行车中断、技术设备损坏等，可能带来的损失和影响最大，本书将列车之间的冲突定为Ⅰ级冲突。由于我国铁路运输资源的有限性和竞争性特点，相比于列车运行与作业组织之间的冲突，列车运行与设备运用之间的冲突对运输资源的运用要求高，其冲突等级要高，将其定为Ⅱ级冲突，而列车运行与作业组织之间的冲突定为Ⅲ级冲突。

对于区间冲突和车站间隔时间冲突，由于区间冲突的产生将可能直接导致列车的追尾，其后果将远远比车站间隔时间冲突严重，因此区间冲突等级要高于车站间隔时间冲突的等级，定为$Ⅰ_1$级冲突，而车站间隔时间冲突为$Ⅰ_2$级冲突。到发线运用冲突可能引起车站及区间的堵塞，甚至影响局部区段的正常列车运行秩序，行车作业与维修作业冲突将影响维修作业的效率和行车、维修安全，这两类冲突均较动车组接续时间冲突严重。跨线列车的开行将对不同线路、甚至是高速路网和既有路网列车的运行均产生一定的影响，跨线列车跨线时间冲突的严重程度要高于列车运行与旅客换乘时间冲突。

以冲突引起的潜在损失、对列车运行秩序以及路网列车运行组织的影响大小为原则，高速铁路列车运行冲突可有如表 5.1 所示的静态分级。其中Ⅰ级冲突为最严重冲突，Ⅱ级冲突次之，Ⅲ级冲突再次之，$Ⅰ_1$级冲突强于$Ⅰ_2$级冲突，以此类推。

表 5.1 高速铁路列车运行冲突的静态分级表

冲突类型		冲突分级	
宏观层面	微观层面	微观层面	宏观层面
列车之间的冲突	区间冲突 车站间隔时间冲突	$Ⅰ_1$级冲突 $Ⅰ_2$级冲突	Ⅰ级冲突
列车运行与设备运用之间的冲突	到发线运用冲突 行车作业与维修作业冲突 动车组接续时间冲突	$Ⅱ_1$级冲突 $Ⅱ_2$级冲突 $Ⅱ_3$级冲突	Ⅱ级冲突
列车运行与作业组织之间的冲突	跨线列车进入高速线的时间冲突 列车运行与旅客换乘时间冲突	$Ⅲ_1$级冲突 $Ⅲ_2$级冲突	Ⅲ级冲突

5.1.2 高速铁路列车运行冲突程度的动态分级

高速铁路列车运行冲突程度的静态分级给出了不同类型列车运行冲突之间的严重程度比较方法，但对于同类型冲突之间的冲突程度却难以区分，例如同样是车站间隔时间冲突，如何确定哪个冲突的等级更高、更需要及时消解等。采用合理的方法来度量和确定同类型不同列车运行冲突的严重程度，即高速铁路列车运行冲突程度的动态分级是本章所要重点解决的问题。

从列车运行冲突程度的定义可知，要度量高速铁路列车运行冲突的冲突程度，关键是确定冲突所涉及列车的相关运行状态，而列车运行状态是各列车运行状态评估指标的综合表现。在确定了描述列车运行状态的指标及其量化值后，根据各列车运行状态指标对于列车运行决策的重要程度确定各指标的权重，进而根据冲突所涉及列车的运行状态值确定和评估各冲突的严重程度。因此，高速铁路列车运行冲突程度的度量是一个基于列车运行状态指标的多属性评估问题。

高速铁路列车运行冲突度量的目的是确定冲突的消解次序，对冲突列车的运行秩序进

行调整,以兑现列车运行计划。在列车运行调整过程中,行车调度员遵循以下决策原则:

(1)列车的顺序由列车的优先程度决定。

(2)高等级列车优于低等级列车设置。

(3)同等级列车"晚点让正点",晚点程度小的列车具有优先权。

(4)旅程完成度大的列车优先设置。

(5)列车运行调整需满足相应的列车时间间隔和规章。

同类型列车运行冲突程度的度量是以列车运行状态的量化为基础的,通过综合考虑冲突所涉及列车的等级、正晚点程度等来确定各冲突列车的优先度,涉及高优先度列车的冲突要比涉及低优先度列车的冲突要严重,需要优先消解。这与列车运行调整决策过程和思路具有相通性,所以有理由将列车运行调整决策所考虑的条件属性作为考察列车运行实时状态的指标,表征冲突所涉及列车的运行状态。

高速铁路列车运行冲突程度动态分级的具体研究过程为:

(1)建立列车运行调整的决策表,运用信息熵理论分析列车运行条件属性对减小列车运行不确定性的作用,确定各列车运行调整条件属性在确定列车运行调整决策过程中的重要度排序。

(2)选定评估冲突列车运行状态的指标,用模糊评分方法确定各评估指标的取值范围。

(3)利用熵权法确定冲突列车运行状态的各评估指标的权重。

(4)计算出冲突所涉及各列车的运行状态值,按照冲突列车运行状态值的大小确定冲突的严重程度。

由于每条线路的特征、列车运行种类、列车运行的组合在一段时间内是基本不变的,上述研究方法就是基于这一特点,从以往的列车运行实绩数据得到所研究线路列车运行的特性,通过对既有数据的挖掘发现列车运行的规律,从而为该条线路的后续运营提供参考。不同的线路,由于列车的比例、组合方式等的差异,通过实绩数据得到的列车运行指标的信息熵一般不同,从而使各列车运行指标在量化列车运行状态过程中的权重也不同。对于不同的线路,需要根据各自的运营实绩情况分别计算列车运行指标的权重。而新通车运营的高速铁路线路,由于无既有运营数据,需要借鉴具有相似情况线路的运营经验进行类比,等得到了实绩数据后再根据获得的数据进行调整。不论是高速铁路还是普速铁路,列车运行冲突动态度量的做法大致相同,不失一般性,本书以京广既有线株洲—郴州调度区段 2010 年 11 月 8 日 12:00～15:00 的阶段计划实绩运行数据为例,介绍列车运行冲突动态度量的操作方法。

5.2 高速铁路列车运行状态指标重要度排序

5.2.1 粗糙集理论基本概念

粗糙集理论(Rough Set)是由波兰科学家 Pawlak 教授提出来的对不完整数据进行分析、推理、学习、发现的新方法。粗糙集理论通过对数据进行分析和推理,从中发现隐含规律,识别并评估数据之间的依赖关系,已成为人工智能领域中的一个新学术热点,在机器学习、知识获取、知识发现和决策分析等领域得到了广泛的研究与应用。

粗糙集理论是建立在分类机制的基础上的，它将分类理解为在特定空间上的等价关系，而等价关系构成了对该空间的划分。粗糙集理论将知识理解为对数据的划分，每一被划分的集合称为概念。粗糙集理论的主要思想是利用已知的知识库，将不精确或不确定的知识用已知知识库中的知识来（近似）刻画。

定义 5.2 信息系统

信息系统的一般表示形式为：$S=(U,A,V,f)$，其中 S 为知识表达系统，U 为论域（所研究对象组成的有限集合称为论域，为非空有限集合），A 为属性值，V 为属性值域，$f:U\times A\to V$ 为一信息函数，表示对每一个 $a\in A$，$x\in U$，$f(x,a)\in V_a$。当信息系统中属性 $A=C\cup D$，$C\cap D=\Phi$ 时，C 为条件属性，D 为决策属性，此时信息系统也称为决策系统。

决策表是一类特殊而重要的知识表达系统，它表示满足某些条件时，决策（行为、操作、控制）应当如何进行。决策表又称判断表，是一种呈表格状的图形工具，适用于描述处理判断条件较多，各条件又相互组合、有多种决策方案的情况。决策表能够精确而简洁描述复杂逻辑，将多个条件与这些条件满足后要执行的动作相对应。不同于传统程序语言中的控制语句，决策表能将多个独立的条件和多个动作直接的联系清晰地表示出来。表 5.2 所示为一个感冒诊断决策表的例子。

表 5.2 决策表示例

个体编号	条件属性			决　策
	头　疼	肌肉疼	体　温	
1	是	是	正常	否
2	是	是	高	是
3	是	是	很高	是
4	否	是	正常	否
5	否	否	高	否
6	否	是	很高	是

当医生在进行诊断时，需要根据各病人头疼、肌肉疼、体温三个指标进行综合分析，判定病人是否患有感冒。当病人有头疼、肌肉疼及体温高时，医生便判定病人患有感冒，但当病人头疼、肌肉疼、体温正常时，医生判定病人没有患感冒。人们在进行某项决策时，一般也是在权衡各项指标的满足程度后最后做出一定的决策。将这一过程进行形式化表示便是一张决策表。

定义 5.3 依赖度

在信息系统 $S=(U,C,D,V,f)$ 中，决策属性 D 对条件属性集（指标）C 的依赖度 $\gamma_A(D)$ 定义如下：

$$\gamma_C(D)=|\mathrm{POS}_C(D)|/|U| \tag{5.1}$$

其中，$|\mathrm{POS}_C(D)|$ 表示根据指标 C 的知识所进行的划分 U/C 能够确切地进入 U/D 的对象集合，$|U|$ 表示集合论域 U 中元素的个数。集合 X 的划分是 X 的非空子集的集合，使得所有 X 的元素 x 都能够精确地包括在这些子集的其中一个内。

熵(Entropy)这个概念来自于统计热力学,它表达一个系统混乱的程度,其中系统越混乱,其熵值就越高;反之,若系统越是有序,那么所对应的熵值也就越低。信息论中,熵通常也称作信息熵或熵(Shannon),它主要采用数值形式表达随机变量取值的不确定性程度,目的是刻画信息含量的多少。

定义 5.4 信息熵

设 $S=(U,R)$ 是一个近似空间,R 是 U 上的一个划分,则知识 R 的信息熵定义为

$$E_r(R)=-\sum_{j=1}^{m}\frac{|R_j|}{|U|}\log_2\frac{|R_j|}{|U|} \tag{5.2}$$

其中,$|R_j|/|U|$ 表示等价类 R_j 在论域 U 中的概率。在集合论中,等价类是指具有等价关系的聚类,此处指关于属性 R_j,论域 U 中没有区别的元素的集合,即论域 U 中的不同对象 x_i 关于属性 R_j 具有相同的属性值,具有不可分辨关系。

定义 5.5 属性重要度

对于信息系统 $S=(U,C,D,V,f)$,$X\subseteq U$,属性 $a\in C$ 在 C 中的重要度 $\mathrm{Sig}(a,C)$ 定义为 C 中去掉 a 引起的粗糙集的信息熵的变化大小,即

$$\mathrm{Sig}(a,C)=E_{C-\{a\}}(X)-E_C(X) \tag{5.3}$$

其中,U 中的元素 X 称为对象。$\mathrm{Sig}(a,C)$ 越大,则去掉条件属性(指标)a 引起的决策不确定性越大,条件属性(指标)a 越重要。

定义 5.6 条件熵

指已知一个变量的条件下,另外一个变量的不确定性程度,即一个变量依赖于另一个变量的强弱程度。具体地,假如随机变量 Y 已知,那么随机变量 X 关于 Y 的条件熵 $E(X|Y)$ 为

$$E(X|Y)=\int_y p(y)H(X|y)\mathrm{d}y=-\int_y\int_x p(x,y)\log_2 p(x|y)\mathrm{d}x\mathrm{d}y \tag{5.4}$$

其中 $p(x,y)$ 为 X 和 Y 的联合概率分布,而 $p(x|y)$ 为 Y 已知情况下 X 的条件概率分布。由定义可知,若 X 完全依赖于 Y,那么 $E(X|Y)=0$,表示 Y 已包含了 X 的信息;反之,$E(X|Y)=E(X)$ 意味着这两个变量是相互无关或独立的,即 X 的不确定性程度不依赖于 Y。

性质 5.1

属性 $a\in C$ 在 C 中是必要的,当且仅当 $\mathrm{Sig}(a,C)>0$。

5.2.2 列车运行属性的粗糙集表达

在粗糙集理论中,所考察对象的状态是通过指定对象的基本特征(属性)和它们的特征值(属性值)来描述的。列车运行调整决策是一个利用既有经验和决策知识,根据列车运行过程中的实时运行参数(如列车等级、列车的正点程度、列车的旅程完成程度等)做出新决策的过程。因此,需要首先确定列车运行调整决策的条件属性和决策属性。

黄康、王明慧运用粗糙集理论将调度员在铁路行车指挥过程中主要考虑的列车运行实时参数量化,成功定义了列车运行调整决策的条件属性和决策属性,在基于粗糙集理论的铁路行车指挥智能知识获取与决策领域进行了有益的探索与尝试。

列车运行调整问题是一个管理科学中的决策问题,其实质是调度员根据列车的实时运行状态,运用一定的决策规则,确定是否需要进行列车运行调整。而列车相对优先度 R_{AP}、

列车相对正点度 R_{RT}、列车相对旅程完成度 R_{TC}、列车区间运行相对裕度 G_B、列车车站停车相对裕度 G_S、后继列车新增出发晚点 D_D、后继列车新增到达晚点 D_A 等 7 个列车运行调整条件属性正是反映列车运行状态的参数，是行车指挥人员进行列车运行调整决策时的依据和准则。

本章援引王明慧所定义的列车运行调整条件属性和决策属性，并结合高速铁路的运营特点进行对其修正，确定各列车运行指标对于描述和评估列车运行状态的重要性及权重，根据列车运行的状态属性值确定冲突列车的运行状态。

列车运行调整决策的粗糙集条件属性如下：

(1)列车相对优先度属性 R_{AP}

列车 1 的绝对优先度属性 C_{AP1} 与列车 2 的绝对优先度属性 C_{AP2} 之间的相对关系，如果列车 1 的优先级比列车 2 的优先级高，则优先设定列车 1 的运行时刻。R_{AP} 的值域为

$$R_{AP}=\begin{cases}0 & C_{AP1}=C_{AP2}\text{，两列车的优先级相同}\\ 1 & C_{AP1}>C_{AP2}\text{，列车 1 的优先级高}\\ 2 & C_{AP1}<C_{AP2}\text{，列车 2 的优先级高}\end{cases}$$

在高速铁路上运行的列车可以分为本线 A 类列车(速度等级为 300 km/h 及以上的列车)、本线 B_1 类列车(速度等级为 250 km/h 的列车)和跨线 B_2 类列车，三类列车之间的优先级别关系为 A 类列车等级最高，具有相同速度等级的 B_2 类列车等级高于 B_1 类列车。

(2)列车相对正点度属性 R_{RT}

表示列车 1 的绝对正点度属性 C_{RT1} 与列车 2 的绝对正点度属性 C_{RT2} 之间的相对关系。R_{RT} 的值域为

$$R_{RT}=\begin{cases}0 & C_{RT1}=0\wedge C_{RT2}\neq 0\text{，列车 1 正点且列车 2 晚点}\\ 1 & C_{RT1}\neq 0\wedge C_{RT2}=0\text{，列车 1 晚点且列车 2 正点}\\ 2 & C_{RT1}<C_{RT2}\text{，列车 1 晚点时间小于列车 2 晚点时间}\\ 3 & C_{RT1}>C_{RT2}\text{，列车 1 晚点时间大于列车 2 晚点时间}\\ 4 & C_{RT1}=C_{RT2}\neq 0\text{，两列车的晚点时间相同}\end{cases}$$

(3)列车相对旅程完成度属性 R_{TC}

列车 1 的绝对旅程完成度属性 C_{TC1} 与列车 2 的绝对旅程完成度属性 C_{TC2} 之间的相对关系。令 C_{TCj} 表示第 j 列车的旅程完成度，即

$$C_{TCj}=\frac{\sum_{kk=1}^{k_t^j} l_{kk}}{\sum_{kk=1}^{K_{K(j)}^j-1} l_{kk}}\times 100\%$$

l_{kk} 表示第 kk 区间的长度，K_t^j 和 $K_{K(j)}^j$ 分别为列车运行图中所规定的列车 j 经过的第 t 个和最后一个车站。

R_{TC} 的值域为

$$R_{TC}=\begin{cases}0 & C_{TC1}=C_{TC2}\text{，两列车的旅程完成度相同}\\ 1 & C_{TC1}<C_{TC2}\text{，列车 1 的旅程完成度高}\\ 2 & C_{TC1}>C_{TC2}\text{，列车 2 的旅程完成度高}\end{cases}$$

(4)列车区间运行相对裕度属性 G_B

列车区间运行裕度表示列车从某车站出发至到达下一站的图定运行时分与该列车在该区间的最小运行时分的差。G_B 表示两列车的区间运行裕度的比较结果,其属性值域为

$$G_B=\begin{cases}0 & G_{BY1}=G_{BY2}\text{,两列车区间运行裕度相同}\\ 1 & G_{BY1}<G_{BY2}\text{,列车的 1 区间运行裕度小}\\ 2 & G_{BY1}>G_{BY2}\text{,列车的 2 区间运行裕度大}\end{cases}$$

G_{BY}表示列车区间运行裕度。

(5)列车车站停车相对裕度属性 G_S

列车在某站的图定停车时分与该列车在该站最小停车时分的差。G_S 表示两列车的车站停车裕度的比较结果,其属性值域为

$$G_S=\begin{cases}0 & G_{SY1}=G_{SY2}\text{,两列车车站停车裕度相同}\\ 1 & G_{SY1}<G_{SY2}\text{,列车 1 的车站停车裕度小}\\ 2 & G_{SY1}>G_{SY2}\text{,列车 1 的车站停车裕度大}\end{cases}$$

其中 G_{SY}为车站停车裕度。

(6)后继列车新增出发晚点 D_D

采取某决策后造成的后继列车新增出发晚点时间。其离散化的属性值定义如下:

$$D_D=\begin{cases}3 & D_{ik}<3\text{,新增晚点 3 min 以内}\\ 2 & 3\leqslant D_{ik}\leqslant 10\text{,新增晚点 3～10 min}\\ 1 & 10<D_{ik}\leqslant 20\text{,新增晚点 10～20 min}\\ 0 & D_{ik}>20\text{,新增晚点 20 min 以上}\end{cases}$$

式中,D_{ik} 为第 i 个列车在第 k 个车站新增晚点时间。

(7)后继列车新增到达晚点 D_A

采取某决策造成的后继列车新增到达晚点时间。其离散化的属性值定义如下:

$$D_A=\begin{cases}3 & D_{ik}<3\text{,新增晚点 3 min 以内}\\ 2 & 3\leqslant D_{ik}\leqslant 10\text{,新增晚点 3 min 至 10 min}\\ 1 & 10<D_{ik}\leqslant 20\text{,新增晚点 10 min 至 20 min}\\ 0 & D_{ik}>20\text{,新增晚点 20 min 以上}\end{cases}$$

因此,$R_{AP}\in\{0,1,2\}$,$R_{RT}\in\{0,1,2,3,4\}$,$R_{TC}\in\{0,1,2\}$,$G_B\in\{0,1,2\}$,$G_S\in\{0,1,2\}$,$D_D\in\{0,1,2,3\}$,$D_A\in\{0,1,2,3\}$。

把是否改变列车原有的运行秩序作为列车运行调整的决策属性 A_G,若根据各列车的运行状态无须调整列车运行秩序则取值为 0,否则取值为 1,即 $A_G\in\{0,1\}$。

5.2.3 列车运行调整决策表

定义 5.7 列车运行调整决策表

列车运行调整问题可通过二维决策表的形式来体现,将这个二维表叫作列车运行调整决策表。

列车运行调整的二维决策表可以表达为信息系统 $S=(U,C,D,V,f)$的形式。其中,$U=\{x_1,x_2,\cdots,x_i,\cdots,x_n\}$,$x_i$ 对应列车运行的一条独立记录,表示一次列车运行调整决策

过程；$C=\{a_1,a_2,\cdots,a_i,\cdots,a_n\}$是一个非空有限集，其元素称为条件属性，每个属性描述列车运行调整的一个属性；$D=\{d_1,d_2,\cdots,d_n\}$是一个非空有限集，其元素称为决策属性，每个属性描述列车运行调整的一个决策结果。二维决策表的属性分为条件属性和决策属性，且有 $C\cap D=\Phi$。V 表示条件属性和决策属性的属性值，f 定义一个信息函数，它指定 U 中每一个对象 x_i 的属性值。根据条件属性的不同，列车运行调整决策表中的每一条列车运行记录均被划分到不同决策属性的决策类中。

从列车运行调度指挥系统获得株洲—郴州调度区段实绩运行图的旅客列车运行数据，并将其进行离散归一化处理后，得到一个列车运行调整决策表(见表 5.3)。

表 5.3　列车运行调整决策表

U	R_{AP}	R_{RT}	R_{TC}	G_B	G_S	D_D	D_A	A_G
x_1	0	0	2	1	0	1	0	0
x_2	0	0	0	1	0	2	1	0
x_3	0	2	2	0	0	0	0	1
x_4	2	3	1	2	0	2	1	1
x_5	2	2	2	0	1	1	1	1
x_6	0	4	0	0	0	1	0	0
x_7	0	4	0	1	1	0	2	0
x_8	0	4	0	0	1	0	1	1
x_9	0	4	0	1	1	1	2	1
x_{10}	0	4	2	1	2	1	0	1
x_{11}	2	1	2	1	0	2	1	0
x_{12}	0	4	2	0	1	2	1	1
x_{13}	2	1	2	0	1	0	2	0
x_{14}	2	1	0	0	1	1	0	0
x_{15}	2	1	2	1	0	0	1	0
x_{16}	1	2	2	0	1	1	2	1
x_{17}	1	0	2	1	2	2	1	1
x_{18}	1	0	2	1	1	0	2	1
x_{19}	0	4	2	1	0	0	1	1
x_{20}	1	0	2	0	1	1	1	1

5.2.4　基于信息熵的列车运行调整条件属性排序

决策表中属性的重要性是根据该属性对决策结果的影响大小来确定的，为了找出某些属性或属性集的重要性，需要从决策表中去掉这些属性，再考察没有该属性后对决策的影响情况。若去掉该属性对决策结果影响大，则说明该属性重要性大，反之说明该属性重要性小。这正是运用信息熵理论来度量属性重要性的基本思路。

以下利用信息熵理论对上述列车运行调整决策表中的各条件属性对减小决策不确定性的作用。

上述列车运行调整决策表按照决策属性 A_G 的不同取值可有两个划分，即分类子集

$$D_k=\begin{cases}D_1,A_G\text{ 取值为 }0,D_1=\{x_1,x_2,x_6,x_7,x_{11},x_{13},x_{14},x_{15}\}\\D_2,A_G\text{ 取值为 }1,D_2=\{x_3,x_4,x_5,x_8,x_9,x_{10},x_{12},x_{16},x_{17},x_{18},x_{19},x_{20}\}\end{cases}$$

则基于决策属性 A_G 的信息熵为

$$E(A_G)=-(0.4\log_2 0.4+0.6\log_2 0.6)=0.972$$

各条件属性的信息熵是在对决策属性进行了初次划分后再将各条件属性根据属性值取值的个数进行划分，目的是考察各条件属性对于减少各类决策不确定性的支持度。因此，此处所计算的各条件属性的信息熵其实质是决策属性 D 关于条件属性 C 的条件熵。

$$E(C)=\sum_{j=1}^{m}p_jE_j \tag{5.5}$$

其中 p_j 为当集合中基于某条件属性 a_i 的第 j 个取值时元素的个数占总元素个数的比例，E_j 表示某条件属性 a_i 取第 j 个值时的信息熵，即

$$E_j=-\sum_{k=1}^{t}(D_k|C)\log_2(D_k|C) \tag{5.6}$$

因此

$$E(C)=-\sum_{j=1}^{m}p_j\sum_{k=1}^{t}(D_k|C)\log_2(D_k|C) \tag{5.7}$$

$(D_k|C)$为每条列车运行记录在决策属性 D_k 的条件下分别取不同属性值时的条件概率，其值等于决策属性 D_k 对条件属性 a_i 取第 j 个值时的依赖度。

对于列车运行调整属性"列车运行调整列车相对优先度 R_{AP}"，由于其属性值有"0""1""2"共 3 种情况，故基于属性"R_{AP}"的信息熵 $E(R_{AP})$可以表达为

$$E(R_{AP})=p_1E_1+p_2E_2+p_3E_3$$

这里 $p_1=10/20=0.5$，$p_2=4/20=0.2$，$p_3=6/20=0.3$。

$$E_1=-\sum_{k=1}^{2}(D_k|R_{AP1})\log_2(D_k|R_{AP1})=-\left[\frac{4}{10}\log_2\left(\frac{4}{10}\right)+\frac{6}{10}\log_2\left(\frac{6}{10}\right)\right]=0.972$$

$$E_2=-\sum_{k=1}^{2}(D_k|R_{AP2})\log_2(D_k|R_{AP2})=-(0\log_2 0+1\log_2 1)=0$$

$$E_3=-\sum_{k=1}^{2}(D_k|R_{AP3})\log_2(D_k|R_{AP3})=\frac{4}{6}\log_2\left(\frac{4}{6}\right)+\frac{2}{6}\log_2\left(\frac{2}{6}\right)=0.918$$

其中 R_{AP1}、R_{AP2}和 R_{AP3}分别表示 R_{AP}取"0""1""2"时的划分。

由此可得

$$E(R_{AP})=0.5\times0.972+0.2\times0+0.3\times0.918=0.761$$

这表明条件属性"R_{AP}"的决策重要性为

$$Sig(R_{AP},C)=E(A_G)-E(R_{AP})=0.972-0.761=0.211$$

同理，条件属性 R_{RT}需要计算分别取"0""1""2""3""4"时的 5 个条件熵，$R_{TC}G_B$ 和 G_S 均需要分别计算分别取"0""1""2"时的 3 个条件熵，D_D 和 D_A 需计算分别取"0""1""2""3"时

的 4 个条件熵。

各列车运行调整条件属性对减小列车运行调整决策不确定性的作用汇总于表 5.4，表中用 $E(C)$ 表示各列车运行调整条件属性的信息熵。

表 5.4　条件属性对减小列车运行调整决策不确定性的作用

	R_{AP}	R_{RT}	R_{TC}	G_B	G_S	D_D	D_A
E_1	0.972	0.972	1	0.918	0.954	0.985	0.972
E_2	0	0	0	1	0.881	0.954	0.881
E_3	0.918	0	0.890	0	0	0.972	0.972
E_4	—	0	—	—	—	0	0
E_5	—	0.863	—	—	—	—	—
$E(C)$	0.761	0.544	0.875	0.913	0.817	0.969	0.925
$\mathrm{Sig}(a,C)$	0.211	0.428	0.097	0.059	0.155	0.003	0.047

条件属性的信息熵越小，则其对减小决策不确定性的作用越明显，其在决策过程中越重要。从表 5.4 可以看出，在进行列车运行调整决策过程中，列车相对正点度属性在减小决策不确定性方面作用最明显，各列车运行调整条件属性在列车运行调整决策过程中的重要度排序为

$$R_{RT} \succ R_{AP} \succ G_S \succ R_{TC} \succ G_B \succ D_A \succ D_D$$

其中，$R_{RT} \succ R_{AP}$表示 R_{RT}比 R_{AP}重要。

列车相对正点度、列车相对优先度以及列车车站停车相对裕度三个属性在行车指挥人员进行决策的过程中具有重要的作用，体现了行车指挥人员决策过程中对“晚点让正点，晚点多者让晚点少者”“低等级列车不得越行高等级列车”等列车运行调整原则给予重点关注。行车指挥人员根据实时的列车运行调整需要，按照列车运行调整条件属性重要度由高到低的次序逐层优化列车运行调整方案。

5.3　高速铁路列车运行状态指标及其权重

5.3.1　列车运行状态评估指标

通过考察表 5.4 的计算结果可以看出，在列车运行调整决策过程中，各条件属性的重要度从大到小依次为：列车相对正点度、列车相对优先度、列车车站停车相对裕度、列车相对旅程完成度、列车区间运行相对裕度、后继列车新增到达晚点、后继列车新增出发晚点。同时，注意到后继列车新增到达晚点和后继列车新增出发晚点两个属性对减小列车运行调整决策不确定性的作用较其他属性小得多，这两个属性主要是评估所研究对象引起其他列车晚点的程度，且在没有实绩运行图的情况下数据的准确性比较难保证。对高速铁路列车运行冲突等级的度量，关键是对冲突列车的现状运行状态进行量化，很难获得其他列车新增到达晚点和新增出发晚点这两个指标的数据。

在列车运行调整决策过程中选取列车相对优先度、列车相对正点度、列车相对旅程完成

度、列车车站停车相对裕度、列车区间运行相对裕度等属性，是为了体现两列车的调整优先度，确定两列车的运行顺序，这些数据能用于综合比较确定两列车的优先调整次序，但这些指标却不能为每列车的运行状态评估提供一个统一的标准，难以满足列车运行冲突程度度量过程中对不同冲突所涉及的每列车的运行状态进行评估的需要，需对其进行一定的转换后才能使用。这 5 个指标的实际数据分别是对列车正点水平、列车等级、列车在站停车冗余时间、列车旅程完成度、列车区间运行冗余时间等 5 个原始指标进行相应处理得来的，这 5 个原始指标能够确切地评估每列车的运行状态，满足不同冲突所涉及列车的评估需要。因此，本书最终选定列车正点水平、列车等级、列车在站停车裕度、列车旅程完成度、列车区间运行裕度等 5 个指标为高速铁路冲突列车的运行状态评估指标。

由于铁路旅客列车运行的正点水平高、列车区间运行和车站停车裕度时间较小，根据铁路旅客列车的实际运行质量要求及参考相关文献对列车运行指标的模糊化评分，本书给出这 5 个指标的模糊化评分标准如下：

(1)列车正点水平 a_d

列车正点度越高，该列车的运行的正常秩序越应优先保证，其得分越高，列车 i 的正点水平属性值域 $V_i(a_d)$表示如下：

$$V_i(a_d)=\begin{cases}1, C_{\mathrm{RT}}>5, \text{列车晚点大于 5 min}\\ 2, 3\leqslant C_{\mathrm{RT}}\leqslant 5, \text{列车晚点 3～5 min}\\ 3, 0<C_{\mathrm{RT}}<3, \text{列车晚点时间小于 3 min}\\ 4, C_{\mathrm{RT}}=0, \text{列车正点运行}\end{cases}$$

其中，C_{RT}为列车晚点时间，单位 min。

(2)列车等级 a_h

列车等级越高，该列车运行的正常秩序越应优先保证，其得分越高，列车 i 的列车等级属性值域 $V_i(a_h)$表示如下：

$$V_i(a_h)=\begin{cases}1, \text{level}.\,i\rightarrow \mathrm{B}_1, \text{列车 } i \text{ 为 } \mathrm{B}_1 \text{ 类列车}\\ 2, \text{level}.\,i\rightarrow \mathrm{B}_2, \text{列车 } i \text{ 为 } \mathrm{B}_2 \text{ 类列车}\\ 3, \text{level}.\,i\rightarrow \mathrm{A}, \text{列车 } i \text{ 为 A 类列车}\end{cases}$$

其中，level. i 为列车 i 的类型。

(3)列车旅程完成度 a_f

如果某列车的旅程完成度越大，其维持、恢复正点运行或为其他晚点列车提供恢复正点运行的机会越小，列车运行的正常秩序越应优先保证，其得分越高。如剩余距离较长的列车 1 与前方剩余距离较短的列车 2 晚点相比，则列车 1 可适当晚点，以后通过压缩区间运行时分或附加车站停留时分来恢复列车 1 的正常运行。列车 i 的旅程完成度属性值域 $V_i(a_f)$表示如下：

$$V_i(a_f)=\begin{cases}1, C_{\mathrm{TC}}<40\%, \text{旅程完成度在 40\% 以内}\\ 2, 40\%\leqslant C_{\mathrm{TC}}<70\%, \text{旅程完成度在 40\% 到 70\%}\\ 3, 70\%\leqslant C_{\mathrm{TC}}\leqslant 90\%, \text{旅程完成度在 70\% 到 90\%}\\ 4, C_{\mathrm{TC}}>90\%, \text{旅程完成度在 90\% 以上}\end{cases}$$

其中，C_{TC}为列车的绝对旅程完成度。

(4)列车区间运行裕度属性 a_b

列车的区间运行裕度越小,其恢复正点或为其他晚点列车提供恢复正点的机会越小,列车运行的正常秩序越应优先保证,其得分越高。由于高速列车速度高、区间距离长,故列车的区间运行裕度时间相对较大。列车 i 的列车区间运行裕度属性值域 $V_i(a_b)$ 表示如下:

$$V_i(a_b)=\begin{cases}1, G_{\mathrm{BY}}>10, \text{列车区间运行裕度大于 10 min} \\ 2, 5<G_{\mathrm{BY}}\leqslant 10, \text{列车区间运行裕度为 5～10 min} \\ 3, 3\leqslant G_{\mathrm{BY}}\leqslant 5, \text{列车区间运行裕度为 3～5 min} \\ 4, G_{\mathrm{BY}}<3, \text{列车区间运行裕度小于 3 min}\end{cases}$$

其中,G_{BY}列车区间运行裕度时间,单位 min。

(5)列车车站停车裕度属性 a_s

列车车站停车裕度越小,其恢复正点或为其他晚点列车提供恢复正点的机会越小,列车运行的正常秩序越应优先保证,其得分越高。由于高速列车在站停车时间都很短,故车站停车裕度时间均较小。列车 i 的列车车站停车裕度属性值域 $V_i(a_s)$ 表示如下:

$$V_i(a_s)=\begin{cases}1, G_{\mathrm{SY}}>3, \text{列车车站停车裕度大于 3 min} \\ 2, 2<G_{\mathrm{SY}}\leqslant 3, \text{列车车站停车裕度为 2～3 min} \\ 3, 1\leqslant G_{\mathrm{SY}}\leqslant 2, \text{列车车站停车裕度为 1～2 min} \\ 4, G_{\mathrm{SY}}<1, \text{列车车站停车裕度小于 1 min}\end{cases}$$

其中,G_{SY}为车站停车裕度时间,单位 min。

这 5 个列车运行指标在量化和评估列车运行状态方面的重要程度沿用列车运行调整决策过程中列车运行调整条件属性的排序,即列车正点水平$\succ$列车等级列$\succ$车车站停车裕度$\succ$列车旅程完成度$\succ$列车区间运行裕度。

5.3.2 列车运行状态评估指标的权重

无论是在风险、经济收益、等级评估还是多目标决策过程中,人们常常要考虑每个评价指标(或各目标、属性)的相对重要程度,表示重要程度最直接和简便的方法是给各指标赋予权重。指标的权重在进行评判和决策的过程中至关重要,它反映了各个因素在评判和决策过程中所占有的地位和所起的作用,能否准确地确定权重直接影响到最终的评判和决策结果。

高速铁路列车运行冲突所涉及列车的状态评估是一个多指标综合评价的问题,由于各个指标的重要性程度是不一样的,所以要确定各个指标的重要性程度,即确定各个评估指标在列车运行状态综合评价中的权重。

目前确定权重的方法主要有客观赋权法和主观赋权法,主观赋权法是根据决策者的先验知识来确定,常用的权重确定方法主要有专家评分、Delphi 法、模糊统计、二元对比排序等。这几种方法人们研究较早,也较为成熟,但权重的确定受专家经验知识的影响很大,不能客观地反映实际情况。客观赋权法的原始数据是由各指标在评价中的实际数据组成,它不依赖于人的主观判断,因而此类方法客观性较强。

若某指标的信息熵越大,就表明其减小决策不确定性的作用越小,该指标值的变异程度越小,提供的信息量越小,在综合评价中所起的作用越小,则其权重也应越小。反之,如果某个指标的信息熵越小,就表明其减小决策不确定性的作用越大,该指标值的变异程度越大,提供的信息量越大,在综合评价中所起的作用越大,则其权重也应越大。所以在具体分析过程中,可根据各个指标对于减小决策不确定性作用的大小,利用各指标的熵来计算出各指标权重,这就是熵权法。

定义 5.8　信息熵权

在信息系统 $S=(U,C,D,V,f)$ 中,指标 $a_j \in C$ 的信息熵权定义为

$$\omega(a_j)=\frac{\mathrm{Sig}(a_j,C)}{\sum_{j=1}^{n}\mathrm{Sig}(a_j,C)} \tag{5.8}$$

熵权法是一种在综合考虑各因素所提供信息量的基础之上,计算一个综合指标的数学方法。由于熵权法不需要所处理数据集合的先验信息,克服了主观赋权法的诸多局限,充分体现了数据客观性的特点在管理决策中得到日益广泛应用。

表 5.4 中,列车运行调整决策由各条件属性(指标)共同确定,有 $\sum_{j=1}^{7}\mathrm{Sig}(a_j,C)=1$。因此,列车运行各条件属性(指标)的权重值等于各属性(指标)的重要度 $\mathrm{Sig}(a_j,C)$。

但由于高速铁路列车运行状态指标仅选取了其中的 5 个指标,且有 $\sum_{j=1}^{5}\mathrm{Sig}(a_j,C)=0.95$,$a_j$ 分别为 R_{RT}、R_{AP}、R_{TC}、G_{B} 和 G_{S}。在计算列车运行状态的 5 个评估指标的权重时,令 $\sum_{j=1}^{5}\mathrm{Sig}(\overline{a}_j,c=1)$,$\overline{a}_j$ 分别代表 a_{d}、a_{h}、a_{f}、a_{b} 和 a_{s} 等 5 个属性。因此,高速铁路列车运行各状态指标的熵权值分别为

$$\omega(a_{\mathrm{d}})=0.211/0.95=0.222$$
$$\omega(a_{\mathrm{h}})=0.428/0.95=0.451$$
$$\omega(a_{\mathrm{f}})=0.097/0.95=0.102$$
$$\omega(a_{\mathrm{b}})=0.059/0.95=0.062$$
$$\omega(a_{\mathrm{s}})=0.155/0.95=0.163$$

因此,反映列车运行状态指标决定列车运行实时状态重要程度的列车运行指标熵权向量为

$$\omega(\overline{a}_j)=(0.222\quad 0.451\quad 0.102\quad 0.062\quad 0.163)^{\mathrm{T}}$$

对于不同的线路,需要根据其列车运行实绩对数据进行挖掘,得到各线路列车运行状态指标的熵权值,新线无历史数据的情况下,选用相似线路的熵权值作为参考。

5.4　高速铁路列车运行冲突度量

上述列车运行状态指标的统一极性为:取值越大,列车运行的可调整空间越小,列车的运行秩序越应得到重点保障,否则将使列车运行质量恶化。因此,通过一个综合反映列车运行状态的指标来表征列车可调整余地大小是非常有必要的。

定义 5.9　列车运行特征值 T_{si}

表征冲突列车 i 的运行状态,其值等于列车 i 的运行状态指标属性值与各指标权重的加权,即

$$T_{si}=\sum_{j=1}^{5}V_i(a_j)\times\omega(\overline{a}_j) \tag{5.9}$$

由于列车运行状态指标属性的取值均不小于1，因此恒有

$$T_{si}\geqslant 1 \tag{5.10}$$

为了度量不同列车运行冲突的严重程度，以每个冲突所涉及列车的列车运行特征值的大小来确定。列车 k 和列车 m 之间的冲突程度CTD用两列车的列车运行特征值的乘积来度量，即

$$\text{CTD}=T_{sk}\times T_{sm} \tag{5.11}$$

CTD值越大，则列车运行冲突程度越大。

以下分别对各类型同类冲突的度量进行具体分析：

(1)列车之间冲突的度量

区间冲突往往是单一的冲突，不会出现多个冲突的情况，因此其不存在同类冲突的严重程度度量问题。车站间隔时间冲突是列车运行冲突的常见和主要形式，且极容易出现多个冲突在某一时段内并发的情况。度量两个并发车站间隔时间冲突等级的方法是：分别计算两个冲突所涉及列车的特征值乘积，乘积大者冲突程度要大。

当两个冲突中有一列车涉及两个冲突，度量这两个冲突的方法可简化为：将两个冲突均涉及的列车作为参考列车，两冲突所涉及的另外两列车作为被度量列车，并分别计算被度量两列车的列车运行特征值。最后比较两被度量列车运行特征值的大小，较大列车运行特征值所对应列车与参考列车的冲突程度要高于较小列车运行特征值所对应列车与参考列车的冲突，需要优先消解。

例如，对于调度区段 s_0—s_3，在 t_s 时刻制定下一阶段的列车运行调整计划，由于列车晚点而导致列车如果按照计划区间运行时分和计划停站时分运行至站 s_1 时，下行列车 k、m 及列车 n、i 将由于列车到达间隔时间不足而分别在站 s_1 产生车站间隔时间冲突，如图5.1所示。

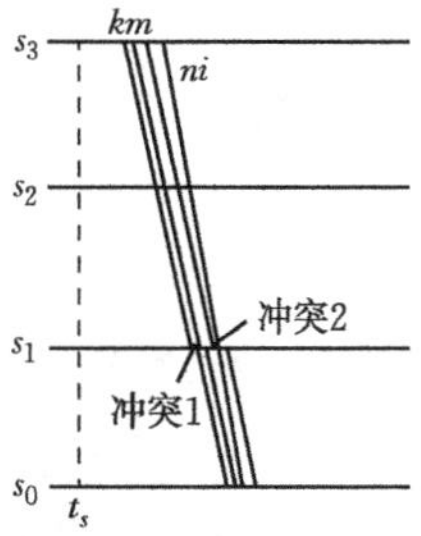

图5.1 车站间隔时间冲突示例

各列车的冲突列车的运行状态见表5.5。

表5.5 冲突列车运行状态

冲突		列车运行指标				
		C_{RT}	level	C_{TC}	G_{BY}	G_{SY}
冲突1	列车 k	0	B_1	0.85	6	1
	列车 m	3	B_1	0.35	3	0
冲突2	列车 n	2	B_2	0.68	1	2
	列车 i	5	A	0.6	3	1

对表5.5所示的指标进行模糊评分后得冲突列车运行状态指标属性值表，如表5.6所示。

表 5.6　冲突列车运行状态指标属性值表

冲　突		列车运行指标属性				
		$V(a_d)$	$V(a_h)$	$V(a_f)$	$V(a_b)$	$V(a_s)$
冲突 1	列车 k	4	1	3	2	3
	列车 m	2	1	1	3	4
冲突 2	列车 n	3	2	2	4	3
	列车 i	2	3	2	3	3

本例的列车运行状态熵权值选用株洲—郴州区段的数据，因此可以计算得出两个冲突的冲突程度 CTD 为

$$CTD_1 = T_k \times T_m = (4\quad 1\quad 3\quad 2\quad 3)\begin{pmatrix}0.222\\0.451\\0.102\\0.062\\0.163\end{pmatrix} \times (2\quad 1\quad 1\quad 3\quad 4)\begin{pmatrix}0.222\\0.451\\0.102\\0.062\\0.163\end{pmatrix} = 4.143$$

$$CTD_2 = T_n \times T_i = (3\quad 2\quad 2\quad 4\quad 3)\begin{pmatrix}0.222\\0.451\\0.102\\0.062\\0.163\end{pmatrix} \times (2\quad 3\quad 2\quad 3\quad 3)\begin{pmatrix}0.222\\0.451\\0.102\\0.062\\0.163\end{pmatrix} = 6.714$$

很显然，冲突 2 的严重程度要高于冲突 1。此计算结果由冲突列车的列车运行状态综合评估，与实际行车指挥过程中的决策原则一致，保证了决策的科学性。

史峰等提出最早冲突优先方法消解列车运行图中的冲突以实现列车运行调整，这种方法虽然能够避免冲突组合的问题，但却没有将不同类别及严重程度的冲突区别对待，可能导致严重的冲突由于缺乏消解条件而得不到很好的消解。冲突的 CTD 值越大，说明冲突所涉及列车运行条件越苛刻，越需要在列车运行调整中重点关注。在列车运行调整时，采用基于冲突消解代价最小的策略，根据冲突列车的列车运行特征值，考虑冲突消解后引起其他冲突可能性的大小，冲突列车偏离运行计划值最小。这种冲突消解策略可能由于需要经过多次调整和迭代造成计算量较大，但始终将冲突程度值较大的冲突所涉及列车作为重点调整对象，体现了重点列车重点把握的列车运行调整原则。关于基于最小冲突消解代价的高速铁路列车运行调整方法将在第 7 章具体阐述，此处不再展开。

当单个冲突涉及列车数增加时，各列车运行特征值的乘积增大，其冲突严重程度就相应增大，因此一般有多列车之间的冲突要比两列车之间的冲突严重，需要优先消解。

(2)列车运行与设备运用之间的冲突度量

当两列车竞用到发线并发生到发线运用冲突时，仅需分别计算这两列车的列车运行特征值，特征值大者冲突程度大，需优先安排到发线。

行车作业与维修作业冲突和动车组接续时间冲突一般为单一冲突，不会出现多个同类

型冲突同时发生的情况，因此其不存在同类冲突的严重程度度量问题。如果一旦在同一时刻发生多个行车作业与维修作业冲突或动车组接续时间冲突，则冲突度量方法与到发线运用冲突的度量方法相同。

(3)列车运行与作业组织之间的冲突度量

列车运行与旅客换乘时间冲突和跨线列车跨线时间冲突一般为单一冲突，不会出现多个同类型冲突同时发生的情况，不存在同类冲突的严重程度度量问题。

至此，得到了高速铁路列车运行冲突程度度量的方法和步骤：先根据列车运行冲突的类型进行列车运行冲突的静态分级，从宏观和微观层面确定各冲突的等级；再计算同类型不同冲突所涉及列车的冲突程度 CTD，确定同类型不同冲突的动态分级；最后确定每一冲突的具体分级。

第6章 高速铁路列车运行冲突预测

本章分析了高速铁路列车作业过程的事件拓扑关系，提出了高速铁路列车运行冲突预测的概念模型，阐述了三角模糊数工作流网用于建立高速铁路列车运行过程的原理。利用三角模糊数工作流网构建高速铁路列车运行工作流网，通过工作流网活动结束时间与截止期限的比较，根据列车当前的列车运行状态及列车未来各活动的三角模糊数时间，建立冲突预测链表，计算出时间冲突的可能性值，完成高速铁路列车运行各类冲突可能性的计算，从而实现高速铁路列车运行冲突的预测。

6.1 概述

为了满足高速铁路的行车组织需要，根据列车当前的运行状态以及未来的列车运行计划、可能的列车运行干扰等随机因素预测列车运行冲突发生的时间、地点和类型，实现对高速铁路列车运行冲突的实时预测，为高速铁路列车运行调整提供技术支持是十分必要的。

高速铁路列车运行冲突的发生具有偶然性和随机性，也具有一定的必然性和因果性。它的潜伏、发展和发生均具有连贯性、类推性和相关性，是列车运行的一个状态向另一个状态演变的过程。据此，我们能在一定程度上认识和把握高速铁路列车运行冲突的发展规律和趋势，并利用一定的数学方法和仿真方法构建预测模型。通过模型化来寻求高速铁路列车运行冲突的发展演变规律，从而做出列车运行冲突预报。各行车指挥人员重视列车运行冲突管理工作可大大提高铁路的行车指挥效率和行车安全性，因此，研究高速铁路列车运行冲突预测问题具有重要的现实意义。

高速铁路列车运行冲突预测的关键问题是如何实现对未来列车运行状态的推导和预测。从列车运行冲突的形成机理可以看出，高速铁路未来列车运行状态由列车运行现状和未来列车运行计划、可能受到的列车运行干扰以及运行图冗余时间决定。

在列车运行过程中，时间是一个关键因素。高速铁路列车运行冲突之所以发生，是因为列车作业过程对资源时间占用的竞争或相应的时间间隔满足不了相关作业要求等，归根结底是一个对列车事件运行时间轨迹进行推导并发现时间冲突的问题。事件拓扑图能够直观、准确地反映列车之间的相互关系，描述列车运行的时间轨迹，因此可利用事件拓扑图来体现列车的到发时间、计划/实际运行时间、计划/实际停站时间、冗余时间以及随机干扰时间，通过沿列车前进方向的时间推导，得到列车运行状态的推导。高速铁路列车事件拓扑图是列车运行冲突预测的概念模型。图 6.1 为高速铁路列车事件拓扑图的示例。

图中，圆圈代表高速铁路列车的到/发事件，$A_{i,j}$ 为列车 i 到达车站 s_j 的时刻，$D_{i,j}$ 为列

车 i 离开车站 s_j 的时刻;单向实线箭头为列车区间运行时间关系;单向虚线箭头为列车到站—离站时间关系,双向实线箭头为高速铁路事件之间的约束关系。箭头上的数值为列车区间、车站运行和相关作业时间参数,用三元参数($p_{i,j}$,$r_{i,j}$,$d_{i,j}$)表示。单向实线箭头上的数值依次代表列车计划区间运行时分、区间运行冗余时分和区间运行延误时分(由于列车运行干扰导致);单向虚线箭头上的数值依次代表列车计划车站停车时分、车站停车冗余时分和车站作业延误时分;双向实线箭头上的数值依次代表图定事件计划间隔时间、安全间隔冗余时间(图定安全间隔时间与最小安全间隔时间的差值)和事件延误时分。由于上述相关延误时分在事件未发生时均未知,故采用参数符号表示。当事件发生或获得了干扰延误时分的统计数据,则仅需将相关延误时分替换相关参数符号。

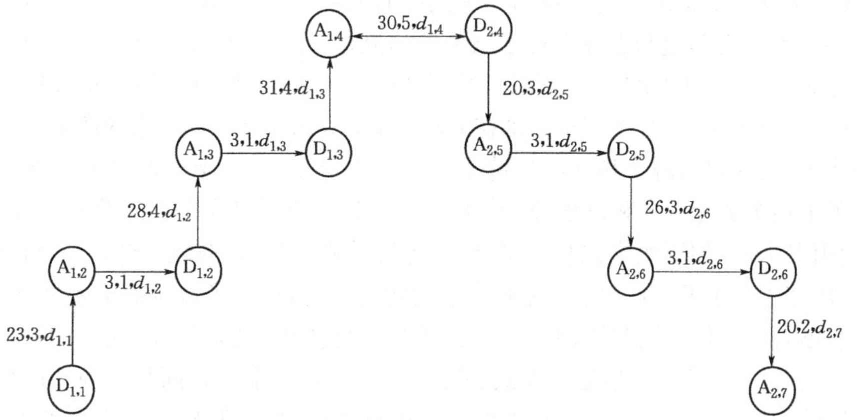

图 6.1 高速铁路列车事件拓扑图示例

为了区别区间延误时分和车站延误时分,在车站的延误时分外加括弧。如图中 $D_{1,1}$ 至 $A_{1,2}$ 两个节点之间单向实线箭头上数值表示的意义为:列车 T_1 在 s_1 站至 s_2 站区间计划运行时分为 23 min,运行图冗余时间为 3 min,可能的列车运行延误时分为 $d_{1,1}$;$A_{1,2}$ 至 $D_{1,2}$ 两个节点之间单向虚线箭头上数值表示的意义为:列车 T_1 在 s_2 站的计划停车时分为 3 min,运行图冗余时分为 1 min,可能的列车运行延误时分为 $d_{1,2}$;$A_{1,4}$ 至 $D_{2,4}$ 两个节点之间的双向实线箭头表示列车 T_2 与列车 T_1 存在动车组的接续,计划接续时间为 30 min,冗余时分为 5 min,列车 T_1 可能的延误时分为 $d_{1,4}$。列车区间运行延误时分、车站作业延误时分以及事件延误时分,它们的值由实际列车运行历史数据的统计值或经验值决定。

利用事件拓扑图,在已知当前列车运行状态情况下,考虑列车运行图定时分、可能的运行延误时分以及运行图冗余时分的利用情况对列车的未来运行状态进行推导,运用列车运行冲突的判定方法就可以对未来的列车运行冲突情况进行预测,从而提前做出调整建议。根据第 3 章高速铁路列车运行冲突产生机理的分析可知,对于图 6.1 所示的情况,假设列车 T_1 准点从 s_1 站出发,但其在途中运行将受到各种随机干扰从而产生延误,若其冗余时间又不足以使其恢复正点运行,其到达 s_4 站的延误时分大于 5 min,不能满足最小动车组接续时分 25 min 时,就产生了动车组接续冲突。即如若列车 T_1 实际到达 s_4 站的时刻大于列车 T_2 从 s_4 站出发的计划时刻减去最小动车组接续时分时,就可以判定两列车之间存在对动车组资源的竞争冲突。

由高速铁路列车运行冲突的产生机理及冲突判定的相关研究可以知道,高速铁路列车运行冲突体现为列车之间对运行线时间的竞争、对运输资源使用时间的竞争等与时间资源相关的竞争和冲突,因此高速铁路列车运行冲突管理问题的关键在于对与列车运行相关时间信息的有效建模。如果能够实现对列车运行现状、未来列车运行计划、列车运行干扰时间、运行图冗余时间的模型化,通过对与列车运行相关的时间因素的推导和相关计算,就可以实现对高速铁路列车运行冲突的预测。归根结底,高速铁路列车运行冲突的预测就是解决高速铁路列车运行相关时间因素之间相互约束是否满足、时间冲突发生的时间区间、时间冲突可能性大小的问题。

由于高速铁路运输系统是一个典型的离散事件动态系统,是一个人造排队系统。如果将各项作业看作是作业工序,则一列车运输任务的终止相当于由多个工序组成的加工过程结束,此时要求列车运输任务的终止时刻应当小于允许的最迟结束时间,否则将产生资源竞争或导致事件不能按计划完成,这与工业工程领域的工作流相似。可以将高速铁路列车运行冲突的预测问题转变为工作流时间的动态预测问题,即根据已经完成活动的时间,考虑未完成活动的计划时间和不确定时间,验证未完成活动在活动结束时是否存在时间约束的冲突。

刘皓玮博士、叶阳东博士和杜彦华博士等研究人员于 2000 年开始致力于将 Petri 网建模分析应用于列车运行仿真和过程分析的研究。他们研究了列车间以及列车与车站间的相互关系,利用 Petri 网的层次模拟和抽象能力,构建了利用 Petri 网理论进行列车运行模拟模型的框架,研究了基于 Petri 网的时间不确定性问题研究,提出了以冲突向量描述运行图表示方法。但已有研究仅对运输资源冲突进行了形式化描述,没有很好地解决列车运行冲突预测和消解问题。Petri 网在描述分布式、并发、资源有限的系统方面具有独特的优势,能够完全满足铁路运输系统资源有限、事件并发的建模要求,能够发现和模拟冲突的发生。在 Petri 网理论中,冲突是指当网中存在两个变迁节点同时处于使能状态,但由于共享某些输入库所,使“一个变迁的触发”导致“另一些变迁节点不能触发”,这与列车运行冲突的概念是一致的。Petri 网理论利用库所(place)、变迁(transition)、弧(arc)和托肯(token)等 4 个元素为铁路运输系统建模。其中,库所、变迁、弧用来表示铁路运输系统的静态功能和结构,如车站、区间等,用变迁点火和托肯的移动描述铁路运输系统中列车等的动态行为。利用 Petri 网描述高速铁路列车运行冲突现象的基本模型可用图 6.2表示。

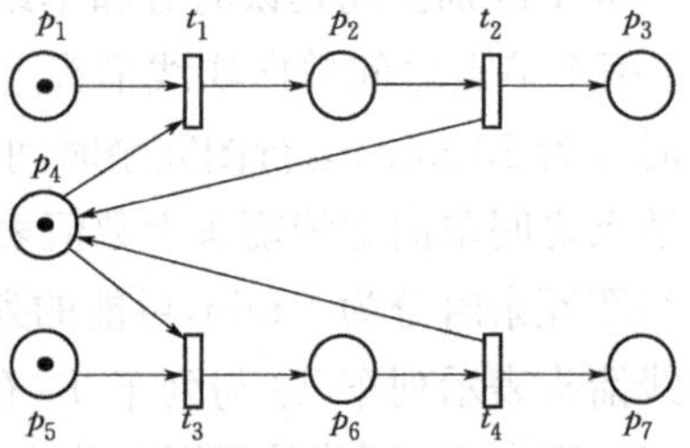

图 6.2　高速铁路列车运行冲突的 Petri 网基本模型

以两列车竞争使用到发线的冲突为例,图中 t_1 和 t_3 分别表示两列车的到达事件,p_4 表示可供利用的到发线仅有一条,此时就出现了两列车到发线运用的冲突。调度员需做出决策以决定 t_1 和 t_3 谁先激发。若先激发 t_1,则表示先接发列车 T_1,占用到发线(图中 p_4 的托肯被消耗),待列车腾空到发线后释放到发线资源(图中 p_4 的托肯生成)供 t_3 激发,列车 T_2 占用到发线资源并完成相应到发作业后再释放到发线资源,并在 p_4 中重新生成托肯,为下一次接发列车作业准备。两列车竞争使用到发线的冲突其本质是对到发线可运用时间的竞争,因此,若将 p_4 表示成列车到发线可用时间的形式,则可借助 Petri 网建立列车占用到发线到发线的一个工作流,进而发现其中的时间冲突。

由于 Petri 网在处理时间因果相关性方面的优越性特征,为解决与时间紧密联系的列车运行问题提供一条有效途径。但列车运行随机干扰和冗余时间利用的不确定性，使列车运行状态的变化和推导具有时间不确定性的特点。而三角模糊数 Petri 网（Triangular Fuzzy Petri Net，TFPN）由于其能够将可能的列车运行随机干扰考虑进去，并体现列车运行随机干扰的发生概率，将其作为列车运行状态变化的输入信息，使三角模糊数 Petri 网能够贴切地模拟列车运行状态变化的模糊不确定性。

高速铁路的列车运行是一个时间依赖性问题，随着时间的推移，不确定信息逐渐变得确定。本章利用三角模糊数描述列车相关作业过程的时间区间，将三角模糊数 Petri 网应用于高速铁路列车运行工作流的建模，建立三角模糊数工作流网，通过工作流网每一活动执行后列车未来运行状态的推导，反复验证列车运行冲突发生的可能性，为冲突消解提供支撑，使列车运行调整方案向减小未来列车运行冲突可能性的方向发展，这便是高速铁路列车运行冲突预测的实现方法。

6.2 高速铁路列车运行三角模糊数工作流网建模

6.2.1 工作流网基础理论

1. 基本 Petri 网

Petri 网理论由德国 Carl A. Petri 博士于 1962 年在他的博士论文中提出，用于描述计算机系统事件之间的因果关系，其后的研究人员将 Petri 网理论发展应用于与资源利用相关的学科，如柔性制造系统、通信、交通运输、电力电子以及服务等领域。该理论作为一个重要的工具，可描述系统异步、同步、并行逻辑关系，既能分析系统运行性能，又能用于检查系统的死锁、堆栈以及资源冲突等。

Petri 网（PN）是一个过程模型，能够描述和反应系统的演变和发展，库所、变迁、有向弧以及托肯等元素是传统 Petri 网的基本组成元素。

库所（Place）：用于描述可能的系统局部状态，用圆圈“○”表示。

变迁（Transition）：用于描述修改系统状态的事件，用矩形或竖线“|”表示。

有向弧（Connection）：库所和变迁之间的有向弧，通过其指向来规定局部状态和事件之间的关系。

托肯，也叫令牌（Token）：是库所中的动态对象，可以从一个库所移动到另一个库所，托肯包含在库所中，它们在库所中的动态的变化表示系统局部状态的实现情况，用黑点“•”表示，托肯在所有库所中的分布情况称为 Petri 网的标识。

基本 Petri 网用五元组 $PN=(P,T,I,O,M_0)$ 表示，其中 P 为库所集，T 为变迁集，I 是 P 到 T 的有限弧集，O 是 T 到 P 的有限弧集，M_0 为初始标记。

2. 工作流网（WF-net）

工作流是一种反映业务流程的计算机化的模型，是为了在先进计算机环境下实现经营过程集中化与经营过程自动化而建立的可由工作流管理系统执行的业务模型。工作流是一系列相互衔接的业务活动或任务，如果将整个业务流程看作是一条河，则流过的就是工作流。简单地说，工作流就是业务过程。通过将一个具体的工作分解成多个任务、工作环节，按照一定的运行规则和过程，执行和监控这些任务，对整个工作流进行优化。

Aalst 将 Petri 网应用于工作流建模，提出了工作流网：

一个 Petri 网 $PN=(P,T,I,O,M_0)$是工作流网，当且仅当：

①PN 包括两个特殊库所——起始库所 i 和终止库所 o；

②$\forall i\in P$，使得$^{\bullet}i=\phi$；

③$\forall o\in P$，使得$o^{\bullet}=\phi$；

④$p_i,t_i\in P\cup T$ 都在从 i 到 o 的一条径路上。

活动(Activity)是描述流程运转的最小单元，描述的是工作流中的一个逻辑步骤。工作流网中，变迁与工作流过程中的条件对应，库所与工作流过程中的相应作业(任务)相对应，两个变迁节点和一个库所节点串联在一起就形成了一个活动。

6.2.2 高速铁路列车运行工作流网构建

本节对高速铁路列车运行过程构建相应的工作流网。

高速列车的运输生产全程可分为车站内运行(包括站内停车)和区间运行两部分，具体的作业流程见表 6.1。

表 6.1 高速列车运行过程的作业流程

<table>
<tr><th>作业序号</th><th>作业项目</th><th>备　注</th></tr>
<tr><td>1</td><td>列车在始发站始发</td><td rowspan="13">①本书将列车运行径路上除列车始发站和终到站外的车站全称为中间站
②如果列车在中间站不停车，则“3”“4”“5”合并为列车通过中间站
③在讨论过程中，省略了动车组的出段和入段活动</td></tr>
<tr><td>2</td><td>列车在第 1 个区间运行</td></tr>
<tr><td>3</td><td>列车进入第 1 个中间站</td></tr>
<tr><td>4</td><td>列车在第 1 个中间站停留</td></tr>
<tr><td>5</td><td>列车从第 1 个中间站出发</td></tr>
<tr><td>6</td><td>列车在第 2 个区间运行</td></tr>
<tr><td>…</td><td>…</td></tr>
<tr><td>i</td><td>列车在第 j 个区间运行</td></tr>
<tr><td>$i+1$</td><td>列车进入第 j 个中间站</td></tr>
<tr><td>…</td><td>…</td></tr>
<tr><td>$n-1$</td><td>列车进入终到站</td></tr>
<tr><td>n</td><td>列车在终到站停留</td></tr>
</table>

将表 6.1 所示的作业流程以流程图的形式表现出来可以得到图 6.3 所示的高速列车运行过程作业流图，它描述了高速列车运行的工作流。

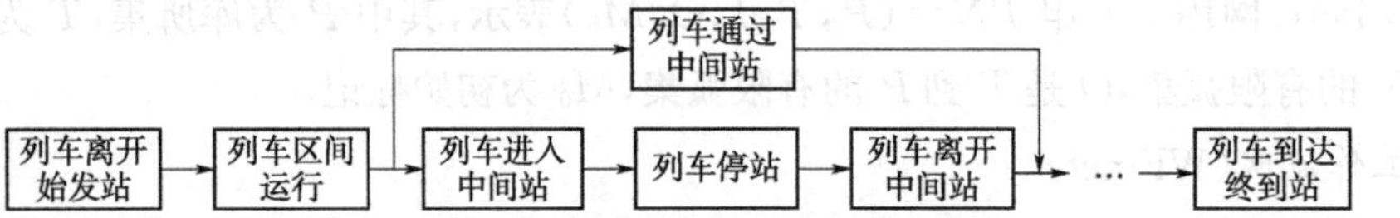

图 6.3 高速列车运行过程作业流图

考察图 6.3 可以发现，列车在其运行径路上，主要运行状态分为区间运行和车站停车两个状态，列车进入车站和离开车站的事件是列车运行状态的变化点，对应于 Petri 网，列车在区间运行和车站停车的状态可用库所表示，进入车站和离开车站可用变迁表示，称两个变迁 t 和一个 p 串联起来所组成的单元为一个活动，则表示列车到达（离开）车站、列车在车站停留（在区间运行）、列车离开（到达）车站的单元称为列车停站（区间运行）活动。如图 6.4 所示为一个列车停站（区间运行）活动。

将高速列车运行径路上的连续两个活动进行合并，则得到了一个高速列车运行活动单元组，如活动 k（列车在车站 k 停留）是活动 m（列车在区间 m 运行）的前提活动，将 t_{k2} 和 t_{m1} 合并成为一个变迁，则得到了高速列车运行活动单元组，如图 6.5 所示。

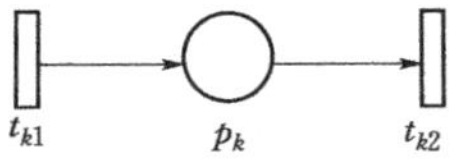

图 6.4　高速列车的停站（区间运行）活动

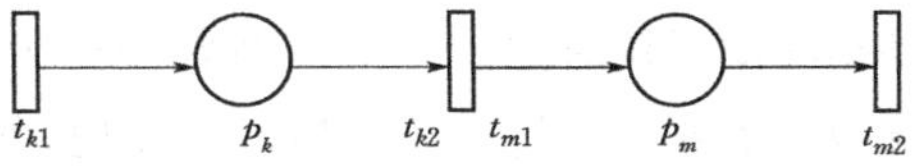

图 6.5　高速列车运行活动单元组

对于列车采用不同车次共用车底的情况，则高速列车在其全程运行过程中还有动车组接续的活动。

对于有跨线运行的高速列车，虽然其跨线的过程是瞬间完成的，但在编图时有一个合理的跨线时间范围，可将高速列车的跨线运行称为一个跨线活动。

定义 6.1　高速列车活动

将高速列车的停站活动、区间运行活动、动车组接续活动、跨线活动统称为高速列车活动。

在列车的一次运输任务中，可能包含其中的若干个活动，其中停站活动和区间运行活动是每次运输任务一定包含的，而动车组接续活动、跨线活动则是不一定包含的。

对于一个给定的工作流，在知道各活动之间的相互衔接关系之后，就可以用 Petri 网来描述该工作流。

定义 6.2　高速铁路列车运行工作流网

高速铁路列车全程运行过程中各活动按照一定的衔接关系连接起来的一个工作流网就称为高速铁路列车运行工作流网，简称列车工作流网。

根据图 6.3 列车运行工作流各活动之间的衔接关系连接起来便得到一个高速列车运行工作流网。

时间是列车运行过程工作流的关键因素，时间因素是高速铁路列车运行工作流网的重要组成部分。上述工作流网仅仅描述了高速铁路列车运行的状态变化过程，还需给相关的列车停站、列车区间运行活动添加相应的时间来完善高速铁路列车运行工作流网。

如第 3 章所述，高速列车在其全程运行途中会受到大量随机因素的干扰，导致列车的区间运行时间要偏离运行计划，而冗余时间的利用又将使列车尽量恢复正点运行或吸收列车的干扰延误时间。因此，高速列车区间及车站活动的时间跨度是一个时间区间，其可能的活动时间是一个介于最小技术要求时间和干扰延误条件下的最大作业时间之间的值，而列车运行图规定的活动时间是这个时间区间内列车最常处于或者是最期望处于的状态。具体的，对于列车的区间运行活动来说，高速列车的区间运行活动的时间介于按照列车牵引计算得到的区间最小运行时分 $t_{运\min}$ 和考虑运行干扰条件下的区间运行时分 $t_{运\max}$ 之间，而列车区间运行活动最常处于或者是最期望处于的状态是 $t_{运计划}$；类似的，列车车站停站活动的时间介于列车最小在站技术作业时间 $t_{站\min}$ 和考虑干扰条件下列车的最大停站时间 $t_{站\max}$ 之间，而列车停站活动最常处于或者是最期望处于的状态是 $t_{站计划}$。上述两个活动的时间均为一个模糊的时间区间，在此引入列车活动模糊时间的概念。

定义 6.3　列车活动模糊时间

列车完成相应的活动所消耗的一个时间段，这个时间段是一个模糊的时间区间，把这个模糊时间区间称为列车活动模糊时间。它包括列车区间运行模糊时间、列车车站停车模糊时间、动车组接续模糊时间、跨线模糊时间。

列车活动模糊时间是一个模糊数，表示模糊数的常用方式有时间区间、三角模糊数和梯形模糊数的形式。通过上述分析可以发现，列车活动模糊时间具有一个很明显的特征，那就是列车活动模糊时间为不确定的时间，以一定的概率分布于一个时间区间里，且总是以列车运行图的计划区间运行时分、计划停站时分、动车组计划接续时分以及动车组计划跨线时分为最可能时间，用三角模糊数最能体现列车活动模糊时间的特征。

定义 6.4　三角模糊数

如果一个模糊数 $\pi(\xi)=[a,b,c]$ 的隶属函数 $\mu(x)$ 满足

$$\mu(x)=\begin{cases}0 & x<a\\ \dfrac{x-a}{b-a} & x\in[a,b]\\ \dfrac{x-c}{b-c} & x\in(b,c]\\ 0 & x>c\end{cases}$$

则该模糊数为一个三角模糊数，其隶属度函数如图 6.6所示。

隶属度函数的取值范围为 0～1，$0\leqslant a\leqslant b\leqslant c\in R$。

因此，对应于高速铁路列车运行活动，列车活动的最小时间对应于图中的 a，最大时间对应于图中的 c，而列车运行图规定的计划时分对应于图中的 b。a 到 b 之间的隶属度为 0 到 1 的线性递增特性和 b 到 c 之间的线性递减特性表示列车运行活动的时间在计划运行时分附近波动，且列车运行活动时间在计划时分附近波动的概率最大。

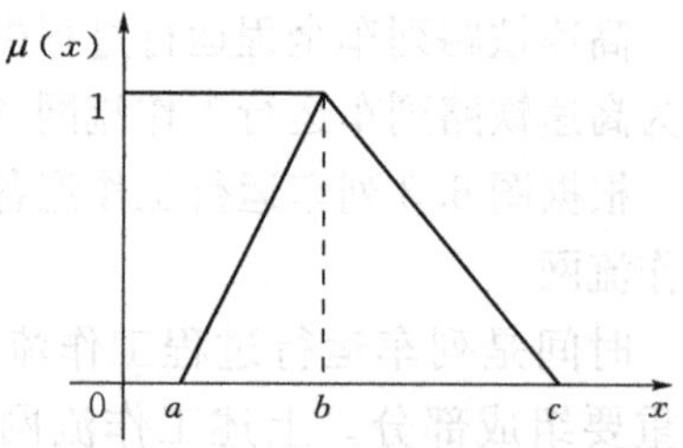

图 6.6　三角模糊数的隶属函数

三角模糊数 Petri 网是在基本 Petri 网的基础上考虑变迁的触发时间，这个时间不是一个确定的固定值，而是一个模糊的时间区间，用三角模糊数表示。

定义 6.5　三角模糊数 Petri 网

三角模糊数 Petri 网可用一个六元组表示：$N=(P,T,I,O,M_0,Ж)$。前五个元组的含义与基本 Petri 网一致，Ж 为模糊时间，是一个三角模糊数的集合，表示变迁的触发时间，是一个由代表变迁所对应工序（任务）工期的元素组成，这些元素用一个三角模糊数表示的时间区间 $\pi(\xi)=[a,b,c]$ 表示，其中 a 表示最短执行时间，b 表示最可能执行时间，c 表示最长

执行时间。图 6.7 为一个简单的三角模糊数 Petri 网模型。

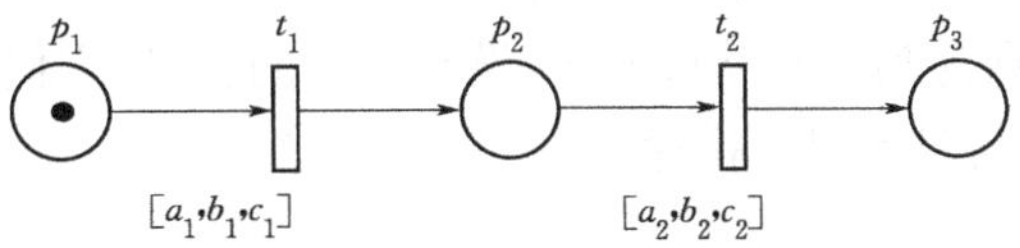

图 6.7 三角模糊数 Petri 网简单模型

定义 6.6 三角模糊数列车工作流网(TFPN-Tnet)

以三角模糊数 Petri 网构建的列车运行工作流网称为三角模糊数列车工作流网。

三角模糊数工作流网与三角模糊数 Petri 网在形式上相似,主要区别在于模糊时间 Ж 表示工作流中各活动的持续时间,而将各变迁的触发时间设为即时触发,$\pi(\xi)$标注在工作流网库所的旁边。三角模糊数列车工作流网列车活动模糊时间中第一个元素是区间最小运行时分(车站最小停站时分)、第二个元素是计划区间运行时分(车站停站时分)、第三个元素是干扰条件下最大区间运行时分(车站停站时分)。

对三角模糊数工作流网的操作主要是对活动时间的操作,即对三角模糊数进行运算,从而对工作流网进行分析和调度。三角模糊数的运算遵循以下准则:

(1)三角模糊数加法

对于两个三角模糊数 $\pi(\xi_1)=[a_1,b_1,c_1]$和 $\pi(\xi_2)=[a_2,b_2,c_2]$,它们的和 $\pi(\xi)$为

$$\pi(\xi)=\pi(\xi_1)\oplus\pi(\xi_2)=[a_1+a_2,b_1+b_2,c_1+c_2] \tag{6.1}$$

(2)三角模糊数减法

对于两个三角模糊数 $\pi(\xi_1)=[a_1,b_1,c_1]$和 $\pi(\xi_2)=[a_2,b_2,c_2]$,它们的差 $\pi(\xi)$为

$$\pi(\xi)=\pi(\xi_1)\ominus\pi(\xi_2)=[a_1-a_2,b_1-b_2,c_1-c_2] \tag{6.2}$$

至此,就可以构建高速铁路列车运行的三角模糊数工作流网。下面以图 6.1 中列车 T1 在 4 个车站和 3 个区间的列车运行过程为例,介绍高速铁路列车运行的三角模糊数工作流网的构建过程。

该列车在途中各站均有停站作业,且在其终到站,担当其运输任务完了的动车组需要立即担当其他运输任务出发,即在终到站有动车组接续的活动。

上述列车运行过程包括 6 个活动,高速列车运行活动集合见表 6.2。

表 6.2 高速列车运行活动集合

活动序号	活动名称	列车活动模糊时间
1	列车 q_1 区间运行活动	$[20,23,23+d_{1,1}]$
2	列车 s_2 站停站活动	$[2,3,3+(d_{1,2})]$
3	列车 q_2 区间运行活动	$[24,28,28+d_{1,2}]$
4	列车 s_3 站停站活动	$[2,3,3+(d_{1,3})]$
5	列车 q_3 区间运行活动	$[27,31,31+d_{1,3}]$
6	列车在终到站的动车组接续活动	$[25,30,30+(d_{1,4})]$

表 6.2 中的 $d_{i,j}$ 为历史数据统计值或经验数据,为了便于后面讨论,此处对 $d_{i,j}$ 分别赋予相应的延误时分数值:$d_{1,1}=3$,$(d_{1,2})=2$,$d_{1,2}=4$,$(d_{1,3})=0.5$,$d_{1,3}=4$,$(d_{1,4})=3$。

将每个活动用库所元素和变迁元素表示出来并对活动时间赋予三角模糊数时间便得到了列车运行三角模糊数工作流网，如图 6.8 所示为图 6.1 中高速列车 T_1 的三角模糊数工作流网。其中 p_s 和 p_e 分别为起始和结束库所，没有实际的含义，它们的列车活动三角模糊时间为[0,0,0]，p_s 中的黑点表示列车托肯。

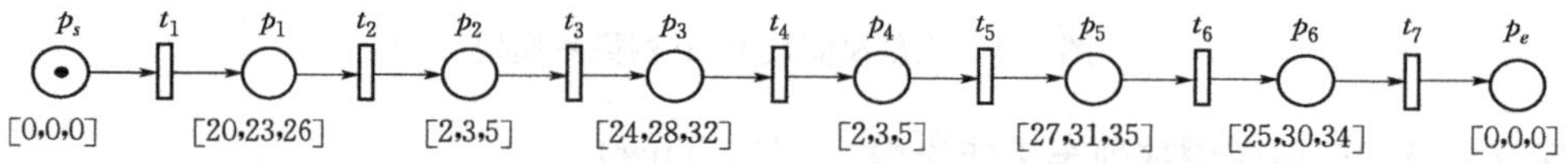

图 6.8　高速列车三角模糊数工作流网

6.2.3　高速铁路列车运行工作流网的运行模式

工作流网具有三种基本运行模式：顺序模式、并行模式和选择模式。

1. 顺序模式

顺序模式是指只有当紧前活动结束后，后续活动才会发生，即工作流中各活动均按照预定的活动序列依次执行。

对于单列列车的运行过程而言，其工作流网投影到时间轴上是一个按时间顺序推进的过程，如上一节中列车 T_1 的全程运行工作流网就是一个顺序模式的工作流网。

命题 6.1　由 n 个活动 $p_1, p_2, \cdots, p_i, \cdots, p_n$ 组成的顺序模式三角模糊数工作流网总延续时间为

$$T_{\pi(\xi)}(O)=\left[\sum_{i=1}^{n} a_i, \sum_{i=1}^{n} b_i, \sum_{i=1}^{n} c_i\right] \tag{6.3}$$

以下用数学归纳法证明该命题：

根据三角模糊数工作流网的定义，当 $n=1$ 时，$T^1_{\pi(\xi)}(O)=[a_1, b_1, c_1]$，式(6.3)显然成立。

假设 $n=k$ 时，式(6.3)成立，即有

$$T^k_{\pi(\xi)}(O)=\left[\sum_{i=1}^{k} a_i, \sum_{i=1}^{k} b_i, \sum_{i=1}^{k} c_i\right]$$

则当 $n=k+1$ 时，由顺序模式的特点可知，必须每个活动完成之后整个工作流网才结束，且后续活动的开始时刻是紧前活动的结束时刻，由式(6.1)可得

$$\begin{aligned} T^{k+1}_{\pi(\xi)}(O) &= T^k_{\pi(\xi)} \oplus \pi(\xi_{k+1}) \\ &= \left[\sum_{i=1}^{k} a_i + a_{k+1}, \sum_{i=1}^{k} b_i + b_{k+1}, \sum_{i=1}^{k} c_i + c_{k+1}\right] \\ &= \left[\sum_{i=1}^{k+1} a_i, \sum_{i=1}^{k+1} b_i, \sum_{i=1}^{k+1} c_i\right] \end{aligned}$$

即当 $n=k+1$ 时，式(6.3)成立。

综上所述，有 $T_{\pi(\xi)}(O)=\left[\sum_{i=1}^{n} a_i, \sum_{i=1}^{n} b_i, \sum_{i=1}^{n} c_i\right]$ 成立。

2. 选择模式

对于单列列车的工作流网而言，高速列车运行工作流网按照顺序模式运行，如果严格按

照运行计划兑现各运输任务，则各列车的工作流网相互独立，相互之间不影响。高速列车运行干扰的纵向传播将使列车运行工作流网活动时间产生偏离，但其不改变工作流网的顺序执行模式。而列车运行干扰的横向传播将可能导致不同列车对运输资源的竞争，此时将引起两个列车工作流网 w_1 和 w_2 在运输资源运用时产生并发冲突，行车指挥人员需要进行决策并最终确定工作流网之间的执行次序，选择一个工作流网先执行后续活动，另一个工作流网后执行后续活动，把上述这样的工作流网运行模式称为高速列车工作流网的选择模式，w_1 和 w_2 称为工作流网的支网。例如：两列车的工作流网均执行到“占用到发线 1 停站”的活动，但由于其中一列车偏离运行计划导致两工作流网需要同时在 t 时刻执行该活动，此时就需要选择其中一个工作流网先执行，让该列车先完成在到发线 1 的停站活动后再执行另一工作流网(如先执行 w_1，后执行 w_2)。图 6.9 所示为高速列车运行工作流网的选择运行模式示例，该图可表示两列车竞争使用车站进站/出站咽喉、到发线、区间等情况。

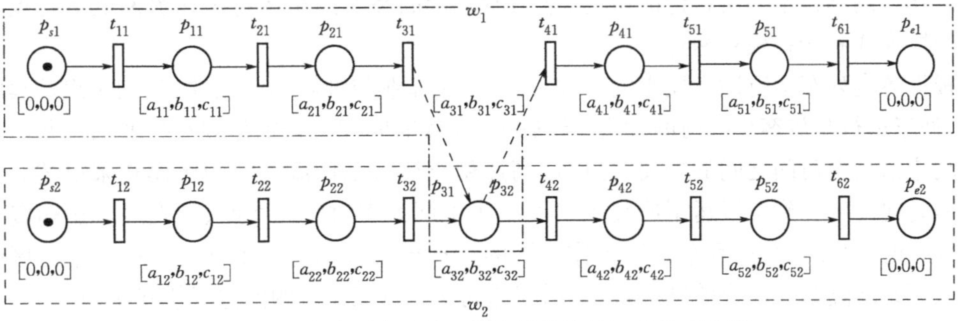

图 6.9 高速列车运行工作流网的选择运行模式示例

图中上半部分是工作流支网 w_1，下半部分是工作流支网 w_2，p_{s1} 和 p_{s2} 中的黑点分别表示列车托肯，两个支网的活动 p_{31}/p_{32} 发生了资源竞争，从而导致在同一时刻仅能使 w_1/w_2 先执行，w_2/w_1 后执行。

命题 6.2 对于一个工作流网的选择运行模式，在活动 p_i 出现竞争时先执行 w_2/w_1，且设 w_1/w_2 由于等待 w_2/w_1 执行的时间为 τ，则工作流支网 w_1/w_2 的总延续时间分别为

$$T_{\pi(\xi)}(S_{w1})=\left[\sum_{i=1}^{n}a_{i1}+\beta\tau,\sum_{i=1}^{n}b_{i1}+\beta\tau,\sum_{i=1}^{n}c_{i1}+\beta\tau\right] \tag{6.4}$$

$$T_{\pi(\xi)}(S_{w2})=\left[\sum_{i=1}^{n}a_{i2}+(1-\beta)\tau,\sum_{i=1}^{n}b_{i2}+(1-\beta)\tau,\sum_{i=1}^{n}c_{i2}+(1-\beta)\tau\right] \tag{6.5}$$

式中，β 为一个 0－1 变量，当先执行 w_2 时 $\beta=1$，先执行 w_1 时 $\beta=0$。

以下证明式(6.4)：

由于在活动 p_i 出现竞争时先执行 w_2，且 w_1 为一个顺序运行的支网，则 p_s 至 p_{i-1} 的活动延续时间为 $T_{\pi(\xi)}(O_{i-1})=\left[\sum_{i=1}^{i-1}a_{i1},\sum_{i=1}^{i-1}b_{i1},\sum_{i=1}^{i-1}c_{i1}\right]$，$w_1$ 等待 w_2 执行的时刻为 $\beta\tau$，$\beta=1$，将 $\beta\tau$ 表示成三角模糊数的形式，并把它计入活动 p_i 至活动 p_e 的延续时间，则有

$$\begin{aligned}T_{\pi(\xi)}(O_n)&=[\beta\tau,\beta\tau,\beta\tau]\oplus\left[\sum_{i}^{n}a_{i1},\sum_{i}^{n}b_{i1},\sum_{i}^{n}c_{i1}\right]\\&=\left[\sum_{i}^{n}a_{i1}+\beta\tau,\sum_{i}^{n}b_{i1}+\beta\tau,\sum_{i}^{n}c_{i1}+\beta\tau\right]\end{aligned}$$

因此有 $T_{\pi(\xi)}(S_{w1})=T_{\pi(\xi)}(O_{i-1})\oplus T_{\pi(\xi)}(O_n)=\left[\sum_{i=1}^{n}a_{i1}+\beta\tau,\sum_{i=1}^{n}b_{i1}+\beta\tau,\sum_{i=1}^{n}c_{i1}+\beta\tau\right]$，式(6.4)得证。

同理，可以证明式(6.5)。

3. 并行模式

在工作流网理论中，并行模式是指一个活动结束后，若干个活动可以同时触发，这些被触发的后续活动能以并行的方式同时进行。在高速铁路列车运行系统中，列车在站内的多项作业可并行进行，如列车停站活动发生后，其在站的技术作业和旅客乘降活动可以并行模式进行。但本书关注的是列车运行状态变化的宏观表现，而列车在站的技术作业和旅客乘降等活动包含于列车停站活动，它们并不改变列车的停站活动状态。一个工作流网中，高速列车的停站、区间运行、列车接续等宏观层面的活动均不会出现并行运行情况，因此并行模式的工作流网不是本书所讨论的范畴，本书所讨论的高速列车运行工作流网的运行模式仅包括顺序模式和选择模式两种。

根据各类列车运行冲突发生的条件可知，行车作业与维修作业的冲突、动车组接续时间冲突、列车运行与旅客换乘时间冲突、跨线列车跨线时间冲突分别是列车作业活动与给定相应活动应该结束时间之间的冲突，可以用高速列车运行工作流网的顺序模式来描述。而车站间隔时间冲突和到发线运用冲突主要发生于不同列车对区间线路、到发线等运输资源的竞争导致的，可以用高速列车运行工作流网的选择模式来描述。正常行车模式下的区间冲突纳入车站间隔时间冲突的判定，也采用高速列车运行工作流网的选择模式来描述。

6.3 高速铁路列车运行冲突预测方法及其过程

运用工作流网可以对工作流各活动在规定时间内结束的可能性进行推导计算，对应于高速铁路列车运行冲突的预测，只需根据高速列车当前活动的实际结束时间和后续各活动的三角模糊数时间，预测工作流网运行到某一活动时的时间在规定时间内完成的可能性。因此，高速铁路列车运行冲突预测可以用列车运行工作流网的时间动态验证来解决，即对列车运行工作流网运行时间一致性的实时动态检验。

6.3.1 高速铁路列车运行工作流网时间一致性验证

为了完成高速铁路列车运行工作流网的时间动态验证，下面引入列车活动截止期限概念：

定义 6.7 列车活动截止期限

任意的 $p_i\in P$ 是列车运行工作流网中的一个活动，p_i 开始/结束的最迟期限被限定为某固定值 $E(p_i)$，将 $E(p_i)$ 称为列车活动截止期限，它是一个以年/月/日/时/分/秒的形式体现的绝对时间。

对应于高速铁路列车运行工作流网，列车活动截止期限包括所给定的列车中间站允许到发时刻、列车允许终到时刻、列车允许接续时刻、动车组允许跨线时刻等。一般地，列车运行图规定的列车活动开始/结束加上列车活动最大允许延误时间就是列车活动截止期限。如 G1101 次列车计划到达长沙南站的时刻为 20:20、计划终到广州南站的时刻为 22:41，若在不影响后续列车终到和始发的情况下，列车在长沙南站允许晚点 10 min 到达，列车终到广州南站允许晚点 15 min，则称 G1101 次列车在长沙南站的列车活动截止期限为 20:30，在广州南站的列车活动截止期限为 22:56。

在列车运行工作流网的实时运行过程中，某个或某些活动的实际运行时间或预测未来的结束时间有可能大于其给定的截止期限，这可能导致其他活动甚至使整个工作流过程违反时间约束。

定义 6.8　列车运行工作流网时间验证

将按列车运行工作流网计算得到的活动结束时间 $E(P)$ 与运行图规定的列车相关作业最晚允许完成时间 $E_{\max}(P)$ 的校验称为列车运行工作流网时间验证。

若 $E(P)\leqslant E_{\max}(P)$，则列车运行工作流网时间一致，不存在冲突；反之则时间不一致，存在冲突。

对高速铁路列车运行工作流网的时间验证有静态验证和动态验证两种：静态验证主要是对列车运行计划各时间静态技术标准的一致性验证，静态验证的目的是消除列车运行计划编制过程中出现的列车运行冲突，这类验证在运行计划编制完后就已完成；动态验证主要是根据列车的实时运行情况及后续运行计划时刻对列车运行工作流网进行时间一致性验证，本书所研究的列车运行冲突预测问题就是指工作流网时间的动态验证。

定义 6.8 所定义的列车运行工作流网时间验证主要适用于顺序模式的列车运行工作流网，若将 $E(P)$ 和 $E_{\max}(P)$ 分别用三角模糊数的形式来体现，则可将列车运行工作流网时间验证扩展到选择模式工作流网的时间验证。因此，高速铁路列车运行冲突预测包括两方面的工作：(1)高速铁路列车运行工作流网自身活动结束时间与截止期限的时间冲突预测，主要是对顺序模式工作流网时间验证。(2)两高速列车工作流网竞争使用同一运输资源时的时间冲突预测，主要是对选择模式工作流网时间验证。

高速铁路列车运行工作流网自身活动结束时间与截止期限的验证：对于列车运行工作流网中的任意两个活动 p_i、$p_j\in P$，活动 p_i 先于活动 p_j 执行，活动 p_i 的实际执行结束时刻为 $E(p_i)$，当活动 p_i 结束时预计活动 $E(p_j)$ 能否在所允许的 p_j 完成时刻 $E_{\max}(P)$ 之前完成，如图 6.10 所示。

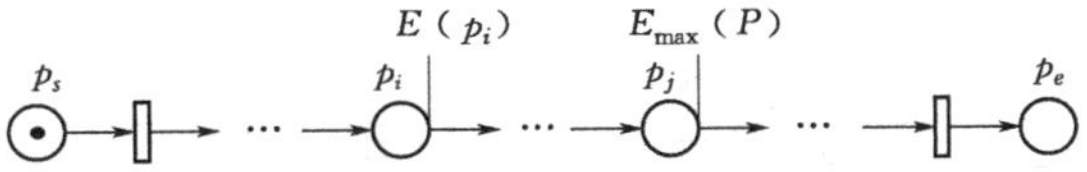

图 6.10　列车活动截止期限的动态验证

其动态验证方法如下：

(1)将活动 p_i 的实际执行结束时刻用三角模糊数形式表示成$[E(p_i),E(p_i),E(p_i)]$；

(2)计算活动 p_i 至 p_j 结束的活动延续时间，即

$$T_{\pi(\xi)}(O_j)=\left[\sum_i^j a_{i1},\sum_i^j b_{i1},\sum_i^j c_{i1}\right]$$

(3)计算活动 p_j 的预计结束执行结束时刻为

$$E(p_j)=\left[\sum_i^j a_{i1}+E(p_i),\sum_i^j b_{i1}+E(p_i),\sum_i^j c_{i1}+E(p_i)\right]$$

(4)如果 $\sum_i^j c_{i1}+E(p_i)\leqslant E_{\max}(P)$，则运行至活动 p_j 时，该列车运行工作流网时间是

一致的，不存在冲突。否则，存在冲突。

两列车运行工作流网竞争使用同一运输资源时的时间一致性验证方法：在列车运行工作流网的实际运行过程中，两工作流支网 w_1 和 w_2 运行至活动 p_j 时需竞争使用某资源，如果两工作流支网的活动结束时间有交集，则称由 w_1 和 w_2 所构成的工作流网存在时间不一致性，两列车在执行活动 p_j 时存在冲突。其动态验证方法如下：

(1)将 w_1 和 w_2 的工作流网各活动时间根据三角模糊数的运算法则分别计算出 w_1 和 w_2 的 p_j 活动开始时间，即

$$T_{\pi(\xi)}(O^{w1})=\left[\sum_{i}^{j}a_{i1},\ \sum_{i}^{j}b_{i1},\ \sum_{i}^{j}c_{i1}\right],T_{\pi(\xi)}(O^{w2})=\left[\sum_{i}^{j}a_{i2},\ \sum_{i}^{j}b_{i2},\ \sum_{i}^{j}c_{i2}\right]$$

(2)比较 $T_{\pi(\xi)}(O^{w1})$和 $T_{\pi(\xi)}(O^{w2})$两个三角模糊数的关系，即看这两个数是否有交集，如果有交集则 w_1 和 w_2 存在时间冲突的可能。

6.3.2 高速铁路列车运行冲突可能性计算

当列车运行工作流网运行时间验证不一致时，存在列车运行冲突，需要进一步确定冲突时间和发生的可能性。本节基于当前的列车运行状态，利用高速铁路列车运行工作流网时间的一致性验证对顺序模式和选择模式两种运行模式下各列车运行冲突的可能性进行计算，实现高速铁路潜在列车运行冲突的预测。

6.3.2.1 顺序模式下各类列车运行冲突可能性计算

定义 6.9 顺序模式冲突可能性

若高速铁路工作流网列车活动 p_i 的预计开始/结束时间为 $\pi(\xi)=[a,b,c]$，活动 p_i 的开始/结束截止期限为 $E_{\max}(P_i)$，如图 6.11 所示，则该列车工作流网与截止期限发生时间冲突的可能性为：

$$P_1(C)=\begin{cases}1-\dfrac{\int_a^{E_{\max}(P_i)}\mu(x)\mathrm{d}x}{\int_a^c\mu(x)\mathrm{d}x} & E_{\max}(P_i)\in[a,b)\\[2ex] \dfrac{\int_{E_{\max}(P_i)}^c\mu(x)\mathrm{d}x}{\int_a^c\mu(x)\mathrm{d}x} & E_{\max}(P_i)\in[b,c]\\[2ex] 1 & E_{\max}(P_i)<a\\ 0 & E_{\max}(P_i)>c\end{cases} \tag{6.6}$$

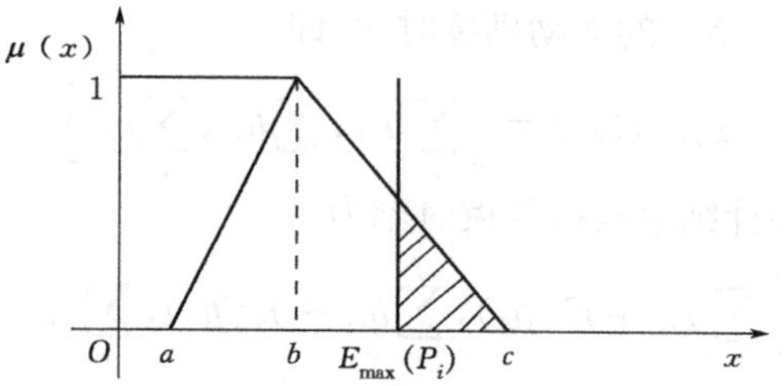

图 6.11 列车工作流网运行时间截止期限验证

很显然，$P_1(C)$的物理意义为图 6.11 中阴影部分的面积与整个三角形面积的比值。其中$[E_{\max}(P_i),c]$为冲突时间。

性质 6.1 若 $E_{\max}(P_i)\geqslant c$，则 $P_1(C)=0$，列车活动 p_i 的预计结束时间与截止期限 $E_{\max}(P_i)$不冲突；若 $E_{\max}(P_i)\leqslant a$，则 $P_1(C)=1$，列车活动 p_i 的预计结束时间与截止期限 $E_{\max}(P_i)$必然发生冲突，有 $0\leqslant P_1(C)\leqslant 1$。

证明：当 $E_{\max}(P_i)\geqslant c$ 时，$\int_{E_{\max}(P_i)}^{c}\mu(x)\mathrm{d}x=0\Rightarrow P_1(C)=0$；

当 $E_{\max}(P_i)\leqslant a$ 时，$\dfrac{\int_a^{E_{\max}(P_i)}\mu(x)\mathrm{d}x}{\int_a^c\mu(x)\mathrm{d}x}=0\Rightarrow P_1(C)=1$；

由于 $P_1(C)$在定义域上是单调递减的，因此，有 $0\leqslant P_1(C)\leqslant 1$。

式(6.6)的积分过程较多，计算量较大，利用三角形面积计算公式可将式(6.6)变换为用两三角模糊数各元素之间关系表示的形式，即

$$P_{11}(C)=\begin{cases}1-\dfrac{[E_{\max}(P_i)-a]^2}{(b-a)(c-a)} & E_{\max}(P_i)\in[a,b)\\ \dfrac{[c-E_{\max}(P_i)]^2}{(c-b)(c-a)} & E_{\max}(P_i)\in[b,c]\\ 1 & E_{\max}(P_i)<a\\ 0 & E_{\max}(P_i)>c\end{cases}\tag{6.7}$$

例如：高速铁路工作流网列车活动 p_i 的预计结束时间为 $\pi(\xi)=[60,65,72]$，动车组接续时间标准为 15 min，将动车组接续时间标准计入 p_i 的预计结束时间，则 p_i 的预计结束时间修正为 $\pi(\xi)=[75,80,87]$。如果活动 p_i 的截止期限设定为 78，则该列车活动在截止期限以后完成的可能性（冲突可能性）为 0.85；如果截止期限设定为 82，则该列车活动在截止期限以后完成的可能性（冲突可能性）为 0.3。

当式(6.7)中的截止期限分别换作大量旅客换乘其他列车的最晚允许时间、综合维修天窗开始时间、跨线列车跨线的允许时间时，便可以与上述过程一样得到列车运行与旅客换乘时间冲突、行车作业与维修作业的冲突、跨线列车跨线时间冲突的预测结果。

列车运行与旅客换乘时间冲突的可能性计算方法与上述动车组接续冲突可能性计算方法相同。

由于综合维修天窗时间和跨线列车的跨线时间均为一个时间区间$[A_s,A_e]$，在进行高速铁路列车运行工作流网时间一致性验证时，需将时间区间$[A_s,A_e]$转化为一个由$(A_s,0)$、$(A_s,1)$、$(A_e,1)$和$(A_e,0)$为顶点的一个矩形，三角模糊数与矩形的交集面积占三角模糊数三角形面积的比值就是冲突的可能性，如图 6.12 所示。

记综合维修天窗时段为$[A_{s1},A_{e1}]$，跨线列车跨线时间区间为$[A_{s2},A_{e2}]$，则顺序模式下高速铁路列车运行与综合维修天窗时间冲突可能性用式(6.8)计算，跨线列车跨线时间冲突可能性用式(6.9)计算。

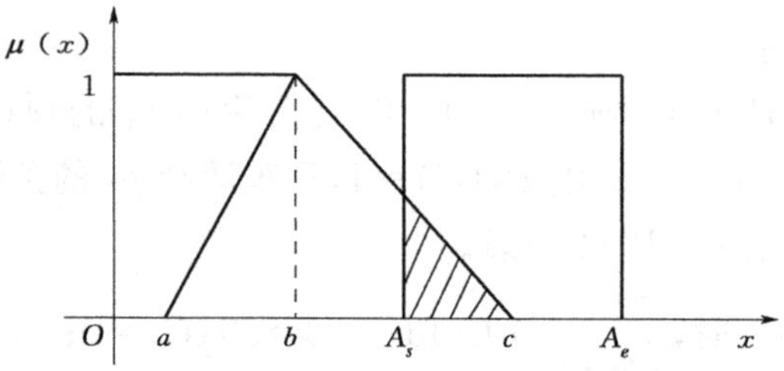

图 6.12　三角模糊数与时间区间的冲突可能性示意图

$$P_{12}(C)=\begin{cases}1 & A_s\leqslant a\wedge c\leqslant A_e\\ \dfrac{[A_{e1}-a]^2-[A_{s1}-a]^2}{(b-a)(c-a)} & a<A_s\wedge b>A_e\\ \dfrac{[A_{e1}-a]^2}{(b-a)(c-a)} & A_s<a<A_e\leqslant b\\ 1-\dfrac{[c-A_{e1}]^2}{(c-b)(c-a)} & A_s<a<b<A_e<c\\ \dfrac{[c-A_{s1}]^2-[c-A_{e1}]^2}{(c-b)(c-a)} & b<A_s\wedge c>A_e\\ \dfrac{[c-A_{s1}]^2}{(c-b)(c-a)} & b<A_s<c\leqslant A_e\\ 1-\dfrac{[A_{e1}-a]^2}{(b-a)(c-a)}-\dfrac{[c-A_{s1}]^2}{(c-b)(c-a)} & a<A_s<b\wedge b<A_e<c\\ 0 & A_s>c\vee A_e<a\end{cases}\tag{6.8}$$

$$P_{13}(C)=\begin{cases}0 & A_s\leqslant a\wedge c\leqslant A_e\\ 1-\dfrac{[A_{e2}-a]^2-[A_{s2}-a]^2}{(b-a)(c-a)} & a<A_s\wedge b>A_e\\ 1-\dfrac{[A_{e2}-a]^2}{(b-a)(c-a)} & A_s<a<A_e\leqslant b\\ \dfrac{[c-A_{e2}]^2}{(c-b)(c-a)} & A_s<a\wedge b<A_e<c\\ 1-\dfrac{[c-A_{s2}]^2-[c-A_{e2}]^2}{(c-b)(c-a)} & b<A_s\wedge c>A_e\\ 1-\dfrac{[c-A_{s2}]^2}{(c-b)(c-a)} & b<A_s<c\leqslant A_e\\ \dfrac{[A_{e2}-a]^2}{(b-a)(c-a)}+\dfrac{[c-A_{s2}]^2}{(c-b)(c-a)} & a<A_s<b\wedge b<A_e<c\\ 1 & A_s>c\vee A_e<a\end{cases}\tag{6.9}$$

定义 6.10　冲突时间

设高速铁路列车工作流网 w_i 预计结束的模糊时刻为$[A_i,B_i,C_i]$，该工作流网的截止期限为$[A_s,A_e]$，若存在 $P_{1i}(C)\neq 0$，则该工作流网的冲突时间 $T_{Ci}=[A_i,C_i]\cap[A_s,A_e]$。

高速铁路动车组接续时间冲突、列车运行与旅客换乘时间冲突、行车作业与维修作业的冲突、跨线列车跨线时间冲突的预测是对高速列车运行工作流网顺序运行模式的时间验证得到的，此处引入顺序运行模式下的列车冲突预测链表来进行辅助分析，见表 6.3。表中第 1 列为列车活动序列；第 2 列为各列车活动的模糊时间，用一个相对时间描述，表示完成相应作业可能消耗的时间；第 3 列为列车活动预定的最早结束时刻，为一个绝对时间点，一般是指列车在车站出发的最早时刻，由于列车运行活动要严格按照“列车在车站的最早出发时刻不早于计划发车时刻”的行车基本原则，故当列车在区间“赶点”运行并早点到达车站并完成相应的活动后，其下一个活动(列车离开车站)的最早时间不应早于其计划发车时分。即在具体的进行列车运行工作流网时间运算时，如果列车离开车站 s_i 的时间为 $\pi(\xi)=\left[\sum_1^i a_i,\sum_1^i b_i,\sum_1^i c_i\right]$，列车计划离开车站 s_i 的时间为 $t_E(s_i)$，则 $\pi(\xi)=\left[\max\left(\sum_1^i a_i,t_E(s_i)\right),\sum_1^i b_i,\sum_1^i c_i\right]$；第 4 列为列车活动结束的实际时间，为一个确定的绝对时间点；第 5 列是以第 4 列列车的已知运行状态为基础，按照工作流网的三角模糊数时间运算法则得到的在当前活动结束后工作流网预计结束时间，用绝对时间表示；第 6 列为列车工作流网的截止期限，是由动车组接续时间、天窗开设时间、旅客换乘时间、跨线时间确定的一个绝对时间点或时间区间；第 7 列为冲突可能性序列，表示每一个列车活动结束后进行一次工作流网的时间验证，计算列车运行冲突的可能性；第 8 列为冲突可能发生的时段。

表 6.3 顺序模式下的列车冲突预测链表

列车活动	列车活动模糊时间	最早结束时刻约束	列车活动实际完成时间	工作流网预计结束时间	截止期限	冲突可能性 $P_1(C_{Pi})(\%)$	冲突时间
p_1							
p_2							
…							
p_i							

下面以武广高铁 G6002 次列车(广州南—长沙南)的具体运营数据为例(数据采自 2011 年 7 月 1 日调图之前)，介绍顺序模式下高速铁路列车运行冲突预测的具体方法，表 6.4 为 G6002 次列车的动车组接续冲突预测链表。为便于运算，表中各时间均以分钟形式体现，绝对时间是以 0:00 为起点开始的时间点，G6002 次列车从广州南始发的计划时刻为 6:55，转化为绝对时间为 415，列车到达长沙南站的计划时刻为 559。表中第 2 列括号内的第 1 个元素是根据武广高铁的列车牵引数据和最小停站时间标准取定，第 2 个元素是运行图计划时间，第 3 个元素是武广高铁运营实际中由于干扰延误时间的统计均值。表中第 6 列的截止期限是承担 G6002 次列车运输任务的动车组需在长沙南站立折，允许 G6002 次列车到达长沙南站的时刻为 590，否则将延误立折列车的运行，因此 G6002 次列车的工作流网的截止期限为 590。动车组接续时间标准为 20 min，第 5 列数值加上动车组接续时间标准后的数值与第 6 列进行时间验证得到第 7 列的数值。

表 6.4　G6002 次列车的动车组接续冲突预测链表示例

列车活动	列车活动模糊时间	最早结束时刻约束	列车活动实际完成时间	工作流网预计结束时间	截止期限	冲突可能性(%)	冲突时间
p_1	[65,70,74]		489	[556,563,573]		12.86	[590,593]
p_2	[1,1,2]	486	492	[557,565,574]		25.40	[590,594]
p_3	[18,20,22]		510	[557,563,570]		0	—
p_4	[1,1,2]	507	511	[557,563,569]	590	0	—
p_5	[22,25,27]		540	[564,567,571]		3.6	[590,591]
p_6	[1,1,2]	533	541	[564,567,570]		0	—
p_7	[23,26,29]		564	—		0	—

从第 7 列的冲突可能性值变化可以看出，随着工作流网的执行，列车的未来活动逐个变成已执行活动，高速列车运行工作流网的预计结束时间随列车活动的实际完成时间而变化，冲突的可能性也随之变化。由于列车活动 p_1 受到列车运行干扰的影响，产生延误 4 min(415＋70＋4＝489)，导致基于 p_1 结束后预计的工作流网结束时间与截止期限冲突的可能性为 12.86%。又由于列车活动 p_2 再受到 2 min 的列车运行干扰(489＋1＋2＝492)，导致基于 p_2 结束后预计的工作流网结束时间与截止期限冲突的可能性增大为 25.40%。列车的 p_3 和 p_4 活动均不受干扰且列车充分利用运行图冗余时间，均以最小时间标准执行该活动，使基于 p_3 和 p_4 活动的工作流网结束时间与截止期限冲突的可能性减小为 0。同理，列车的 p_5 活动受到干扰后使冲突可能性增大，而列车的 p_6 和 p_7 活动则又是由于利用了运行图冗余时间使冲突可能性降为 0。

上述分析同样也验证了第 3 章列车运行冲突产生的机理分析的结论：列车运行干扰使列车运行冲突可能性增大，运行图冗余时间使列车运行冲突可能性减小。

同理可以分析列车运行与旅客换乘时间冲突、行车作业与维修作业的冲突、跨线列车跨线时间冲突的可能性。

冲突预测链表中“冲突可能性”列 $P_1(C_{Pi})$ 的值依次构成一个序列，称为列车运行冲突可能性序列。在行车指挥过程中，每日指挥同一趟次列车的调度员一般不同，可以通过考察分析各日同一趟次的列车运行冲突可能性序列来评价调度人员的工作水平，如比较两序列的方差。如调度员 A 和 B 指挥列车 j 运行的冲突可能性序列的方差分别为 S_A 和 S_B，如果 $S_A > S_B$，则说明列车 j 在调度员 A 的指挥下波动程度较大，列车运行过程的平顺性较差，调度员 A 对列车 j 的指挥次于调度员 B。综合考察两调度员对多列车的冲突可能性序列，可以作为评判调度员工作水平的标准之一。

6.3.2.2　选择模式下各类列车运行冲突可能性计算

由于高速铁路运输系统是一个排队系统，区间、到发线以及其他技术设备都是稀缺资源，不同列车要竞争使用运输资源，这是导致高速铁路车站间隔时间冲突、区间冲突和到发线运用冲突的原因。如前所述，上述冲突是由于不同列车工作流网在竞争占用某资源完成各自活动造成的，以下对高速铁路工作流网选择模式下各类列车运行冲突发生的可能性计算方法进行分析。

命题 6.3 设工作流网支网 w_1 和 w_2 组成一个选择运行模式的工作流网，p_j 活动竞争发生，且 w_1 和 w_2 的 p_j 开始时间分别为：$T_{\pi(\xi)}(O^{w1})=\left[\sum_i^j a_{j1},\ \sum_i^j b_{j1},\ \sum_i^j c_{j1}\right]$ 和 $T_{\pi(\xi)}(O^{w2})=\left[\sum_i^j a_{j2},\ \sum_i^j b_{j2},\ \sum_i^j c_{j2}\right]$，如果存在 $T_{\pi(\xi)}(O^{w1})\cap T_{\pi(\xi)}(O^{w2})\neq\phi$，则 w_1 和 w_2 冲突，冲突时间为 $\left[\max(\sum_i^j a_{j1},\ \sum_i^j a_{j2}),\delta,\min(\sum_i^j c_{j1},\ \sum_i^j c_{j2})\right]$，其中 δ 为介于 $\max(\sum_i^j a_{j1},\sum_i^j a_{j2})$ 和 $\min(\sum_i^j c_{j1},\ \sum_i^j c_{j2})$ 之间的一个数值，是冲突时间的最可能值，其隶属函数取得最大值。

上述命题可以用图示法很容易证得。

如图 6.13 所示为两三角模糊数 $\pi(\xi_1)=[a_1,b_1,c_1]$ 和 $\pi(\xi_2)=[a_2,b_2,c_2]$ 的交集，$\pi(\xi_1)\cap\pi(\xi_2)=[a_2,\delta,c_1]$，且有 $\delta=\dfrac{b_2c_1-a_2b_1}{c_1+b_2-a_2-b_1}$，$\mu(\delta)=\dfrac{c_1-a_2}{c_1+b_2-a_2-b_1}$。用 $T_{\pi(\xi)}(O^{w1})$ 和 $T_{\pi(\xi)}(O^{w2})$ 分别替换 $\pi(\xi_1)$ 和 $\pi(\xi_2)$ 则得到了命题 6.3 的结果。如有两个三角模糊数 $\pi(\xi_1)=[1,3,6]$，$\pi(\xi_2)=[4,5,7]$，则 $\delta=4.5$，$\mu(\delta)=0.5$。

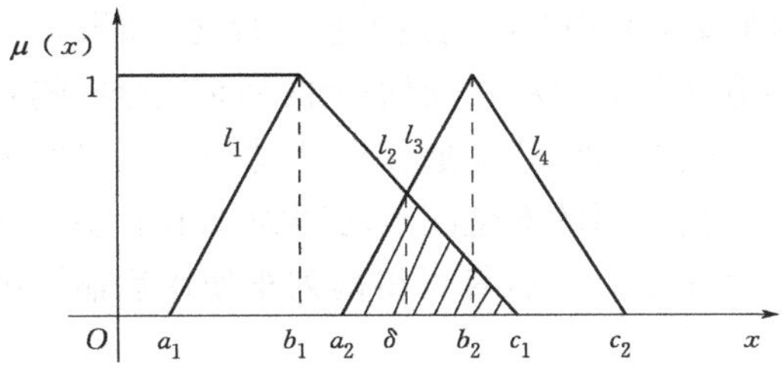

图 6.13 三角模糊数的交集示意图

特别地，如果 $\pi(\xi_1)=\pi(\xi_2)$，则 $\delta=b_1=b_2$，$\mu(\delta)=1$。

如图 6.13 所示，设 $y=\mu(x)$，图中的 4 条线段 l_1、l_2、l_3、l_4 的方程依次为：$y=k_1x+d_1(x\in[a_1,b_1])$；$y=k_2x+d_2(x\in[b_1,c_1])$；$y=k_3x+d_3(x\in[a_2,b_2])$；$y=k_4x+d_4(x\in[b_2,c_2])$。设 $h_1=\dfrac{y-d_1}{k_1}$，$h_2=\dfrac{y-d_2}{k_2}$，$h_3=\dfrac{y-d_3}{k_3}$，$h_4=\dfrac{y-d_4}{k_4}$。

定义 6.11 选择模式工作流时间可能性

设 $\pi(\xi_1)=[a_1,b_1,c_1]$ 和 $\pi(\xi_2)=[a_2,b_2,c_2]$ 为两列车竞争使用同一资源 M 完成作业活动的模糊时间，若 $\pi(\xi_1)\cap\pi(\xi_2)=[\max(a_1,a_2),\delta,\min(c_1,c_2)]$，$\delta$ 的隶属函数为 $\mu(\delta)$。则选择模式下两列车工作流时间冲突可能性为

$$P_2(C)=\frac{\int_0^{\mu(\delta)}(h_2-h_3)\mathrm{d}y}{\int_0^1(h_2-h_1+h_4-h_3)\mathrm{d}y-\int_0^{\mu(\delta)}(h_2-h_3)\mathrm{d}y} \tag{6.10}$$

从图 6.13 可以看出，两列车的时间冲突可能性除了与冲突时间、两列车活动模糊时间跨度的比值有关，还与冲突时间隶属度与两列车活动模糊时间隶属度的比值有关。很显然，式(6.10)的分子为图 6.13 所示两三角形的交集部分的面积，分母为两三角形的并集部分面积。

因此，两列车的时间冲突可能性等于表示两列车活动模糊时间的三角形交集与并集的比值。

性质 6.2 若 $c_1 \leqslant a_2$，则 $P_1(C)=0$，两列车不发生冲突；若 $\pi(\xi_1)=\pi(\xi_2)$，则两列车 $P_2(C)=1$，两列车必然发生冲突，$0 \leqslant P_2(C) \leqslant 1$。

证明：当 $c_1 \leqslant a_2$ 时，有 $\mu(\delta)=0 \Rightarrow \int_0^{\mu(\delta)}(h_2-h_3)\mathrm{d}y=0 \Rightarrow P_1(C)=0$；

当 $\pi(\xi_1)=\pi(\xi_2)$ 时，$a_1=a_2, b_1=b_2, c_1=c_2 \Rightarrow \mu(\delta)=1 \Rightarrow \int_0^1(h_2-h_1+h_4-h_3)\mathrm{d}y-\int_0^{\mu(\delta)}(h_2-h_3)\mathrm{d}y=\int_0^{\mu(\delta)}(h_2-h_3)\mathrm{d}y \Rightarrow P_2(C)=1$。

由于 $\int_0^{\mu(\delta)}(h_2-h_3)\mathrm{d}y \leqslant \int_0^1(h_2-h_1+h_4-h_3)\mathrm{d}y-\int_0^{\mu(\delta)}(h_2-h_3)\mathrm{d}y \leqslant 0 \leqslant P_2(C) \leqslant 1$。

同理，式(6.10)用三角模糊数各元素之间关系表示为

$$P_2(C)=\begin{cases}\dfrac{[\min(c_1-a_2,c_2-a_1)]^2}{(c_1+c_2-a_1-a_2)(b_1+c_2-a_1-b_2)-[\min(c_1-a_2,c_2-a_1)]^2} & \pi(\xi_1)\cap\pi(\xi_2)\neq\phi \\ 0 & \text{否则}\end{cases} \tag{6.11}$$

在计算列车运行冲突时，如果 $c_1<c_2$，在利用式(6.11)计算时，则式中 a_1、b_1、c_1 的值分别是 $\pi(\xi_1)$ 各值加上两列车安全间隔时间之后的值。反之，如果 $c_1 \geqslant c_2$，在利用式(6.11)计算时，则式中 a_2、b_2、c_2 的值分别是 $\pi(\xi_2)$ 各值加上两列车安全间隔时间之后的值。

例如，两列车使用同一运输资源 M 完成作业活动的模糊时间分别为 $\pi(\xi_1)=[87,92,98]$、$\pi(\xi_2)=[81,86,93]$ 时，列车间的安全间隔时间为 3，在计算冲突时，需将 $\pi(\xi_2)$ 各值均加上安全间隔时间 3，再利用式(6.11)计算可得两列车使用运输资源 M 时的冲突可能性为 0.48，冲突时间区间为[87,96]。

车站间隔时间冲突、区间冲突和到发线运用冲突的预测是对高速列车运行工作流网选择运行模式的时间验证得到的，与高速列车运行工作流网顺序模式的时间验证类似，此处引入选择运行模式下的列车冲突预测链表来进行辅助分析，见表 6.5。表中第 1 列为两列车在其运行径路上竞争使用的运输资源名；第 2、3 列分别为两列车各自前一活动的实际完成时间，为一个绝对时间点，其值分别由式(6.4)和式(6.5)计算得到，即列车实际的活动结束时间；第 4、5 列分别为两列车占用当前运输资源完成相应活动的模糊时间，用一个相对时间描述，表示完成相应作业消耗的可能时间；第 6 列为冲突可能性序列，表示两列车工作流支网完成当前活动后三角模糊数时间的冲突可能性值；第 7 列为冲突可能发生的时段。

表 6.5 选择模式下的列车冲突预测链表

运输资源	w_1 支网列车前一活动实际完成时间	w_2 支网列车前一活动实际完成时间	w_1 支网列车活动模糊时间	w_2 支网列车活动模糊时间	冲突可能性 $P_2(C_{Pi})$(%)	冲突时间
m_1						
m_2						
…						
m_k						

下面以武广高铁 G1022 次列车和 G6002 次列车(广州南—长沙南)的具体运营数据为

例，介绍选择模式下高速铁路列车运行冲突预测的具体方法，见表 6.6。G1022 次列车从广州南站始发的时刻是 6:50，转化为绝对时间为 410，比 G6002 次列车早 5 min 始发。两列车在广州南一长沙南具有相同的运行径路，途经车站分别为：广州南、广州北、清远、韶关、郴州西、耒阳西、衡阳东、衡山西、株洲西、长沙南，这 10 个车站和 9 个区间的均可能成为两列车竞争使用的运输资源，均可能出现列车运行冲突。由于现阶段武广高铁行车密度还不大，且没有跨线列车，一般不会出现到发线冲突，仅在线路故障、气候条件影响等情况下，才出现到发线不足引发到发线冲突的情况，如 2011 年 1 月 19 日～20 日大雪影响下的武广高铁使列车降速运行导致各站均出现过到发线冲突的情况。车站间隔时间冲突是日常运行中最为普遍的冲突形式，表 6.6 所示为 G1022 次和 G6002 次列车的列车追踪间隔时间冲突的预测链表，w_1 支网列车代表 G1022 次列车，w_2 支网列车代表 G6002 次列车。由于列车追踪间隔时间冲突是两连续追踪列车完成 q_{i-1} 区间运行活动到达 s_i 站时的到达间隔时分不满足时间标准而产生的，考虑到车站停车时分对列车运行全过程的影响较小，本书仅选择主要区间的列车运行活动为考察对象以减少计算量，车站停车活动的时间消耗纳入区间活动考虑。表中第 1 列的运输资源分别为区间广州南—郴州西、郴州西—衡阳东、衡阳东—株洲西、株洲西—长沙南，分别用 m_1～m_4 表示；第 2、3 列分别为 G1022 次和 G6002 次列车进入相应区间运行的时刻，第 4、5 列分别为 G1022 次和 G6002 次列车在区间运行的三角模糊数时间，其表现形式和含义与表 6.4 中第 2 列相同，第 6 列为第 4 和第 5 列三角模糊数时间冲突的可能性。在计算两列车的冲突可能性时，需要将两车之间的最小追踪间隔时间作为一个常量加入到前行列车的活动完成时间中再与后行列车的活动完成时间进行一致性验证。

表 6.6　G1022 次和 G6002 次列车的车站间隔时间冲突预测链表

运输资源	w_1 支网列车前一活动实际完成时间	w_2 支网列车前一活动实际完成时间	w_1 支网列车活动模糊时间	w_2 支网列车活动模糊时间	冲突可能性 $P_2(C_{Pi})$(%)	冲突时间
m_1	410	415	[65,69,74]	[66,71,76]	26.67	[481,487]
m_2	479	484	[24,26,29]	[26,29,31]	2.56	[510,511]
m_3	508	511	[26,28,30]	[27,30,32]	33.33	[538,541]
m_4	536	546	[12,14,16]	[13,14,15]	0	—

表 6.6 中由于 G6002 次比 G1022 次列车在 m_2 区间的实际运行时分大，故其预计运行至衡阳东站时的冲突可能性值小，而由于 G1022 次列车在 m_2 区间的运行受到 3 min 的干扰，同时 G6002 次列车在 m_2 区间的运行采用压缩运行时分的"赶点"策略，使两车实际到达衡阳东的时间差缩小为 3 min，根据两列车在 m_3 区间的活动模糊时间运算得到两车预计到达株洲西的追踪间隔时间冲突可能性增大为 33.33%。在 m_3 区间的实际运行中，调度员为了降低两列车的追踪间隔时间冲突可能性，G1022 次列车以计划运行时分运行，而 G6002 次列车采用压点运行的策略，区间运行时分延长，使两列车预计完成 m_4 区间的运行任务后冲突可能性减小到了 0。

假设 G1022 次列车在 m_1 区间运行时由于列车行驶性能下降（不影响行驶安全）而降速运行，其实际完成的时刻为 500 min，则很明显为了保证行车安全，G6002 次列车在 G1022 次列车的影响下以最小追踪间隔时间运行，G6002 次列车完成 m_1 区间运行时的实际完成时刻为 503 min。如果继续以原运行秩序运行,G6002 次列车将一直受到前行车 G1022 次列车的速度限制不能充分利用其后续行程的冗余时间以吸收其在 m_1 区间受到的干扰,其完成 w_2 支网的时刻必将大于 570 min,与其允许的截止期限冲突,从而影响动车组的正常接续。为了保证 G6002 次列车动车组的正常接续,则可采用调整列车运行秩序的策略调整列车活动对运输资源的占用,G6002 次列车于 503 min 先从郴州西站发出,其后各区间均按最小运行时分运行,w_2 支网结束时刻为 569 min<570 min,从而消除了 G6002 次列车动车组的接续时间冲突。而 G1022 次列车由于各区间的运行时分均要延长,故后续行程中不再出现两列车竞争使用运输资源的情况,也不再出现选择模式下的其他列车运行冲突。

从上述分析可以看出,在高速铁路列车运行工作流网选择模式运行下,选择和确定工作流支网运行的次序时,需要避免顺序运行模式下和选择模式下冲突可能性的增加,以实现工作流网整体优化的目标。当发生冲突时,如何选择和确定工作流网运行的次序是高速铁路列车运行冲突消解所要研究的内容,这将在下一章重点研究。

6.3.3 高速铁路列车运行冲突的预测过程

对于给定的一个高速铁路列车运行阶段计划和列车计划运行图,调度员根据当前的列车运行状态,对未来的列车运行状态进行预测。通过对各列车运行工作流网进行顺序运行模式和选择运行模式下的时间验证,分别验证各类列车运行冲突发生的可能性,从而为冲突的消解和列车运行调整提供依据。

总结和归纳高速铁路列车运行冲突可能性分析的过程,可以得到高速铁路列车运行冲突预测应分为两个层面:顺序运行模式冲突可能性计算和选择运行模式冲突可能性计算。高速铁路列车运行冲突预测的具体过程如下,其流程图如图 6.14 所示。

第 1 步 区段内待考察列车 i_1 和 i_2 在区段起始站 s_0 的状态信息获取,主要包括列车等级、列车次序以及列车到发时刻,转第 2 步。

第 2 步 根据待考察列车的计划运行时刻及历史行车数据确定其区段内各列车活动的三角模糊数时间的各元素,转第 3 步。

第 3 步 对于两列车 i_1 和 i_2,进行如下工作流网时间一致性验证,从而计算冲突可能性值,依次进行以下检算:

第 3.1 步 顺序运行模式工作流网时间一致性验证:分别按照列车 i_1 和 i_2 各自工作流网的列车活动执行过程,利用式(6.7)~式(6.8)进行工作流网结束时间与相应的截止期限的冲突可能性计算,建立工作流网顺序运行模式下的列车冲突预测链表,分别得到动车组接续冲突、列车运行与旅客换乘时间冲突、行车作业与维修作业的冲突、跨线列车跨线时间冲突的可能性序列和发生冲突的可能时间;

第 3.2 步 选择运行模式工作流网时间一致性验证:分别按照列车 i_1 和 i_2 各自工作流网的列车活动执行过程,利用式(6.11)进行两工作流支网 w_1 和 w_2 运行至运输资源 m_j 时的冲突可能性计算,建立工作流网选择运行模式下的列车冲突预测链表,分别得到追踪间隔时间冲突和到发线运用冲突的可能性序列和发生冲突的可能时间。

第 4 步 依次记录列车 i_1 和 i_2 的各类冲突可能性,分别记录对两列车的冲突发生的可能性之和 $P(i)$ 或加权和 $\widetilde{P}(i)$。

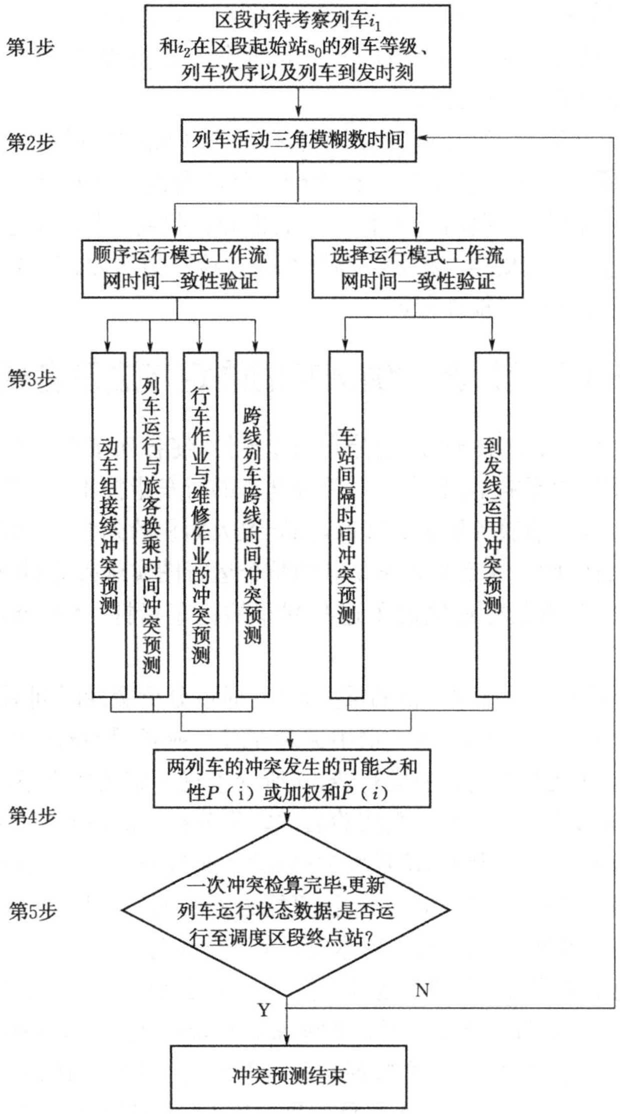

图 6.14　列车运行冲突预测过程

$$P(i)=\sum_{j=1}^{r}p_j(c) \tag{6.12}$$

$$\widetilde{P}(i)=\sum_{j=1}^{r}\omega_j p_j(c) \tag{6.13}$$

式中　j——列车运行冲突的类型；

r——列车运行冲突的类型数量，可以是上述冲突中的全部，也可以是从中选取若干重点关注的列车运行冲突；

$p_j(c)$——当前状态下预测得到该列车发生第 j 类冲突的可能性值；

ω_j——为不同类型列车运行冲突赋予的不同权重值，如列车间冲突的权重比乘客换乘接续时间冲突重要，权重值大。

第 5 步 依次更新每一列车运行活动完成后的列车状态，检查列车是否运行至调度区段终点站，如果是则冲突预测结束，否则转第 2 步，重复上述过程，实现每一列车运行活动完成后列车运行冲突发生的可能性计算。

由上述列车运行冲突预测过程可知，列车运行冲突预测的实质就是以列车运行状态的实时数据为基础，根据列车运行各项规章和运行时分标准进行列车运行状态的推导。一次推导完毕，再进行运行状态的更新，开始新一轮的推导，对各类冲突可能性进行依次检算并记录可能的冲突时间。上述预测过程是以两列车冲突检算为例，对于多列车的冲突检算，仅需将各冲突列车两两依次进行检算即可。

6.4 高速铁路列车运行图关键列车的确定方法及合理比例计算

在列车运行过程中，由于各列车时空分布的差异性，使各列车在列车群运行过程中对整个列车运行图实施质量的影响不同，由于对部分列车的行车指挥不当，将可能造成对运行图能力的损失及铁路旅客运输服务质量的降低，如导致大面积的列车运行晚点、延误列车的正常接续等。相比于其他列车，这部分列车是制约整个运行图实施效果的瓶颈，是调度员需要重点关注的关键列车，只有很好地完成了这些列车的行车指挥，才可能高质量地兑现运行计划。

彭其渊将可调整度作为运行图评价的重要指标，通过分析缓冲时间对列车晚点恢复作用的分析最早提出了关键列车的概念:列车群中无缓冲时间或者缓冲时间值小的列车。陈军华将关键列车定义为“对于运行图的所有运行线，在所受干扰一定的条件下，偏离图定运行线最大的列车”。孟令云通过定性分析和仿真实验后的定量分析，称关键列车为“在一定初始列车运行晚点情况下对列车群运行影响程度最大的列车”。通过分析上述三种关键列车定义可以发现，关键列车主要是指列车抗晚点能力弱、恢复能力差的列车，但这三种定义均是基于静态的运行图冗余时间分布得出的，没有很好地体现列车运行的动态性特点。

高速铁路列车运行过程中，在列车运行干扰和冗余时间的相互作用下，产生列车运行冲突的可能性越大的列车，导致列车运行秩序的紊乱的可能性也越大，这些列车在行车指挥过程中越需要调度员重点把握，处理好这些列车的运行任务，使列车运行冲突的可能性越小，将冲突对列车群列车运行的影响减小到最低限度。因此，本书以列车运行冲突为标记，研究高速铁路关键列车的确定问题。

6.4.1 高速铁路关键列车的确定方法

由于高速铁路的站间距长、列车速度高、追踪间隔时间短、运行线冗余时间少，与既有铁路相比，列车全程经过的车站少，可提供给列车越行的站点自然就少。由于越行点和越行时间的限制，列车之间一旦发生越行或被越行，则线路行车组织难度增加，列车运行的限制因素增加，从而导致运行图的抗干扰能力降低。因此，列车之间的越行作业是运行图中的瓶颈，随着列车运行的波动，这样的瓶颈的时空分布是变化的，可以看作是运行图上的“列车越行瓶颈”。列车越行瓶颈的存在，使运行线间的相互制约更加明显，运行线间的晚点传播现象更加频繁，1 个列车工作流网的运行异常，将影响瓶颈区间内的各列车工作流网，甚至波及瓶颈区间后的部分列车工作流网。

图 6.15 中(a)、(b)和(c)分别为 3 列车组成的列车群的不同铺画方式，分别记为 i_1、i_2 和 i_3，其工作流网依次记为 w_1、w_1 和 w_3，3 列车在 30 min 连续追踪运行。(a)中 3 列车均为高速列车；(b)中 i_1 为低等级列车，其余 2 列为高等级列车，其中 i_1 在 s_1 和 s_3 站分别被 i_2 和 i_3 越行，图中越行点 B_1 和越行点 B_2 构成了一个列车越行瓶颈；(c)中 i_1 和 i_2 为低等级列车，i_3 为高等级列车，i_3 依次在 s_1 和 s_3 站越行 i_1 和 i_2，形成列车越行瓶颈。各列车的运行数据见表 6.7。为了简化过程，将列车在车站的随机干扰和冗余时间计入区间。

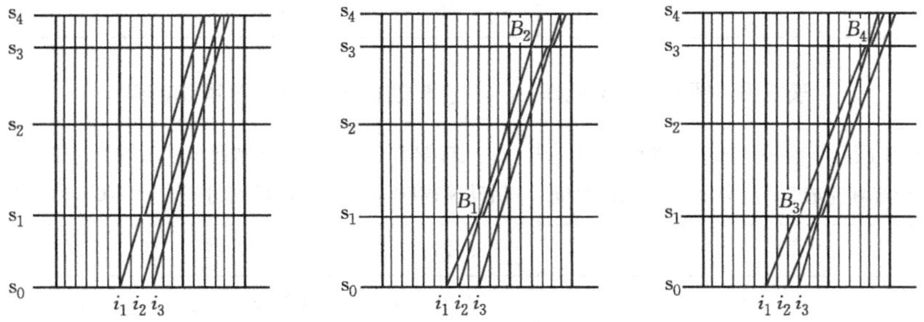

(a)　　(b)　　(c)

图 6.15　列车群铺画方式

表 6.7　图 6.15 各列车运行数据

图(a)			图(b)			图(c)		
区间	列车	运行数据	区间	列车	运行数据	区间	列车	运行数据
s_0—s_1	i_1	[19,21,23]	s_0—s_1	i_1	[25,27,29]	s_0—s_1	i_1	[25,27,29]
	i_2	[19,20,22]		i_2	[19,20,22]		i_2	[25,27,29]
	i_3	[19,20,22]		i_3	[19,21,22]		i_3	[19,21,22]
s_1—s_2	i_1	[26,28,31]	s_1—s_2	i_1	[34,36,39]	s_1—s_2	i_1	[34,36,39]
	i_2	[26,28,30]		i_2	[26,28,30]		i_2	[34,36,39]
	i_3	[26,28,30]		i_3	[26,29,30]		i_3	[26,29,30]
s_2—s_3	i_1	[19,21,23]	s_2—s_3	i_1	[33,35,37]	s_2—s_3	i_1	[33,35,37]
	i_2	[19,20,22]		i_2	[19,20,22]		i_2	[33,34,36]
	i_3	[19,20,22]		i_3	[19,22,23]		i_3	[19,22,23]
s_3—s_4	i_1	[9,10,11]	s_3—s_4	i_1	[13,15,16]	s_3—s_4	i_1	[13,15,16]
	i_2	[9,10,11]		i_2	[9,10,11]		i_2	[13,14,16]
	i_3	[9,10,11]		i_3	[9,10,11]		i_3	[9,10,11]

为了研究列车越行瓶颈对运行图实施的影响，分别对列车 i_1 在 s_0—s_1 区间给予 4 min 的列车运行干扰，分析列车 i_1 与其他两列车的冲突情况。为了简化讨论，此处仅讨论列车工作流网选择运行模式下的冲突可能性，分析各列车在各站的车站间隔时间冲突可能性，设列车 i_1 的工作流网起始时间为 0，则对于图 6.15 所示各种铺画情况的冲突可能性分别见表 6.8、表 6.9、表 6.10。

表 6.8 图 6.15(a)列车 i_1 与 i_2 车站间隔时间冲突预测链表

运输资源	w_1 支网列车前一活动实际完成时间	w_2 支网列车前一活动实际完成时间	w_1 支网列车活动模糊时间	w_2 支网列车活动模糊时间	冲突可能性 $P_2(C_{Pi})$(%)	冲突时间
s_1	0	20	[19,21,23]	[19,20,22]	0	—
s_2	25	40	[26,28,31]	[26,28,30]	0	—
s_3	51	68	[33,35,37]	[19,20,22]	0	—
s_4	70	88	[9,10,11]	[9,10,11]	0	—

表 6.9 图 6.15(b)列车 i_1 与 i_2 车站间隔时间冲突预测链表

运输资源	w_1 支网列车前一活动实际完成时间	w_2 支网列车前一活动实际完成时间	w_1 支网列车活动模糊时间	w_2 支网列车活动模糊时间	冲突可能性 $P_2(C_{Pi})$(%)	冲突时间
s_1	0	10	[25,27,29]	[19,20,22]	47.37	[29,32]
s_2	31	34	[34,36,39]	[26,28,30]	0	—
s_3	67	62	[33,35,37]	[19,20,22]	0	—
s_4	102	82	[13,15,16]	[9,10,11]	0	—

表 6.10 图 6.15(b)列车 i_1 与 i_3 车站间隔时间冲突预测链表

运输资源	w_1 支网列车前一活动实际完成时间	w_3 支网列车前一活动实际完成时间	w_1 支网列车活动模糊时间	w_3 支网列车活动模糊时间	冲突可能性 $P_2(C_{Pi})$(%)	冲突时间
s_1	0	30	[25,27,29]	[19,21,22]	0	—
s_2	31	51	[34,36,39]	[26,29,30]	0	—
s_3	67	80	[33,35,37]	[19,22,23]	1	[102,105]
s_4	102	105	[13,15,16]	[9,10,11]	0	—

由于图 6.15(a)中列车 i_1 的干扰被其自身的冗余时间吸收，不与列车 i_2 产生冲突，故不对列车 i_3 产生影响。3 列车的总晚点时间为 0。

由于图 6.15(b)中列车 i_1 的干扰晚点使其与列车 i_1 在 s_1 的车站间隔时间冲突接近 50%，列车 i_1 在剩余区段不能有效利用冗余时分行车，则列车 i_1 到达 s_3 时依然晚点 4 min，则其必与列车 i_1 到达 s_3 的时刻冲突。由于列车 i_2 的速度高于 i_3，i_2 所受的连带晚点不影响 i_3，两列车之间不存在冲突。可见当存在一个列车越行瓶颈时，冲突的可能性骤增，且冲突列车涉及形成列车越行瓶颈的所有列车。

图 6.15(c)中，从 i_1 和 i_2 的运行数据可以知道，两列车在各区间的运行时间相等，i_1 的 4 min干扰晚点时间不对 i_2 产生影响，不产生冲突。再分析发现，i_1 和 i_3 的分布与图 6.14(b)相同，故 i_1 与 i_3 的车站间隔时间冲突可能性已由表 6.10 得到。在 i_2 不受到干扰的情况下，i_2 与 i_3 不存在冲突。

同理，再分别对 i_2 和 i_3 给予 4 min 的干扰延误时分，比较分析图 6.15 中(a)、(b)和(c)各列车之间的冲突可能性情况，(a)中 i_2 和 i_3 的干扰延误均不产生冲突。(b)中 i_2 和 i_3 的

延误导致与 i_1 存在冲突可能性,但其可能性较 i_1 延误导致的冲突可能性小得多。(c)中 i_2 的干扰延误仅与 i_3 存在冲突可能性,其可能性值分别等于(b)中 i_1 和 i_2 在各站的冲突可能性值,即仅与 i_3 在 s_1 产生冲突;i_3 的干扰延误将导致与 i_1 和 i_2 的冲突,且先与 i_2 冲突,见表 6.11和表 6.12。

表 6.11 图 6.15(c)列车 i_3 与 i_2 车站间隔时间冲突预测链表

运输资源	w_2 支网列车前一活动实际完成时间	w_3 支网列车前一活动实际完成时间	w_2 支网列车活动模糊时间	w_3 支网列车活动模糊时间	冲突可能性 $P_2(C_{Pi})$(%)	冲突时间
s_1	20	34	[25,27,29]	[19,21,22]	45.57	[51,53]
s_2	52	55	[34,36,39]	[26,29,30]	0	—
s_3	88	84	[33,35,37]	[19,22,23]	0	—
s_4	123	106	[13,15,16]	[9,10,11]	0	—

表 6.12 图 6.15(c)列车 i_3 与 i_1 车站间隔时间冲突预测链表

运输资源	w_1 支网列车前一活动实际完成时间	w_3 支网列车前一活动实际完成时间	w_1 支网列车活动模糊时间	w_3 支网列车活动模糊时间	冲突可能性 $P_2(C_{Pi})$(%)	冲突时间
s_1	0	34	[25,27,29]	[19,21,22]	0	—
s_2	27	55	[34,36,39]	[26,29,30]	0	—
s_3	63	84	[33,35,37]	[19,22,23]	18.45	[106,107]
s_4	109	106	[13,15,16]	[9,10,11]	0	—

在对各列车给予相同干扰延误的情况下,图 6.15 的三种列车铺画方式中,(b)铺画方式的列车冲突可能性最大,(c)铺画方式次之,(a)铺画方式的最小。

由高速铁路列车运行冲突可能性计算及上述分析可知,采用不同速度共线运行模式比同一速度模式的列车越行瓶颈多,运输组织复杂。同一列车被越行的次数越多,形成的列车越行瓶颈越多,与其他列车发生冲突的概率越大,由于低等级列车在运行过程中需频繁被越行,因此低等级列车是运行图中的关键列车。

在行车指挥过程中,动车组接续时间约束、跨线时间约束和天窗时间约束是列车运行的强约束。如果由于下行列车的晚点延误导致动车组的折返接续时间冲突,上行列车不能准点发出从而影响上行系统的列车运行秩序。如果由于列车不能在给定的时间内跨线,则其影响不同线路甚至局部路网的列车运行秩序。如果列车不能在天窗开始前结束运输任务,则将影响综合维修作业的时间和质量。因此,如某列车出现与下一次运输任务的动车组接续时间短、需要在一给定时段跨线或是在天窗开设前终到或通过的情况时,如果不能满足相应的约束条件,则将对路网列车运行产生较大影响。则该列车是需要重点保障的列车,也将其定为关键列车。

基于上述分析可知,高速铁路关键列车一般包括四类:

(1)Ⅰ类关键列车,指多次被越行的列车,多为低等级高速列车。

(2)Ⅱ类关键列车，指动车组接续时间短的列车。

(3)Ⅲ类关键列车，指跨线列车。

(4)Ⅳ类关键列车，指天窗开设前列车，多为最晚终到的列车。

上述四类关键列车中，后三类列车数量均较少，其重要程度可视为相同，且由于强约束条件的影响大，故将这三类列车作为行车指挥中首先需要保障的关键列车。

上述第Ⅰ类关键列车最常见，其数量一般也多，且由于列车全程被越行的次数不同，显然其对其他列车的影响也将不同，此处引入关键度指数的概念来区分列车的关键程度。将列车被越行的次数记为列车的关键度指数，指数越高，列车越重要，越需要重点保障，列车的关键度指数随越行次数增加而增大。同时，为了能够标识图 6.15(c)中列车 i_3 的情况，将列车越行其他列车的次数也作为列车关键度指数的判定依据，因此有列车的关键度指数 K 为

$$K=\begin{cases}1, & C=0\text{，列车不越行或被越行}\\ C+1, & C\geqslant 1\text{，列车越行或被越行的总次数 }C\text{ 大于等于 }1\end{cases} \tag{6.13}$$

对应 K 值越大的列车，其在运行图中越重要，行车指挥越需要首先保障其正常的运行秩序。考虑到运行图中可能存在列车的运行径路只是某条线路的一段，由列车运行图铺画的实际经验可知，运行径路短的列车比运行径路长的列车越行或被越行次数可能性要小，但并不能说明这些在短径路 K 值小的列车的重要程度不如大长径路内 K 值大的列车，造成了比较标准的不统一。由行车指挥的实践经验可知，列车的冗余时间与运行距离呈正相关关系，如果列车的运行径路短，则其在晚点情况下恢复正点的能力要弱，在行车指挥过程中需要给予一定的政策倾斜，因此，有必要以列车运行径路的长度与全区段的比值为调节参数，将 K 值修正为 $\overline{K}(i)$，即

$$\overline{K}(i)=\left[\frac{KL}{l^i_{\text{径}}}\right] \tag{6.14}$$

式中 $\overline{K}(i)$——列车 i 的关键度指数；

L——全区段长度，km；

$l^i_{\text{径}}$——列车 i 的运行径路长度，km；

$[X]$——不大于 X 的整数。

由于 $l^i_{\text{径}}\leqslant L$，则 $\overline{K}(i)\geqslant K$，这满足了将短径路列车与长径路列车置于统一衡量标准的要求，使关键度指数的比较更加科学合理。

通过对运行图中各列车的 $\overline{K}$ 值进行排序，可以对各列车的行车指挥保障程度给出排序，行车指挥人员可通过设定一定的关键指数阈值，$\overline{K}$ 值大于该值的列车定为该图实施过程中的关键列车。

武广高速铁路 2011 年 7 月 1 日起采用时速 300 km 和 250 km 高速列车共线运行后的下行 4 小时阶段运行计划，共 21 列车，其中 D2103 次和 D7809 次为低等级列车，其余列车为高等级列车，6 列车的运行径路为长沙南—广州南，15 列车的运行径路为全区段(武汉—广州南)。全区段长度为 1 069 km，长沙南—广州南的长度为 707 km。通过考察运行图中各列车被越行和越行的次数，可以得到该阶段运行计划中各列车的关键度指数，见表 6.13。

表 6.13 武广高铁运行图阶段计划各列车关键度指数

车 次	K	车 次	K	车 次	K	车 次	K
G1073	2	D2103	9	G1005	3	G1077	2
G1077	3	G1081	2	G6021	3	G1083	2
G1085	2	G1087	1	G6023	3	G1089	2
G1091	2	G1093	2	G1095	2	G6025	3
G1097	2	D7809	9	G1099	2	G6027	3
G6027	3						

由表 6.13 可知，两列低等级列车被高等级列车频繁越行，在运行图上形成了多个连续的列车越行瓶颈，由于低等级列车的干扰晚点，将引起与其他列车的冲突，对整个阶段运行计划的实施效果产生很大影响。如果将关键指数阈值设为 5，则武广高速铁路的该阶段计划中关键列车有两列，即 D2103 次和 D7809 次。

6.4.2 高速铁路关键列车的开行比例

在高速铁路列车运行图中，第Ⅰ类关键列车的开行数量对线路通过能力的扣除严重，需要严格控制这类关键列车的开行比例，第Ⅱ类关键列车在运行图铺画时会尽量避免，第Ⅲ类关键列车是由运输跨线运输需求确定的刚性需求，第Ⅳ类关键列车一般只有一两列。当后三类关键列车采用低等级高速列车时，需纳入第Ⅰ类关键列车考虑。

由高速铁路列车运行图通过能力计算方法可知，当低等级列车开行数量过多时，对线路能力扣除严重，导致线路能力紧张。因此，高速铁路列车运行图中，关键列车的开行比例问题可转化为确定低等级高速列车的开行比例问题。在由于关键列车开行过多而导致线路能力紧张的情况下，则可采取减少运行图中的第Ⅰ类关键列车或提高后三类关键列车中的速度等级以减少关键列车比例。以下从高速铁路通过能力的角度确定高速铁路关键列车的开行比例。

在一个客流区段内，停站的高等级列车可与不停站高等级列车相比，它将产生额外的占用运行图时间，即开行在客流区段内有关车站停车办理作业的本线列车，将对通过能力产生扣除。此时，高等级列车扣除系数的计算记为：

假若高速列车在途中不停站，其扣除系数为 1；每停站一次，前后区间将产生两倍追踪时间，如不互相利用，其扣除系数大于 1，且停站次数越多、停站时间越长、扣除系数就越大，即

$$\varepsilon_A=1+\{(p_i-q_i)t_i^A+p_iI_z\}/mI_z \tag{6.15}$$

$$\varepsilon_A=1+[(p_i+q_i)t_i^A] \tag{6.16}$$

式中 p_i——第 i 个车站 A 类列车停车次数；

q_i——第 i 个车站前后 A 类列车追踪停站次数；

t_i^A——第 i 个站一次停站增加的时间消耗，包括起停车附加时分和停站作业时分，min；

m——A 类列车某时间内在此区段运行的列数；

I_z——列车追踪运行时分，min。

一般来说，在均衡停站的条件下不应出现A类列车追踪停站的情况，此时，A类列车扣除系数的计算可简化为

$$\varepsilon_A = 1 + x_A \cdot t_i^A / I_z \tag{6.17}$$

x_A 为高等级列车的停站比例，根据我国高速铁路的运营实际，全区段高等级列车的停站比例取为0.4。I_z 为列车追踪间隔时间。低等级高速列车的扣除系数的计算记为

$$\varepsilon_B = 1 + \frac{60}{I_z}\left(\frac{l_k}{v_B} - \frac{l_k}{v_A}\right) + x_B \cdot t_i^B / I_z \tag{6.18}$$

式中 l_k——区段长度；

v_A 和 v_B——高等级高速列车和低等级高速列车的运行速度；

x_B——高等级列车的停站比例，根据我国高速铁路的运营实际，全区段高等级列车的停站比例取为0.7；

t_i^B——关键列车一次停站的平均时间消耗，包括待避时间、客运作业时间、起停车附加时分，min。

通过对我国京沪高铁、武广高铁关键列车停站时分的统计得到每列关键列车每次停站的平均停站时间为6.88 min，取为7 min，起停车附加时分为4 min，故 t_i^B 取值为11 min。

高速铁路区段通过能力为

$$N = \frac{1\,080}{I_z[\varepsilon_B \alpha_B + \varepsilon_A (1 - \alpha_B)]} \tag{6.19}$$

式中 α_B——低等级列车开行的比例；

N——区段需要通过能力。

因此，关键列车的开行比例为

$$\alpha_B \left(\frac{1\,080}{NI_z} - \varepsilon_A\right) \Big/ (\varepsilon_B - \varepsilon_A) \tag{6.18}$$

从式(6.18)可知，关键列车的开行比例与区段长度、列车速度等级有关。区段越长，允许的关键列车开行比例越小，列车速差越大，允许的关键列车开行比例越小。

下面结合京沪高速铁路的具体数据计算各区段的关键列车开行比例。

京沪高速铁路高等级列车的作业时分标准：列车追踪运行时分 $I_z = 5$ min，列车起车附加时分 $t_q = 2$ min，列车停车附加时分 $t_t = 3$ min，列车停站作业时分 $t_w = 2$ min。

京沪高速铁路各区段列车运行数据见表6.14。

表6.14 京沪高速铁路各区段列车运行数据

区　　段	区段长度(km)	区段行车量(对)
北京南—济南西	406	62
济南西—徐州东	286	57
徐州东—南京南	331	66
南京南—上海虹桥	295	67

区段能力利用率取为0.7，则京沪高铁各区段的合理列车开行比例见表6.15。

表 6.15　京沪高铁各区段的合理列车开行比例

区　段	350—250 速度匹配方案		300—250 速度匹配方案	
	高等级列车比例	关键列车比例	高等级列车比例	关键列车比例
北京南—济南西	86.52%	13.48%	79.59%	20.41%
济南西—徐州东	77.61%	22.39%	67.11%	32.89%
徐州东—南京南	86.70%	13.30%	80.19%	19.81%
南京南—上海虹桥	86.07%	13.93%	79.48%	20.52%
北京南—济南西	92.59%	7.41%	90.89%	9.11%
济南西—徐州东	87.36%	12.64%	84.58%	15.42%
徐州东—南京南	92.58%	7.42%	90.92%	9.08%
南京南—上海虹桥	92.16%	7.84%	90.43%	9.57%

当采用 350 km/h 与 250 km/h 速度匹配时，京沪高速铁路北京南—济南西、济南西—徐州东、南京南—上海虹桥三个区段关键列车的开行比例应小于 13%。济南西—徐州东区段由于区段距离较短取行车需求较小，其允许的关键列车开行比例为 22%。因此，为了保障高速铁路能力适应行车需求，从京沪高速铁路全线来看，其关键列车的开行比例应小于 10%。

列车速差越大，关键列车的开行比例越小，如 350 km/h 与 200 km/h 速度匹配时，关键列车可以开行的比例需小于 7%。

在京沪现行 300 km/h 与 250 km/h 速度匹配时，关键列车的开行比例可小于 20%。为了保障京沪高速铁路的运输效率，应尽可能减少京沪高速铁路本线关键列车的开行数量。

第7章 基于最小冲突消解代价的高速铁路列车运行调整

本章提出了基于列车运行冲突消解的高速铁路列车运行调整流程及冲突消解代价的概念，综合考虑冲突消解的次序、冲突的重要程度，从而确定合理的列车到发时刻。利用数学规划方法建立了基于冲突消解的高速铁路列车运行调整问题优化模型，以各列车在各站的到发时刻为变量，根据模型特点设计了基于实数编码的遗传算法求解模型。

研究高速铁路列车运行的产生机理、冲突判定方法、冲突度量方法以及冲突的预测，其最终目的都是为高速铁路列车运行冲突的消解和列车运行调整服务。通过对高速铁路各类列车运行冲突的消解，对运输资源占用次序及时间的全局优化，实现对列车运行计划的调整，这正是高速铁路列车运行调整的基本策略。高速铁路列车运行调整的实质是对晚点列车运行轨迹的重新铺画，核心是各类冲突的判定、度量和消解。本书以列车运行冲突所涉及列车的调整为线索和目标，计算列车运行冲突消解的代价，寻找最小冲突消解代价的列车运行调整方案，实现对高速铁路的列车运行计划调整。

7.1 高速铁路列车运行调整问题描述

采取各种调度措施，尽量正点或不增晚地将列车移交邻调度区段或使列车在本区段正点终到的过程称为列车运行调整。列车运行调整是指当列车运行系统受到随机干扰并导致列车无法按计划运行图运行时，通过调整列车在车站、区间的相互关系来减少甚至消除干扰并最终使列车按计划运行图运行的过程。

列车运行调整问题是铁路运输组织优化的核心问题，国内外专家和学者致力于该问题的研究已有近50年的历史。对既有铁路列车运行调整问题的研究，国内外专家和学者的研究主要集中在调整模型和算法的研究方面。

列车运行调整是一个与行车量、车站布局紧密相关的复杂问题，列车运行的各约束条件使列车运行调整各变量之间具有非常强的耦合关系。由于列车运行状态的动态变化，列车运行调整问题是一个实时的动态优化问题。

由于列车运行系统是一个受控一随机系统，列车运行调整就是通过制定列车运行调整方案来控制列车，并使其尽量少地偏离运行计划，使列车在运行调整计划的框架内完成运输任务。

列车运行是一个连续的系统，但列车受到随机干扰的时间点总是离散的，要实施列车运行调整也只能是通过在离散的时间点对列车运行实施相应的控制策略。因此，列车运行调整是一个具有明显离散特征的问题。

列车运行调整可以分为运行线自我恢复阶段和列车运行冲突消解阶段。运行线自我恢复阶段是列车在受到少量干扰但未形成列车运行冲突时，列车可通过利用运行图中的冗余时间进行自我恢复，此时行车指挥人员仅通过改变列车的到发时刻实现列车运行调整，把这一阶段的调整称为运行线的自我恢复阶段。当列车受到的干扰累积到一定程度并已形成或即将形成列车运行冲突时，运行图中冗余时间已不足以使列车恢复正常运行秩序，此时就需要行车指挥人员根据优化目标对即将发生的列车运行冲突进行消解，最常用的方法是通过改变列车对运输资源的占用时刻来消除列车对运输资源占用时间的重叠和竞争，把这一阶段的调整称为冲突消解阶段。在实际的行车指挥过程中，由于列车在某一个车站或区间的冗余时间是非常有限的，难以实现运行线的自我恢复，一般都需要结合冲突消解来实现运行图中冗余时间的合理与综合利用。因此，列车运行调整归根结底是列车运行冲突的消解问题，列车运行调整就是一个在冲突即将发生时重新规划和确定列车占用车站和区间时机的过程。列车运行调整阶段示例如图 7.1 所示。

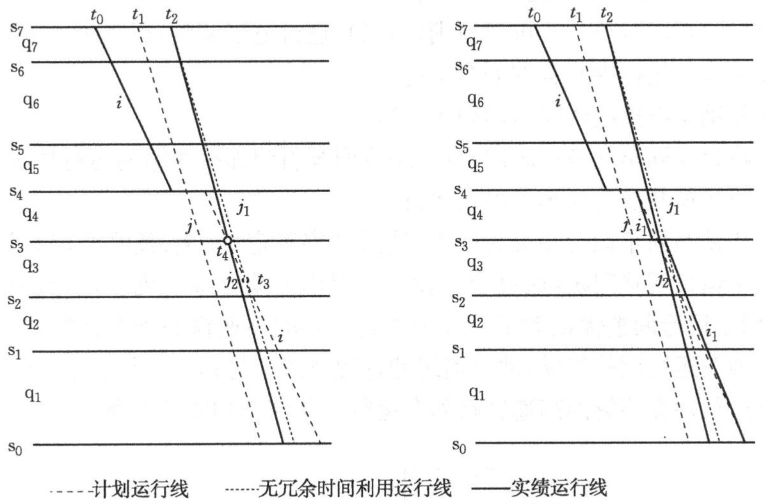

（a）运行线自我恢复阶段　　（b）列车运行冲突消解阶段

图 7.1　列车运行调整阶段示例

行车指挥人员在 t_0 时刻对后续列车运行计划进行调整。计划运行图中列车 i 在 s_4 站待避列车 j，但由于列车 j 的始发时刻由 t_1 时刻预计晚点至 t_2 时刻，导致如果按图定速度运行，则两列车将于 t_3 时刻在区间 q_3 发生区间冲突，行车指挥人员为了尽量减少列车 j 的晚点时间，利用冗余时间“赶点”运行，进行运行线自我恢复的运行调整，但两车将于 t_4 时刻在车站 s_3 发生到达间隔时间冲突，并不能完成列车的运行调整，如图 7.1(a)所示，图中 j_1 为列车 j 按图定速度运行的轨迹，j_2 为列车 j 按“赶点”运行的轨迹。此时，就需要改变列车占用运输资源的时刻，即确定两列车谁先到达 s_3。如果列车 i 按图 7.1(a)行车，则为了避免区间冲突，列车 j 在 s_2 站越行列车 i，将导致列车 j 的增晚。为了实现调整目标，在条件允许的情况下令列车 i 在区间 q_4“赶点”运行，使两车到达站 s_3 的时刻满足到达时间标准，并使列车 j 在站 s_3 越行列车 i，并通过列车 i 利用冗余时间在后续区间及车站的“赶点”运行能够使列车 i 按计划终到，如图 7.1(b)所示，图中 i_1 为列车 i 调整后的运行轨迹。从列车运行调整的全过程来看，围绕列车运行冲突确定冲突消解方案是实现列车运行调整的主要措施，运行线的自我恢复只能起到辅助作用。

列车运行调整问题的高实时性和高整体性特点使其成为铁路运输组织优化的难点，其计算复杂性被逐步认识清楚。对于高速铁路列车运行调整问题而言，其高实时性体现在要求高速铁路行车指挥人员及调度系统对高速列车的运行干扰、列车运行冲突等迅速反应，高效制定列车运行调整的方案；高整体性体现在要将高速铁路置于统一路网条件下，在考虑高速铁路列车运行质量的同时兼顾跨线列车开行，实现快速路网的列车网络化运营效果最优。

在实施高速铁路列车运行调整时需遵循以下原则：

(1)严格遵守各项规章制度和作业标准。

(2)均衡各列车的待避时间，避免长时间的停留。

(3)一般情况下，按照“先高等级列车、后低等级列车”的原则进行列车运行调整。

(4)一般情况下，按照“先正点、后晚点列车”的原则进行列车运行调整。

(5)应尽量确保旅客的总在途时间最短。

(6)在列车运行调整过程中，可对原则(3)、(4)进行适当调整，以满足以下需要：

①重点保障有大量换乘旅客的列车运行。

②重点保障动车组接续时间短的列车运行。

③重点保障跨线列车的跨线时间，避免跨线列车引起邻接线路的运行秩序紊乱。

④重点保障天窗开设前列车的准点运行。

本章以高速铁路列车运行冲突为线索，通过冲突判定、度量、预测及消解等技术的综合运用来研究列车运行调整问题，通过合理设计冲突消解策略降低列车运行调整问题的计算复杂度，提高列车运行调整优化效率。基于冲突消解的高速铁路列车运行调整是将冲突消解的思路引入列车运行调整建模，冲突消解的过程及约束是列车运行调整模型的核心约束。

基于列车运行冲突消解的高速铁路列车运行调整流程如图 7.2 所示。

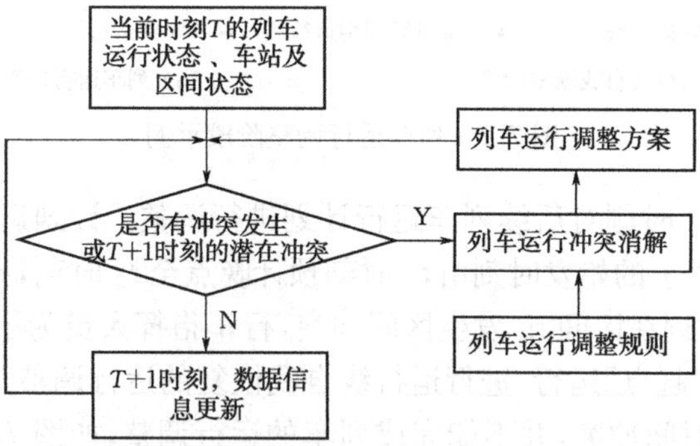

图 7.2　基于列车运行冲突消解的高速铁路列车运行调整流程

7.2　高速铁路列车运行冲突消解研究

7.2.1　高速铁路列车运行冲突消解过程

列车运行冲突消解是一个对冲突列车占用运输资源的次序和时间的重新确定问题。不同的列车运行冲突消解方案，将带来不同的列车运行调整效果，影响行车指挥质量。因此，列车运行冲突消解方案的好坏直接影响行车指挥的效果。列车运行冲突的消解是通过变更列车运行秩序和到发时间来消除列车之间对运输资源占用时间的重叠或使相关技术设备的运用满足列车的技术作业要求。

由第 2 章的分析可知，高速铁路的各类列车运行冲突中，可能发生在区间，也可能发生在车站。车站间隔时间冲突、到发线运用冲突、动车组接续时间冲突、列车运行与旅客换乘时间冲突、跨线列车跨线时间冲突为发生在车站的冲突，而区间冲突、行车作业与维修作业冲突是发生在区间的冲突。车站间隔时间冲突中的发车间隔时间冲突和到发线运用冲突的消解在冲突发生的当前车站完成，而区间冲突的消解需要在冲突发生前的车站完成。动车组接续时间冲突、列车运行与旅客换乘时间冲突、跨线列车跨线时间冲突是在区段终点站或特定的几个车站发生的冲突，需要在其前方各站根据列车未来的运行可能性不断进行方案调整和修正进行消解，本书将这几类冲突作为前述各类冲突消解方案可行性的评价依据，在列车运行冲突预测时重点考虑这几类冲突发生的可能性并将其作为冲突消解方案的反馈信息。但无论高速铁路列车运行冲突是发生在车站还是区间，列车运行冲突的消解均是在车站完成的。

既有的列车运行冲突消解方法均局限于对当前列车运行冲突消解方案的研究，缺乏对列车运行冲突消解后对全局列车运行影响的研究，没有考虑后续其他列车运行冲突的发生可能性，增加了列车运行冲突发生的概率和冲突消解的反复性。本章基于前几章的研究，提出基于冲突程度度量和冲突预测的冲突消解方法，从全局角度考虑高速铁路列车运行冲突消解方案的合理性。

根据第 5 章的研究，在出现列车运行冲突时，对不同冲突进行冲突等级的度量，确定各冲突的严重程度排序。为了降低冲突消解的复杂度，每次选择最严重的冲突进行优先消解，优先消除对列车运行过程影响最大、危害最严重的列车运行冲突，这符合一般事务处理程序和规律。

在确定了多个冲突的消解次序后，就需要对每个冲突制定具体的消解方案，而不同的消解方案将导致不同的整体列车运行状态，对后续列车运行产生不同的影响。冲突消解方案的制定主要解决两个问题：①冲突列车的运行秩序；②冲突列车的时间平移量。

对于由两列车产生的列车间冲突，不同的消解策略可能确定不同的列车优先放行次序，而这将对冲突消解后列车自身后续列车活动及其他列车的后续列车活动产生不同影响，因此确定列车间冲突的优先放行列车是冲突消解方案的关键。在第 5 章的研究中，选取了 5 个列车运行指标来评估冲突列车的运行状态，这 5 个指标表征了冲突列车的优先级，可将其作为冲突消解方案制定及确定列车运行秩序的依据，具有较大列车运行特征值的冲突列车具有较高优先级。

定义 7.1 冲突消解时间代价

若将两列车运行特征值分别作为冲突列车时间平移的单位时间代价，则令其与相应消解策略下所得方案的列车运行时间平移量的乘积为冲突消解时间代价 P_{CT}。

如果在冲突消解时，允许运行线向左平移，则该列车的冲突消解时间代价为负值。

若 $\text{Train}_i \leftrightarrow \text{Train}_k = 1$，冲突消解方案 R_j 下列车 i，k 在 j 站的平移量分别为 ΔT_{ij} 和

ΔT_{kj}，两列车在 j 站的列车运行特征值分别为 T_{ij} 和 T_{kj}，则列车 i 和 k 的冲突消解时间代价为

$$P_{CT}^{ij}=T_{ij}\times\Delta T_{ij} \tag{7.1}$$

$$P_{CT}^{kj}=T_{kj}\times\Delta T_{kj} \tag{7.2}$$

R_j 的冲突消解时间代价为 $P_{CT}[R_j,s(j),i,k]$，有

$$P_{CT}[R_j,s(j),i,k]=T_{ij}\times\Delta T_{ij}+T_{kj}\times\Delta T_{kj} \tag{7.3}$$

冲突消解策略对应冲突方案的 P_{CT} 越小，其冲突消解的效果越优，在冲突消解时作为冲突消解方案确定的依据。

按照列车运行冲突严重程度依次对各冲突进行消解及根据冲突消解代价确定冲突列车的运行秩序，只能保证当前冲突在一定的消解要求下是可行的或较优的，但却不能保证冲突消解后对列车自身后续列车活动及其他列车的后续列车活动的影响程度最小，即此时的冲突消解仅能保证列车运行调整的局部较优，而不能保证全局最优。通过第 6 章的研究知道，列车运行冲突预测是基于列车运行的当前状态，考虑未来列车运行的相关因素推导未来列车运行冲突的可能性大小。通过列车运行冲突预测可以计算冲突消解后不同消解方案下后续列车活动的冲突可能性，从而对冲突消解方案的效果进行校验，将这个冲突可能性作为当前冲突消解的反馈信息、衡量冲突消解方案的优劣以及调整冲突消解方案的依据。

定义 7.2　后效冲突

在 j 站消解列车 i 的冲突后，未来各类列车运行冲突可能性的总和称为冲突消解方案的后效冲突，记为 V_{CT}^{ij}，且有

$$V_{CT}^{ij}=\sum_{k}^{4}P_1(C_{Pk}^{i})+\sum_{j+1}^{n}\sum_{r}^{2}P_2(C_{Pr}^{ij}) \tag{7.4}$$

式中等号右边加号前半部分 $\sum_{k}^{4}P_1(C_{Pk}^{i})$ 为顺序运行模式工作流网的冲突预测值，为冲突消解后列车各类冲突可能性值，包括四类冲突；后半部分 $\sum_{j+1}^{n}\sum_{r}^{2}P_2(C_{Pr}^{ij})$ 为选择运行模式工作流网的冲突预测值，为冲突消解后每一运输资源两工作流支网冲突的可能性值，包括车站追踪间隔时间冲突和到发线运用冲突两类，其中 n 为区段终端车站序号。

高速铁路列车运行冲突预测对于冲突消解优化的现实意义是：冲突预测所利用的工具——列车运行工作流网具有严格的逻辑关系和运行方式及次序，列车活动时间是一个可能的时间域，考虑了随机—有控系统的特点，得到的冲突可能性计算值反映了工作流网按一定的模式运行后的发展趋势，对于评估列车运行的状态演变、列车运行调整策略及调整效果具有重要的意义。同时，以当前或即将发生的列车运行冲突消解后的冲突可能性作为评价冲突消解方案效果的评价标准，充分利用了工作流网列车活动三角模糊数时间能够有效体现列车未来运行轨迹不确定性的优势，能够比较各冲突消解方案下列车未来运行质量，较基于当前冲突消解的列车运行调整方法具有优越性和科学性。随着时间的推移，未来列车活动向当前活动转化，通过逐步迭代和推演，列车运行轨迹逐步有计划地变成实绩，列车工作流网的不确定性降低，列车运行调整方案得到逐步

优化。

在列车工作流网的执行过程中，各活动的三角模糊数时间是以计划运行图和运营经验数据为依据，反映了未来列车运行的一般规律和发展趋势，考虑了未来各列车活动发生时刻的不确定性，以未来各列车活动冲突可能性为反馈信息调整冲突消解方案的方法能够在一定程度上减少未来冲突发生的可能性，是一种立足于全局的冲突消解和列车运行调整方法。

将冲突消解方案的后效冲突作为列车运行冲突消解效果的评价指标，能够满足全局冲突消解的要求。由冲突消解方案的后效冲突的极性可以知道，后效冲突越大，说明消解方案越不合理，这与冲突消解时间代价的极性相同。因此，本书将冲突消解方案的后效冲突作为冲突消解时间代价的惩罚因子加以考虑，即将各列车的后效冲突值作为乘子分别乘以其冲突消解时间代价，并将此值作为最终的列车运行冲突消解代价。

定义 7.3　列车运行冲突消解代价

若 $\mathrm{Train}_i \leftrightarrow \mathrm{Train}_k = 1$，冲突消解方案 R_j 下列车 i，k 在 j 站的平移量分别为 ΔT_{ij} 和 ΔT_{kj}，两列车的后效冲突值分别为 V_{CT}^{ij} 和 V_{CT}^{kj}，则列车 i 和 k 的冲突消解代价为

$$\hat{P}_{CT}^{ij} = T_{ij} \times \Delta T_{ij} \times V_{CT}^{ij} \tag{7.5}$$

$$\hat{P}_{CT}^{kj} = T_{kj} \times \Delta T_{kj} \times V_{CT}^{kj} \tag{7.6}$$

R_j 的冲突消解代价 $\hat{P}_{CT}[R_j, s(j), i, k]$ 为

$$\hat{P}_{CT}[R_j, s(j), i, k] = \hat{P}_{CT}^{ij} + \hat{P}_{CT}^{kj} = T_{ij} \times \Delta T_{ij}(R_j) \times V_{CT}^{ij}(R_j) + T_{kj} \times \Delta T_{kj}(R_j) \times V_{CT}^{kj}(R_j) \tag{7.7}$$

为了实现列车运行效果的最优，在进行冲突消解时，总是优先选择冲突消解代价最小的方案。欲追求所有列车冲突消解代价最小的方案，则对于某运行特征值大、后效冲突大的列车，需要认真制定其列车运行计划，降低其与其他列车的冲突，否则将对其他列车的运行产生巨大影响，为了实现此目标，则需使该列车的平移量趋于最小，这符合重点列车重点保障的列车运行调整原则。

高速铁路某一时刻的列车运行冲突消解主要完成三项工作：确定列车运行冲突消解次序、确定各冲突消解策略、确定各列车活动的发生时间。具体为：

(1)根据冲突的等级，确定不同冲突消解次序。

(2)对每个冲突在一定消解策略下的列车平移量，计算列车运行特征值及在该列车平移量下的后效冲突。

(3)根据冲突消解代价确定冲突列车的运行秩序及各列车活动的实际发生时间。

高速铁路列车运行冲突消解的流程如图 7.3 所示。

根据高速铁路运输组织的特点，可将高速铁路列车运行冲突消解的特点归纳如下：

(1)约束条件刚性化。由于高速铁路上运行的均为旅客列车且密度高、追踪间隔小，旅客对列车的旅行速度、全程旅行时间、列车到发时间约束方面具有很强的刚性。列车所运行冲突如果消解不合理，将可能引起大量的再生冲突及组合冲突。

(2)动态性和实时性。由于高速铁路列车运行过程是一个动态的过程，列车运行冲突的发生具有动态性，这就要求冲突消解方案适应冲突的动态性特点，最显著的方面是要考

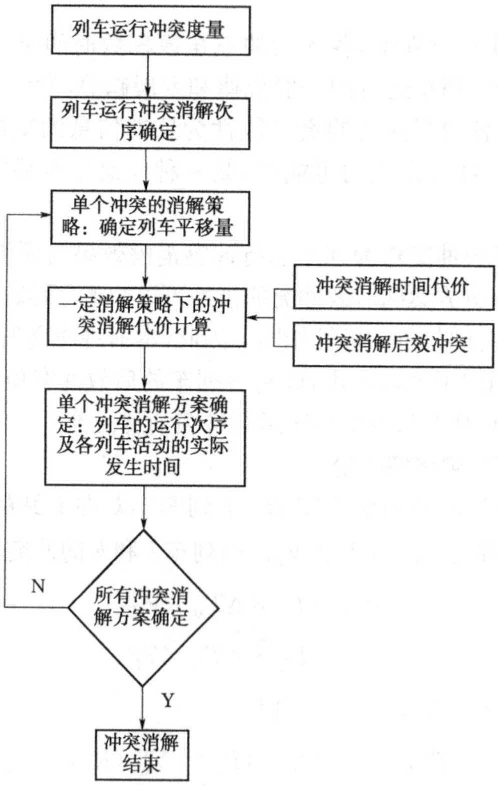

图 7.3　高速铁路列车运行冲突消解流程

虑未来列车运行可能的运行状态及潜在的冲突可能性。由于高速铁路列车运行状态的动态性，使列车运行冲突消解需要有较强的实时性，以适应高速铁路的行车指挥实时性需要。

(3)组合优化。由高速铁路列车运行冲突的特点可知，冲突具有多类型、蔓延性、复杂性的特征，在列车运行冲突消解过程中，要综合考虑列车运行调整优化的各优化指标，如实现旅客的旅行时间最少、列车的正点率最高、动车组运用优化合理等，是一个多因素、多指标的组合优化问题。

上述高速铁路列车运行冲突消解过程以冲突严重程度为依据，是基于严重冲突优先消解的策略，冲突消解充分考虑了后效冲突，能够获得全局优化的效果，满足高速铁路列车运行调整的现实需要。

7.2.2　高速铁路列车运行冲突消解的策略

7.2.2.1　概述

列车运行调整的列车运行线自我恢复阶段仅是列车运行冲突消解的辅助手段，在列车受到随机干扰后通过充分运用运行图冗余时间，可以在一定程度上吸收随机干扰延误时间，减少冲突发生的可能性，但对冲突消解起决定性作用的还是平移运行线、交换运行线、变更停站和越行方案以及数学规划方法四种策略：

策略Ⅰ　平移运行线

当列车技术作业间隔时间小于相关作业标准而发生列车运行冲突时，通过合理平移冲突点相关运行线，使列车技术作业时间间隔大于等于相关作业时间标准。

例如，当两列车存在 1 min 的发车间隔时间冲突时，采用将后行列车向后平移 1 min，则可消除发车间隔时间冲突；又如在 s_{n-1} 站发现具有大量换乘旅客的列车 i 在 s_n 站与旅客需换乘列车 j 的出发时刻之间存在接续时间冲突，则可行的方法有：①如果列车 i 在 s_{n-1} 站可以左移，则左移列车 i，将列车 i 的出发时刻提前；②如果列车 i 在 s_{n-1} 站不能左移，而列车 j 在 s_n 站的出发时刻可以右移，则右移列车 j；③前两种方法组合运用。

策略Ⅱ　交换运行线

当已经发生或即将发生列车运行冲突时，通过交换相关列车运行线在车站的出发顺序以消除相应的冲突。

例如：列车 i 和列车 j 依次离开 s_{n-1} 站，由于前行列车 i 的晚点延误及后行列车 j 的速度标准高于列车 i，导致两列车在区间 q_{n-1} 将存在区间冲突的可能，为了消除此冲突，在 s_{n-1} 站采取交换两列车的出发顺序的措施，从而消除该潜在的冲突。

策略Ⅲ　变更停站和越行方案

该策略是通过改变列车的停靠车站、停站数以及列车的待避和越行点来改变列车运行秩序，进而达到消除列车运行冲突的目标，它是策略Ⅱ的拓展。

例如，对于策略Ⅱ所提到的例子，如果两列车均为在 s_{n-1} 站通过，但为了消除列车 i 和列车 j 潜在的区间冲突，可令本在 s_{n-1} 站不停车的列车 i 停车避让列车 j，以消除潜在的区间冲突。又如列车 j 计划在 s_n 站越行列车 i，但为了消除区间 q_{n-1} 的潜在冲突，而将该越行更改为在 s_{n-1} 站进行。

策略Ⅳ　数学规划方法

根据一定的冲突消解和列车运行调整目标，利用数学规划方法寻求列车运行冲突的组合优化，从全局角度制定冲突消解方案。

例如，基于晚点列车数最少或正点率最高的列车运行调整目标，建立相应的数学优化模型求解冲突的消解方案，确定各列车的运行顺序。

高速铁路列车运行冲突的消解策略可分为简单冲突消解和组合冲突消解两步。简单冲突消解是对单个冲突进行消解，其消解的目标仅是针对单个冲突，消解冲突的主要策略为前三种。组合冲突消解是站在全局优化的高度研究多个冲突的整体消解，利用数学规划方法进行组合冲突消解方案的确定，但具体的冲突消解策略依然是平移运行线、交换运行线、变更停站和越行方案三种。

平移运行线、交换运行线、变更停站和越行方案等三种消解策略均需要使列车运行线产生一定的平移量，其往往是以部分列车的晚点运行为代价，在具体选择冲突消解策略时，首先分别计算冲突列车在一定平移量下的冲突消解时间代价及后效冲突，再计算冲突消解代价，选择所有列车冲突消解代价总和最小的方案为最终方案。

7.2.2.2　单个冲突消解策略

1. 车站间隔时间冲突消解

车站间隔时间冲突的消解又细分为到达间隔时间冲突和出发间隔时间冲突的消解。

(1)到达间隔时间冲突消解

当两列车发生如图 7.4 所示的冲突时，运用策略Ⅰ、策略Ⅱ和策略Ⅲ进行冲突消解的结果分别如图 7.5～图 7.7 所示。

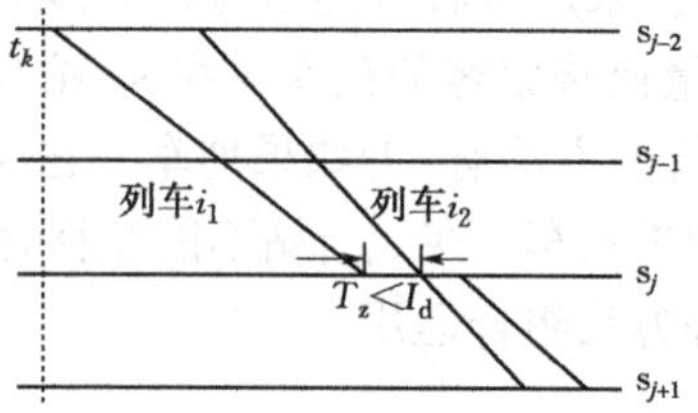

图 7.4 列车到达间隔时间冲突

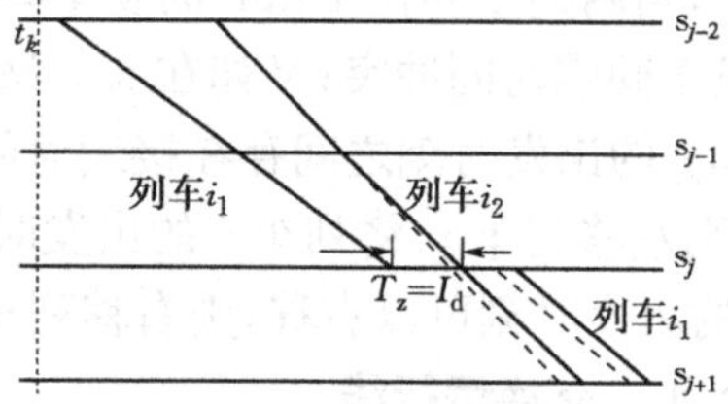

图 7.5 策略Ⅰ消解列车到达间隔时间冲突

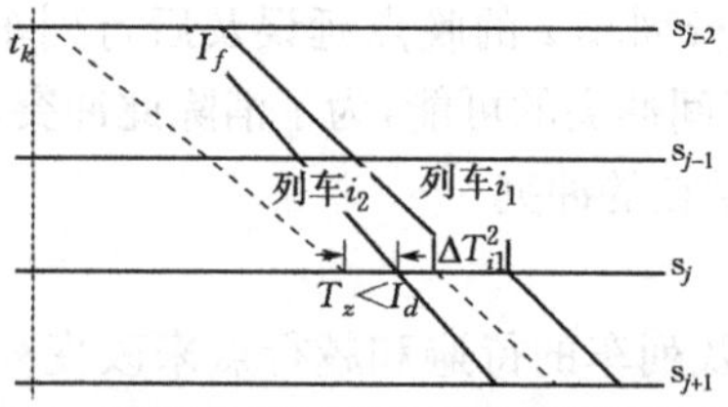

图 7.6 策略Ⅱ消解列车到达间隔时间冲突

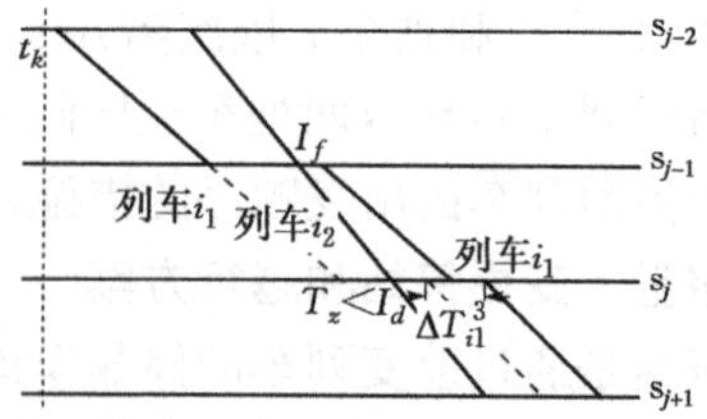

图 7.7 策略Ⅲ消解列车到达间隔时间冲突

在 t_k 时刻考察列车下一阶段的运行情况，由于列车 i_1 晚点从 s_{j-2} 站出发，导致两列车在 s_j 站的到达间隔时间 $T_z<I_d$，要将该列车运行冲突消解，则需使两列车在 s_j 站的 $T_z\geqslant I_d$。

采用策略Ⅰ消解冲突时，需将列车 i_2 向右平移即可，将列车 i_2 向右平移的平移量为 $\Delta T_{i2}^1=I_d-T_z$，为了满足列车 i_1 的出发间隔时间标准，列车 i_1 也需向右平移，平移量 $\Delta T_{i1}^1=\Delta T_{i2}^1$。

采用策略Ⅱ消解冲突时，则需要将列车 i_1 平移至列车 i_2 的右边，其平移量要保障两列车从 s_{j-2} 站出发的时刻满足发车时间标准，且由于列车 i_1 晚点运行，可利用冗余时间吸收晚点时间，列车的平移量为 $\Delta T_{i1}^2=d_{i2}(s_{j-2})+I_f+\min\Delta t_{i1}(q_{j-2})-a_{i1}(s_j)$。$\min\Delta t_{i1}(q_{j-2})$ 为列车 i_1 在区间 q_{j-2} 的最小运行时分。

采用策略Ⅲ消解冲突时，列车 i_2 越行列车 i_1 的车站由 $s(j)$ 改为 $s(j-1)$，列车 i_1 的平移量需保障两列车从 s_{j-1} 出发的时刻满足发车时间标准，且由于列车 i_1 晚点运行，可利用冗余时间吸收晚点时间，平移量为 $\Delta T_{i1}^3=d_{i2}(s_{j-1})+I_f+\min\Delta t_{i1}[q(j-1)]-a_{i1}(s_j)$。

如图 7.4 所示的冲突，分别计算各策略下两列车在 s_j 站的列车运行特征值 T_{i1j} 和 T_{i2j} 以及后效冲突 $V_{CT}^{i1j}(\partial)$ 和 $V_{CT}^{i2j}(\partial)$，∂ 为冲突消解策略序号，也就是冲突消解方案序号。则各策略下列车运行冲突消解代价分别为

$$\hat{P}_{CT}^1=T_{i1j}\times\Delta T_{i1}^1\times V_{CT}^{i1j}(1)+T_{i2j}\times\Delta T_{i2}^1\times V_{CT}^{i2j}(1)$$

$$\hat{P}_{CT}^2=T_{i1j}\times\Delta T_{i1}^2\times V_{CT}^{i1j}(2)+T_{i2j}\times\Delta T_{i2}^2\times V_{CT}^{i2j}(2)=T_{i1j}\times\Delta T_{i1}^2\times V_{CT}^{i1j}(2)$$

$$\hat{P}_{CT}^3=T_{i1j}\times\Delta T_{i1}^3\times V_{CT}^{i1j}(3)+T_{i2j}\times\Delta T_{i2}^3\times V_{CT}^{i2j}(3)=T_{i1j}\times\Delta T_{i1}^3\times V_{CT}^{i1j}(1)$$

选择最终消解策略及确定消解方案的依据为使冲突消解代价最小，即

$$\hat{P}_{CT}^{*}=\min\{\hat{P}_{CT}^{1},\hat{P}_{CT}^{2},\hat{P}_{CT}^{3}\}$$

(2)出发间隔时间冲突消解

当两列车发生如图 7.8 所示的冲突时，冲突消解的结果分别如图 7.9 和图 7.10 所示。

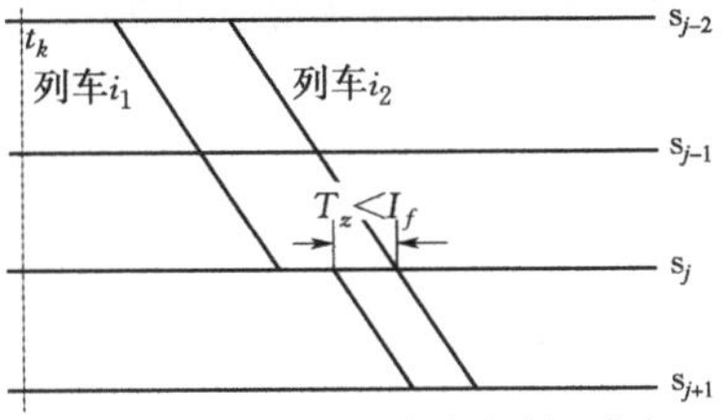

图 7.8　列车出发间隔时间冲突

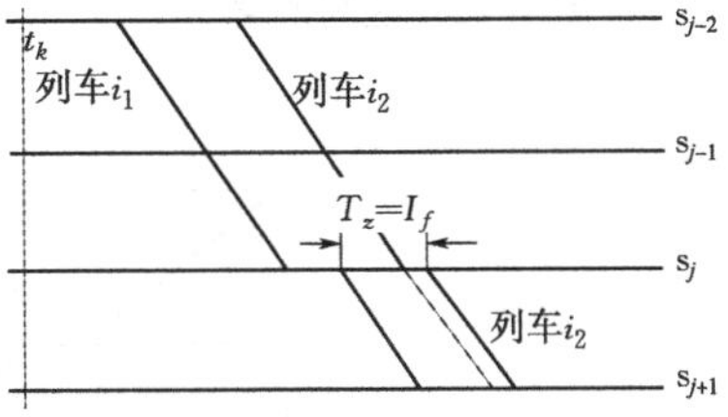

图 7.9　策略Ⅰ消解列车出发间隔时间冲突

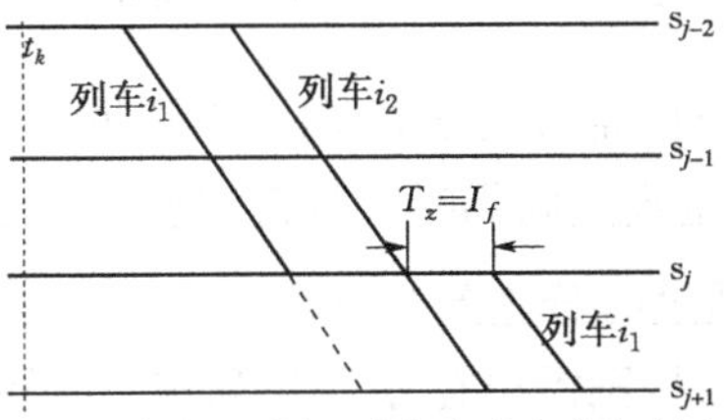

图 7.10　策略Ⅱ消解列车出发间隔时间冲突

由于列车 i_1 晚点从 s_{j-2} 出发，导致两列车在 s_j 的出发间隔时间 $T_z<I_f$，要将该列车运行冲突消解，则需使两列车在 s_j 的 $T_z\geqslant I_f$。

采用策略Ⅰ消解冲突时，需将列车 i_2 向右平移即可，将列车 i_2 在区间 q_{j-1} 的运行线向右平移，平移量为 $\Delta T_{i2}^{1}=I_f-T_z$。

采用策略Ⅱ消解冲突时，则需要在区间 q_{j-1} 将列车 i_1 平移至列车 i_2 的右边，列车的平移量为 $\Delta T_{i1}^{2}=I_f+T_z$。在采用策略Ⅱ的同时，也运用了策略Ⅲ，将两列车在 s_{j-1} 无越行作业改为有越行作业。

分别计算各策略下两列车的列车运行特征值 T_{i1j} 和 T_{i2j} 以及后效冲突为 $V_{CT}^{i1j}(\partial)$ 和 $V_{CT}^{i2j}(\partial)$，则两种策略下列车运行冲突消解代价分别为

$$\hat{P}_{CT}^{1}=T_{i2j}\times\Delta T_{i2}^{1}\times V_{CT}^{i2j}(1)=T_{i2j}\times V_{CT}^{i2j}(1)\times(I_f-T_z)$$

$$\hat{P}_{CT}^{2}=T_{i1j}\times\Delta T_{i1}^{2}\times V_{CT}^{i1j}(2)+T_{i2j}\times\Delta T_{i2}^{2}\times V_{CT}^{i2j}(2)=T_{i1j}\times V_{CT}^{i1j}(2)\times(I_f+T_z)$$

取 $\min\{\hat{P}_{CT}^{1},\hat{P}_{CT}^{2}\}$ 对应的冲突消解策略为列车出发间隔时间冲突消解策略。

2. 区间冲突消解

由于铁路区间不具备越行条件，区间冲突需要提前在车站消解，一般采用策略Ⅰ和策略Ⅲ来消解冲突。如图 7.11 所示的冲突，其冲突消解在 s_{j-1} 提前消解，其消解过程如图 7.12 和图 7.13 所示。

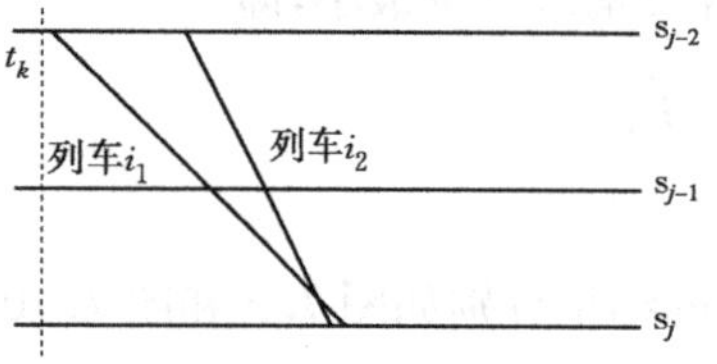

图 7.11　区间冲突

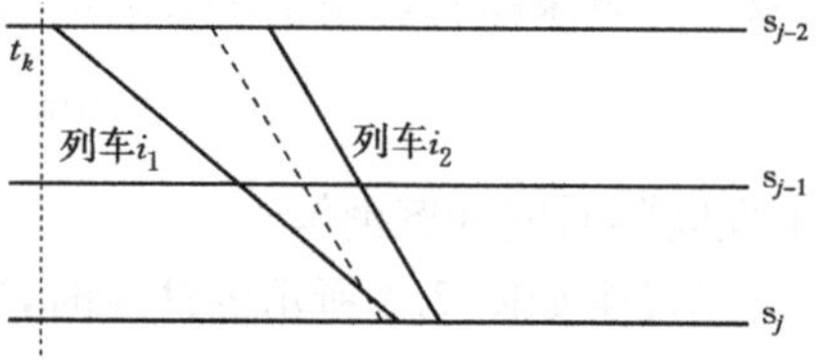

图 7.12　策略Ⅰ消解区间冲突

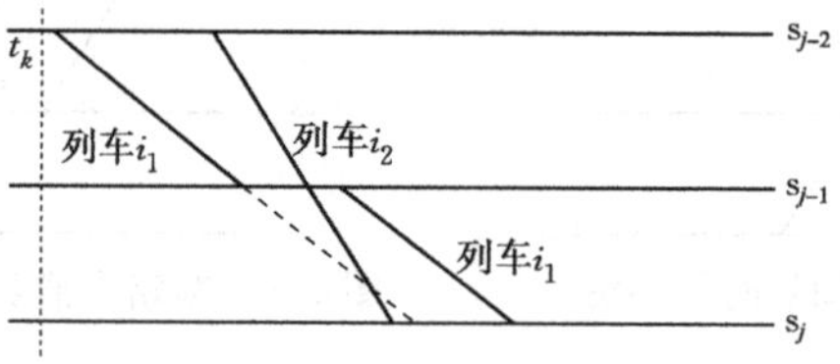

图 7.13　策略Ⅲ消解区间冲突

采用策略Ⅰ消解区间冲突时，需将列车 i_2 向右平移即可，使列车 i_2 在 q_{j-2}的运行线向右平移，保证两列车在 s_j 站满足到达间隔时间标准，列车 i_2 可在 s_j 越行列车 i_1，列车 i_2 的平移量为其调整前后在 s_j 的通过时分之差为 $\Delta T_{i2}^{1}=d_{i2}(s_{j-1})-\overline{d}_{i2}(s_{j-1})$。

采用策略Ⅲ消解区间冲突时，则需要在 q_{j-1}将列车 i_1 平移至列车 i_2 的右边，列车的平移量为 $\Delta T_{i1}^{3}=d_{i1}(s_{j-1})-d_{i2}(s_{j-1})+I_z$。$I_z$ 为发车时间间隔。

同理，分别计算两列车的区间冲突消解代价并取 $\min\{\hat{P}_{CT}^{1},\hat{P}_{CT}^{3}\}$对应的冲突消解策略为列车区间冲突消解策略。

3. 到发线运用冲突消解

某站到发线运用冲突的消解是在到发线运用不足的情况下确定合理的列车占用到发线顺序，以使冲突消解代价最小。即在 t_k 时刻有 $n_j(n_j\in \mathrm{N}^+, n_j\geqslant 1)$列车申请 s_j 的到发线，而 s_j 此时的可用到发线数 $m_j<n_j(m_j\in \mathrm{N})$。则此时必存在至少一列车需等待 s_j 的到发线空闲，设等待时间为 ΔT_i，则到发线运用冲突消解代价等于所有冲突列车的列车运行特征值、后效冲突与各自等待 s_j 到发线空闲时间乘积的加和。使到发线运用冲突消解代价最小的方案即是使各列车等待到发线空闲的代价最小，因此，车站 s_j 的到发线运用冲突消解代价 $P_{\mathrm{CT}}(s_j)=\min\sum_{i=1}^{C_{\mathrm{T}}}T_i\cdot\Delta T_i$，$C_{\mathrm{T}}$ 为等待到发线空闲的列车数。

4. 其他冲突消解

行车作业与维修作业冲突、列车运行与旅客换乘时间冲突、动车组接续时间冲突和跨线列车跨线时间冲突均是高速铁路不常见及为数不多的冲突，他们一般仅发生在特定的时间和地点，且这些冲突多为车站间隔时间冲突、区间冲突和到发线运用冲突消解并产生一定的列车运行延误后导致列车运行至特定地点或特定的时间内不能满足行车要求而产生的。因此，这些冲突是前述冲突消解的后效冲突，需要在冲突发生站或区间之前的若干个车站提前消解，这些冲突的消解均是通过对车站间隔时间冲突、区间冲突和到发线运用冲突的合理消解来实现的，而不专门研究这些冲突的消解策略。

7.3 基于最小冲突消解代价的列车运行调整模型

7.3.1 高速铁路列车运行调整的目标

正如绪论中所提到的，国外铁路由于能力富余，列车运行图冗余时间多，抗干扰能力强，对列车运行调整问题的研究主要集中在列车运行调整计划编制和列车运行图优化技术，列车运行调整方案的制定也缺乏实时数据的支撑，而是通过计算机模拟手段对可能的运行延误和调整策略进行分析，为行车指挥人员提供调整方案集。国内对列车运行调整问题的研究主要集中在列车运行实时调整模型的建立和算法设计方面，提出了基于列车正点率最高、列车晚点总时间最少、提高平均旅行速度、提高列车运行满意程度等优化目标的优化模型并设计了遗传、分支定界、神经网络、禁忌搜索等现代优化求解算法。

列车运行调整的根本目标是实现"按图行车"，保障列车安全、正点、快速、满足乘客需求运行，提供优质的运行服务质量。列车运行调整是一个需要考虑多因素、权衡多方面优化目标的 NP 问题。既有的大量列车运行调整单目标优化模型及算法均是有所侧重地进行局部寻优，模型和算法均具有一定的局限性。列车运行调整多目标优化模型及算法，综合考虑最优性和可操作性，建立列车运行调整多目标优化数学模型，并分别研究了各单目标优化下的算法，通过建立综合评价函数建立各单目标优化问题的综合优化模型。这种处理方法综合考虑了列车运行调整的综合优化问题，但计算过程较为复杂，评价函数的设计上存在较大的主观性，在实用性方面存在一定的欠缺。

本书以高速铁路列车运行冲突消解为核心，利用数学规划方法建立寻求列车运行冲突消解代价总和最小的调整方案，实现列车运行调整的全局优化，为高速铁路行车指挥提供理论支撑。

7.3.1.1 相关边界假定

在建立优化模型之前，对相关的影响因素或优化条件进行界定。

1. 单向性假设

假设所研究的高速铁路为直线型结构，研究工作只针对该线路上的某一个确定方向的调整计划的优化。在该研究方向上，线路上所涉及的车站是唯一的，且相互间具有与研究方向相同的顺序关系，即车站集合是按照线路研究方向的全序集。

2. 确定性假设

假设区段的运行线为已知，调整计划是以某个固定时间单位作为固定周期进行制定和实施，一般为 3～4 h 的阶段计划。列车的运行状态信息在实施运行调整及优化之前或运行调整实施过程中均能获得，并能保证在实施调整的短暂时间内保持不变。

3. 系统封闭性假设

假设研究问题所形成的铁路运输系统是相对封闭的，影响列车运行的天气、人为、设备等因素均视为铁路运输系统内部环境，系统状态的变化只取决于内部影响因素的变化。对于一个完整的参数集，一个确定的参数状态对应于一个确定的系统状态。

7.3.1.2 符号说明

为了后续建模方便,这里对需要用到的常量和变量予以说明。首先对模型中涉及的相关常量进行说明。

T_D^H:调整阶段内下行A类列车集合,$N_D^H=|T_D^H|$。

T_D^M:调整阶段内下行B_1类列车集合,本线速度较低的高速列车,$N_D^M=|T_D^M|$。

T_D^O:调整阶段内下行B_2类列车集合,跨线高速列车,$N_D^O=|T_D^O|$。

T_D:调整阶段内下行列车集合,有$T_D=T_D^H\cup T_D^M\cup T_D^O$,$N_D=|T_D|$。

T_U^H:调整阶段内上行A类列车集合,本线速度较高的高速列车,$N_U^H=|T_U^H|$。

T_U^M:调整阶段内上行B_1类列车集合,本线速度较低的高速列车,$N_U^M=|T_U^M|$。

T_U^O:调整阶段内上行B_2类列车集合,跨线高速列车,$N_U^O=|T_U^O|$。

T_U:调整阶段内上行列车集合,有$T_U=T_U^H\cup T_U^M\cup T_U^O$,$N_U=|T_U|$。

T:调整阶段内列车集合,因此$T=T_D\cup T_U$,$N=|T|$,$N=N_D+N_U$。

w_i:调整阶段内第i列列车的优先权值,$\forall i\in N$,满足$\sum\limits_{i\in T_D}w_i=1$,$\sum\limits_{i\in T_U}w_i=1$。

$\lambda(i)$:第i列列车类型,$\lambda(i)=1$代表A类列车,$\lambda(i)=2$代表B_1类列车,$\lambda(i)=3$代表B_2类列车,$\forall i\in N$。

θ:列车类型,$\theta=1$代表A类列车,$\theta=2$代表B_1类列车,$\theta=3$代表B_2类列车。

S_D:下行车站集合,按下行方向对各车站依次进行编号,$K_D=|S_D|$,$\mathrm{k}=1,2,\cdots,K_D$。

B_D:下行区间集合,按下行方向对各区间依次进行编号,$K_D-1=|B_D|$。

S_U:上行车站集合,按上行方向对各车站依次进行编号,$K_U=|S_U|$。

B_U:上行区间集合,按上行方向对各区间依次进行编号,$K_U-1=|B_U|$。

G_D^i:根据列车运行计划,第i列下行列车在高速铁路上的运行径路——车站表达方式,$G_D^i=\{\mathrm{KD}_1^i,\mathrm{KD}_2^i,\cdots,\mathrm{KD}_t^i,\cdots,\mathrm{KD}_{K(i)}^i\}$,$\forall i\in T_D$,$G_D^i\subseteq S_D$;$\mathrm{KD}_t^i$和$\mathrm{KD}_{K(i)}^i$分别表示根据列车运行计划,第$i$列下行列车经过的第$t$个和最后一个车站。

G_U^i:根据列车运行计划,第i列上行列车在高速铁路上的运行径路——车站表达方式,$G_U^i=\{\mathrm{KU}_1^i,\mathrm{KU}_2^i,\cdots,\mathrm{KU}_t^i,\cdots,\mathrm{KU}_{K(i)}^i\}$,$\forall i\in T_U$,$G_U^i\subseteq S_U$;$\mathrm{KU}_t^i$和$\mathrm{KU}_{K(i)}^i$分别表示根据列车运行计划,第$i$列上行列车经过的第$t$个和最后一个车站。

J_D^i:调整阶段内第i列下行列车在高速铁路上的运行径路——车站表达方式,$J_D^i=\{kd_1^i,kd_2^i,\cdots,kd_t^i,\cdots,kd_{K(i)}^i\}$,$\forall i\in T_D$,$J_D^i\subseteq S_D$;$kd_t^i$和$kd_{K(i)}^i$分别表示调整阶段内第$i$列下行列车经过的第$t$个和最后一个车站。

V_D^i:调整阶段内第i列下行列车在高速铁路上的运行径路——区间表达方式,$V_D^i=\{kkd_1^i,kkd_2^i,\cdots,kkd_t^i,\cdots,kkd_{KK(i)}^i\}$,$\forall i\in T_D$,$V_D^i\subseteq B_D$;$kkd_t^i$和$kkd_{KK(i)}^i$分别表示调整阶段内第$i$列下行列车经过的第$t$个和最后一个区间。

J_U^i:调整阶段内第i列上行列车在高速铁路上的运行径路——车站表达方式,$J_U^i=\{ku_1^i,ku_2^i,\cdots,ku_t^i,\cdots,ku_{K(i)}^i\}$,$\forall i\in T_U$,$J_U^i\subseteq S_U$;$ku_t^i$和$ku_{K(i)}^i$分别表示调整阶段内第$i$列上行列车经过的第$t$个和最后一个车站。

V_U^i:调整阶段内第i列上行列车在高速铁路上的运行径路——区间表达方式,$V_U^i=$

$kku_1^i, kku_2^i, \cdots, kku_t^i, \cdots, kku_{KK(i)}^i$，$\forall i \in T_U, V_U^i \subseteq B_U$；$kku_t^i$ 和 $kku_{KK(i)}^i$ 分别表示调整阶段内第 i 列上行列车经过的第 t 个和最后一个区间。

$t_D^{\theta,kk}$：第 θ 类下行列车在第 kk 个下行区间的最小纯运行时间，$\forall i \in T_D$，$\forall kk \in B_D$。

$t_U^{\theta,kk}$：第 θ 类上行列车在第 kk 个上行区间的最小纯运行时间，$\forall i \in T_U$，$\forall kk \in B_U$。

$\alpha_D^{\theta,kk}$：第 θ 类下行列车在第 kk 个下行车站的起车附加时间，$\forall i \in T_D$，$\forall k \in S_D$。

$\beta_D^{\theta,kk}$：第 θ 类下行列车在第 k 个下行车站的停车附加时间，$\forall i \in T_D$，$\forall k \in S_D$。

$\alpha_U^{\theta,k}$：第 θ 类上行列车在第 k 个上行车站的起车附加时间，$\forall i \in T_U$，$\forall k \in S_U$。

$\beta_U^{\theta,k}$：第 θ 类上行列车在第 k 个上行车站的停车附加时间，$\forall i \in T_U$，$\forall k \in S_U$。

$p_D^{u,v,k}$：第 u 类下行列车与第 v 类下行列车在第 k 个下行车站的出发间隔时间，$\forall i \in T_D$，$\forall k \in S_D$。

$q_D^{u,v,k}$：第 u 类下行列车与第 v 类下行列车在第 k 个下行车站的到达间隔时间，$\forall i \in T_D$，$\forall k \in S_D$。

$p_U^{u,v,k}$：第 u 类上行列车与第 v 类上行列车在第 k 个上行车站的出发间隔时间，$\forall i \in T_U$，$\forall k \in S_U$。

$q_U^{u,v,k}$：第 u 类上行列车与第 v 类上行列车在第 k 个上行车站的到达间隔时间，$\forall i \in T_U$，$\forall k \in S_U$。

$s_D^{i,k}$：第 i 列下行列车在其第 k 个下行车站最小停站时间，若第 i 列列车在第 k 个车站始发或终到时，令其最小停站时间等于 0，$\forall i \in T_D$，$\forall k \in J_D^i$。

$s_U^{i,k}$：第 i 列上行列车在其第 k 个上行车站最小停站时间，$\forall i \in T_U$，$\forall k \in J_U^i$。

F_D^k：第 k 个下行车站的到发线数，$\forall k \in S_D$。

F_U^k：第 k 个上行车站的到发线数，$\forall k \in S_U$。

L_D^{kk}：第 kk 个下行区间的天窗开始时间，$\forall kk \in B_D$。

R_D^{kk}：第 kk 个下行区间的天窗结束时间，$\forall kk \in B_D$。

L_U^{kk}：第 kk 个上行区间的天窗开始时间，$\forall kk \in B_U$。

R_U^{kk}：第 kk 个上行区间的天窗结束时间，$\forall kk \in B_U$。

$x_D^{i,k}$：第 i 列下行列车在第 k 个下行车站的计划到达时间，若第 i 列列车在第 k 个车站始发时，令其计划到达时间等于计划出发时间，$\forall i \in T_D$，$\forall k \in G_D^i$。

$y_D^{i,k}$：第 i 列下行列车在第 k 个下行车站的计划出发时间，若第 i 列列车在第 k 个车站终到时，令其计划出发时间等于计划到达时间，$\forall i \in T_D$，$\forall k \in G_D^i$。

$x_U^{i,k}$：第 i 列上行列车在第 k 个上行车站的计划到达时间，$\forall i \in T_U$，$\forall k \in G_U^i$。

$y_U^{i,k}$：第 i 列上行列车在第 k 个上行车站的计划出发时间，$\forall i \in T_U$，$\forall k \in G_U^i$。

$c_D^{i,k}$：0—1 常量，若第 i 列下行列车在第 k 个下行车站需要办理旅客业务，取为 1，否则为 0，$\forall i \in T_D$，$\forall k \in J_D^i$。

$c_U^{i,k}$：0—1 常量，若第 i 列上行列车在第 k 个上行车站需要办理旅客业务，取为 1，否则为 0，$\forall i \in T_U$，$\forall k \in J_U^i$。

$H_D^{i,K_{K(i)}^i}$：第 i 列下行跨线 B_2 类列车在到达其高速铁路衔接站（跨线点）时可允许最早到达时间，$\forall i \in T_{\mathrm{D}}^{O}$。

$Q_{\mathrm{D}}^{i,K_{K(i)}^{i}}$：第 i 列下行跨线 B_2 类列车在到达其高速铁路衔接站（跨线点）时可允许最晚到达时间，$\forall i \in T_{\mathrm{D}}^{O}$。

$H_{\mathrm{U}}^{i,K_{K(i)}^{i}}$：第 i 列上行跨线 B_2 类列车在到达其高速铁路衔接站（跨线点）时可允许最早到达时间，$\forall i \in T_{\mathrm{U}}^{O}$。

$Q_{\mathrm{U}}^{i,K_{K(i)}^{i}}$：第 i 列上行跨线 B_2 类列车在到达其高速铁路衔接站（跨线点）时可允许最晚到达时间，$\forall i \in T_{\mathrm{U}}^{O}$。

T_{C}^{i}：第 i 列车与其接续列车接续时间标准。

$T_{\mathrm{Z}}^{i,ii}$：第 i 列车与 ii 列车的旅客接续时间标准。

M：一个充分大的整数。

其次对模型中涉及的相关变量进行说明：

$X_{\mathrm{D}}^{i,k}$：第 i 列下行列车在第 k 个下行车站的实际到达时间，$\forall i \in T_{\mathrm{D}}, \forall k \in J_{\mathrm{D}}^{i}$。

$Y_{\mathrm{D}}^{i,k}$：第 i 列下行列车在第 k 个下行车站的实际出发时间，$\forall i \in T_{\mathrm{D}}, \forall k \in J_{\mathrm{D}}^{i}$。

$X_{\mathrm{U}}^{i,k}$：第 i 列上行列车在第 k 个上行车站的实际到达时间，$\forall i \in T_{\mathrm{U}}, \forall k \in J_{\mathrm{U}}^{i}$。

$Y_{\mathrm{U}}^{i,k}$：第 i 列上行列车在第 k 个上行车站的实际出发时间，$\forall i \in T_{\mathrm{U}}, \forall k \in J_{\mathrm{U}}^{i}$。

$\chi_{\mathrm{D}}^{i,j,kk}$：0－1 变量，若第 i 列下行列车在第 j 列下行列车之前进入第 kk 个下行区间，其值取为 0，否则为 1，$\forall i,j \in T_{\mathrm{D}}$ 且 $i \neq j$，$\forall kk \in V_{\mathrm{D}}^{i} \cap V_{\mathrm{D}}^{j}$。

$\chi_{\mathrm{U}}^{i,j,kk}$：0－1 变量，若第 i 列上行列车在第 j 列上行列车之前进入第 kk 个上行区间，其值取为 0，否则为 1，$\forall i,j \in T_{\mathrm{U}}$ 且 $i \neq j$，$\forall kk \in V_{\mathrm{U}}^{i} \cap V_{\mathrm{U}}^{j}$。

$\phi_{\mathrm{D}}^{i,k}$：0－1 变量，若第 i 列下行列车在第 k 个下行车站通过，取为 0，否则为 1，$\forall i \in T_{\mathrm{D}}$，$\forall k \in J_{\mathrm{D}}^{i}$。

$\phi_{\mathrm{U}}^{i,k}$：0－1 变量，若第 i 列上行列车在第 k 个上行车站通过，取为 0，否则为 1，$\forall i \in T_{\mathrm{U}}$，$\forall k \in J_{\mathrm{U}}^{i}$。

$\boxminus$：$i \boxminus j$ 表示列车 j 是列车 i 的接续列车。

7.3.1.3 高速铁路列车运行调整的优化目标

根据既有复线铁路列车运行调整优化理论方法，本节对既有研究中列车运行调整优化目标进行概要介绍和分析，并在对各优化目标优缺点进行分析的基础上，最终给出高速铁路列车运行调整优化模型的优化目标。

1. 优化目标一：正点率一

列车运行阶段调整通常追寻的目标是使各次列车正点到达调度区段终点站，也就是说，应该使得各次列车到达调度区段终点站的时间偏离图定时间尽可能的小，即

$$\min z_1 = \sum_{i \in N_{\mathrm{D}}} \left(X_{\mathrm{D}}^{i,kd_{K(i)}^{i}} - x_{\mathrm{D}}^{i,kd_{K(i)}^{i}}\right) + \sum_{i \in N_{\mathrm{U}}} \left(X_{\mathrm{U}}^{i,ku_{K(i)}^{i}} - x_{\mathrm{U}}^{i,ku_{K(i)}^{i}}\right)$$

2. 优化目标二：加权正点率一

我国高速铁路在将来一段时间内将采用本线不同速度高速列车和跨线列车共线运行的运输组织模式，各类列车对正点的要求有所不同，这里可以引入调整阶段列车优先权系数，

既能反映各种类列车的优先度,也可以间接反映调度员偏好,体现调度调整的灵活性和适应性,即

$$\min z_2=\sum_{i\in N_{\mathrm{D}}}\omega_i\left(X_{\mathrm{D}}^{i,kd^i_{K(i)}}-x_{\mathrm{D}}^{i,kd^i_{K(i)}}\right)+\sum_{i\in N_{\mathrm{U}}}\omega_i\left(X_{\mathrm{U}}^{i,ku^i_{K(i)}}-x_{\mathrm{U}}^{i,ku^i_{K(i)}}\right)$$

3. 优化目标三:正点率二

通过限定各次列车到达阶段末车站的偏离时间,尽管在整体上已经满足了列车运行调度调整的目的,特别是通过合理设置优先权系数,在一定程度上可以使得跨线列车在衔接站跨线运行时有良好的接续,为其他线路列车的正常运行提供保障;然而高速铁路上运行的都是旅客列车,各次列车不仅仅在一个车站上办理旅客业务,途中需要办理旅客业务的车站对于列车到发正点也有要求,特别是出发正点,当然根据列车运行计划,每次列车的停站方案不都相同,这里可以假定每次列车的途经到站都有到发正点要求,对正点率一目标函数进行改进,即

$$\min z_3=\sum_{i\in N_{\mathrm{D}}}\sum_{k\in J^i_{\mathrm{D}}}\left[(X_{\mathrm{D}}^{i,k}-x_{\mathrm{D}}^{i,k})^2+(Y_{\mathrm{D}}^{i,k}-y_{\mathrm{D}}^{i,k})^2\right]+\sum_{i\in N_{\mathrm{U}}}\sum_{k\in J^i_{\mathrm{U}}}\left[(X_{\mathrm{U}}^{i,k}-x_{\mathrm{U}}^{i,k})^2+(Y_{\mathrm{U}}^{i,k}-y_{\mathrm{U}}^{i,k})^2\right]$$

4. 优化目标四:加权正点率二

类似于加权正点率一,引入调整阶段列车优先权系数,对正点率二目标函数加以改进,即

$$\begin{aligned}\min z_4=&\sum_{i\in N_{\mathrm{D}}}\omega_i\sum_{k\in J^i_{\mathrm{D}}}\left[(X_{\mathrm{D}}^{i,k}-x_{\mathrm{D}}^{i,k})^2+(Y_{\mathrm{D}}^{i,k}-y_{\mathrm{D}}^{i,k})^2\right]+\\&\sum_{i\in N_{\mathrm{U}}}\omega_i\sum_{k\in J^i_{\mathrm{U}}}\left[(X_{\mathrm{U}}^{i,k}-x_{\mathrm{U}}^{i,k})^2+(Y_{\mathrm{U}}^{i,k}-y_{\mathrm{U}}^{i,k})^2\right]\end{aligned}$$

5. 优化目标五:正点率三

正点率二目标函数的另一表达方式为

$$\begin{aligned}\min z_5=&\sum_{i\in N_{\mathrm{D}}}\sum_{k\in J^i_{\mathrm{D}}}\sqrt{(X_{\mathrm{D}}^{i,k}-x_{\mathrm{D}}^{i,k})^2+(Y_{\mathrm{D}}^{i,k}-y_{\mathrm{D}}^{i,k})^2}+\\&\sum_{i\in N_{\mathrm{U}}}\sum_{k\in J^i_{\mathrm{U}}}\sqrt{(X_{\mathrm{U}}^{i,k}-x_{\mathrm{U}}^{i,k})^2+(Y_{\mathrm{U}}^{i,k}-y_{\mathrm{U}}^{i,k})^2}\end{aligned}$$

6. 优化目标六:加权正点率三

引入阶段列车优先权系数,对正点率四目标函数进行改进,即

$$\begin{aligned}\min z_6=&\sum_{i\in N_{\mathrm{D}}}\omega_i\sum_{k\in J^i_{\mathrm{D}}}\sqrt{(X_{\mathrm{D}}^{i,k}-x_{\mathrm{D}}^{i,k})^2+(Y_{\mathrm{D}}^{i,k}-y_{\mathrm{D}}^{i,k})^2}+\\&\sum_{i\in N_{\mathrm{U}}}\omega_i\sum_{k\in J^i_{\mathrm{U}}}\sqrt{(X_{\mathrm{U}}^{i,k}-x_{\mathrm{U}}^{i,k})^2+(Y_{\mathrm{U}}^{i,k}-y_{\mathrm{U}}^{i,k})^2}\end{aligned}$$

7. 优化目标七:正点率四

列车正常运行时提前到达车站的情况是很少发生的,一般情况下都是人为或不可抗因素等原因导致列车晚点,鉴于正点率二目标函数是一非线性函数,这里可以利用列车运行调整的特点,对其进行简化,即

$$\min z_7=\sum_{i\in N_{\mathrm{D}}}\sum_{k\in J^i_{\mathrm{D}}}\left[(X_{\mathrm{D}}^{i,k}-x_{\mathrm{D}}^{i,k})+(Y_{\mathrm{D}}^{i,k}-y_{\mathrm{D}}^{i,k})\right]+\sum_{i\in N_{\mathrm{U}}}\sum_{k\in J^i_{\mathrm{U}}}\left[(X_{\mathrm{U}}^{i,k}-x_{\mathrm{U}}^{i,k})+(Y_{\mathrm{U}}^{i,k}-y_{\mathrm{U}}^{i,k})\right]$$

8. 优化目标八:加权正点率四

引入阶段列车优先权系数,对正点率三目标函数进行改进,即

$$\min z_8 = \sum_{i\in N_D}\omega_i \sum_{k\in J_D^i}[(X_D^{i,k} - x_D^{i,k}) + (Y_D^{i,k} - y_D^{i,k})] + \sum_{i\in N_U}\omega_i \sum_{k\in J_U^i}[(X_U^{i,k} - x_U^{i,k}) + (Y_U^{i,k} - y_U^{i,k})]$$

9. 优化目标九:总旅行时间

高速铁路上运行的都是旅客列车,相比于 A 类列车而言,B_1 类和 B_2 类列车等级低一些,但不能按照既有线路的列车运行调整理念,通过无限制的延迟低等级列车运行,以达到高等级列车正点运行的要求。旅客对时间的敏感度强,对高速铁路进行列车调整时,需要考虑低等级列车的运行时间,可以通过以下目标函数来表示,即

$$\min z_9 = \sum_{i\in N_D}(Y_D^{i,kd^i_{K(i)}} - X_D^{i,kd^i_1}) + \sum_{i\in N_U}(Y_U^{i,ku^i_{K(i)}} - X_U^{i,ku^i_1})$$

10. 优化目标十:加权总旅行时间

同样,可以引入阶段列车优先权系数,对总旅行时间加以改进,即

$$\min z_{10} = \sum_{i\in N_D}\omega_i(Y_D^{i,kd^i_{K(i)}} - X_D^{i,kd^i_1}) + \sum_{i\in N_U}\omega_i(Y_U^{i,ku^i_{K(i)}} - X_U^{i,ku^i_1})$$

加权优化目标优于非加权目标。根据我国高速铁路的运输组织模式,高速线上需要开行多种速度、多种等级的旅客列车,各次列车在运行调整时具有不同的优先度,通过引入阶段优先权系数,区分各次列车的重要程度,体现列车运行调整的灵活性和适应性,该系数既可以根据列车等级、晚点时间、运行速度、运行里程等因素综合确定,也可以由各行车调度员根据其自身经验,凭借主观意愿予以确定。

优化目标一、二体现了在调度区段终点站的到达正点要求,但忽略了列车途经各站对旅客列车到发正点的需要;优化目标三到六尽管考虑了列车途经各站对列车到发正点的要求,但目标函数为非线性,增加了模型的复杂度,使得问题求解难以实现;优化目标七、八依据列车运行调整的成因,对优化目标三到六进行了简化,使得优化目标为线性函数,不但间接体现了车站对旅客列车到发正点的要求,而且间接体现了对旅客列车旅行时间的限制,但是没有考虑列车赶点运行、提前到达车站这一情况;优化目标九、十直接体现了对旅客列车总旅行时间的限制,但忽略列车到发正点这一关键要求。

高速铁路作为高速度、高服务频率和高准时性的优质服务品牌,其市场优势的保持需要高速铁路在列车正点率最高、列车晚点总时间最少、提高平均旅行速度、提高列车运行满意程度等优化目标方面均得到有效保障。尤其是高速铁路的服务群体中商务流占很大一部分,他们具有较高的时间价值,十分关注旅行时间的节省。因此,高速铁路列车运行调整应以节省旅客在途运行时间为主要优化目标。而旅客的在途运行时间实际是一个多目标优化的综合体现,包括使列车晚点总时间最少、列车待避时间最少、旅客换乘接续时间最短、动车组接续合理、旅客列车跨线时间合理、旅客列车的运行与综合维修天窗开设的协调等,这些优化目标正是高速铁路列车运行冲突消解的目标。

通过上述分析可知,一方面,从旅客角度来说,高速铁路列车运行调整需要保障的根本指标为旅客在途时间最少,包括实际纯乘车旅行时间和换乘时间。只有该指标得到了保障,高速铁路的速度优势才能得到充分体现,其在客运市场的竞争优势也才能得到发挥。由旅客在途时间最少衍生出来关于时间的几个指标包括:①旅客换乘接续时间最短,该指标在运

行图编制的时候已经得到优化，在运行调整时需尽量保障该指标不变差；②列车运行与维修天窗时间协调，对于全线全部运行旅客列车的高速铁路而言，绝对不允许旅客列车长时间等待天窗的情况；③跨线列车需在规定时间段内跨线，以免由于不能按时跨线而导致额外的停站时间及导致其他线路列车秩序紊乱引起的其他线路列车晚点时间，在运行调整时，可将其他列车的晚点作为调整方案优化的一个惩罚因子。另一方面，从铁路自身来说，高速铁路的列车运行调整需要尽可能避免列车运行冲突的出现，以降低行车组织复杂度，而减少列车运行冲突的出现往往是减少列车运行延误、缩短旅客在途时间的有效措施。因此，高速铁路列车运行调整的核心工作是通过合理组织列车运行，减少列车运行冲突，进而缩短旅客的在途旅行时间。

以冲突消解代价最小确定冲突消解方案的方法既考虑了旅客出行的时间需求，也考虑了铁路自身的运输组织需要。因此，本书将冲突消解代价作为高速铁路列车运行调整的目标，优化目标是使其趋于最小，即

$$\min Z=\sum_{i=1}^{N_D}\sum_{k=1}^{N_D}T_{i,k}\times\Delta T_{i,k}\times \underset{i\in T_D,ii\in T_U,k\in S_D\cup S_U}{V_{CT}^{i,k}+\sum_{ii=1}^{N_U}\sum_{k=1}^{N_U}} T_{ii,k}\times\Delta T_{ii,k}\times V_{CT}^{ii,k} \tag{7.8}$$

其中，$T_{i,k}$和$T_{ii,k}$分别为下行和上行列车i和ii分别在k站进行列车运行冲突度量过程中的列车运行特征值。

$$T_{i,k}=\sum_{s=1}^{5}V_i(a_s)\times\omega(\overline{a}_s) \tag{7.9}$$

$$T_{ii,k}=\sum_{s=1}^{5}V_{ii}(a_s)\times\omega(\overline{a}_s) \tag{7.10}$$

令$\Delta T_{i,k}$和$\Delta T_{ii,k}$分别为下行和上行列车运行偏离运行计划时间，包括到站时间偏离和离站时间偏离，则

$$\Delta T_{i,k}=|Y_D^{i,k}-y_D^{i,k}|+|X_D^{i,k}-y_D^{i,k}| \tag{7.11}$$

$$\Delta T_{ii,k}=|Y_D^{ii,k}-y_D^{ii,k}|+|X_D^{ii,k}-y_D^{ii,k}| \tag{7.12}$$

$V_{CT}^{i,k}$和$V_{CT}^{ii,k}$分别为冲突消解后下行和上行列车的后效冲突，它们是列车实际到站/离站时分的函数，是在确定了一个列车到站/离站时分后通过列车运行冲突预测得到的未来各类冲突可能性之和，即

$$V_{CT}^{i,k}=f(Y_D^{i,k})=\sum_{q}^{4}P_1(C_{Pq}^{i})+\sum_{k+1}^{S_D}\sum_{r}^{2}P_2(C_{Pr}^{i,k}) \tag{7.13}$$

$$V_{CT}^{ii,k}=f(Y_U^{i,k})=\sum_{q}^{4}P_1(C_{Pq}^{ii})+\sum_{k+1}^{S_D}\sum_{r}^{2}P_2(C_{Pr}^{ii,k}) \tag{7.14}$$

7.3.2 高速铁路列车运行调整的约束条件

与既有复线相比，高速铁路列车运行调整问题不仅需要考虑列车区间运行时间、停站时间、追踪间隔时间、天窗时间、车站到发线数等约束，还需要考虑各次旅客列车在途经需要办理旅客业务的车站的图定发车时间、动车组接续、旅客换乘、跨线列车在其到达跨线车站时的时间间隔等约束。

1. 列车区间运行时间约束

根据列车停车或通过两邻接车站，区间运行时间需要考虑列车起停车附加时分，即

$$X_{\mathrm{D}}^{i,kk+1} \geqslant Y_{\mathrm{D}}^{i,kk} + t_{\mathrm{D}}^{\lambda(i),kk} + \phi_{\mathrm{D}}^{i,kk}\alpha_{\mathrm{D}}^{\lambda(i),kk} + \phi_{\mathrm{D}}^{i,kk+1}\beta_{\mathrm{D}}^{\lambda(i),kk+1}, \forall i \in T_{\mathrm{D}}, \forall kk \in V_{\mathrm{D}}^{i} \quad (7.15)$$

$$X_{\mathrm{U}}^{i,kk+1} \geqslant Y_{\mathrm{U}}^{i,kk} + t_{\mathrm{U}}^{\lambda(i),kk} + \phi_{\mathrm{U}}^{i,kk}\alpha_{\mathrm{U}}^{\lambda(i),kk} + \phi_{\mathrm{U}}^{i,kk+1}\beta_{\mathrm{U}}^{\lambda(i),kk+1}, \forall i \in T_{\mathrm{U}}, \forall kk \in V_{\mathrm{U}}^{i} \quad (7.16)$$

式(7.15)表示第 i 列下行列车在其运行路径上的第 kk 个下行区间运行时，其到达该区间前方站的时间与从该站出发的时间间隔不得小于区间最小运行时分，如果列车在某站通过，取相应的起停车附加时分为 0；式(7.16)表示第 i 列上行列车在其运行路径上的第 kk 个上行区间运行时，其到达该区间前方站的时间与从该站出发的时间间隔不得小于区间最小运行时分。

2. 列车停站时间约束

根据列车运行计划，各列车需要在其运行径路上部分或全部车站办理旅客业务。对于各次列车而言，在其需要办理旅客业务的车站上，需要给予必要的停站时间，供旅客上下车或进行必要的技术作业，即

$$Y_{\mathrm{D}}^{i,k} \geqslant X_{\mathrm{D}}^{i,k} + s_{\mathrm{D}}^{i,k}, \forall i \in T_{\mathrm{D}}, \forall k \in J_{\mathrm{D}}^{i} \quad (7.17)$$

$$Y_{\mathrm{U}}^{i,k} \geqslant X_{\mathrm{U}}^{i,k} + s_{\mathrm{U}}^{i,k}, \forall i \in T_{\mathrm{U}}, \forall k \in J_{\mathrm{U}}^{i} \quad (7.18)$$

式(7.17)表示第 i 列下行列车在其运行路径上的第 k 个下行车站上的停留时间不得小于最小停站时间；式(7.18)表示第 i 列上行列车在其运行路径上的第 k 个上行车站上的停留时间不得小于最小停站时间。

3. 列车出发追踪间隔时间

同向相邻列车从同一车站出发时，需满足一定的出发追踪间隔时间，即

$$\text{Either } Y_{\mathrm{D}}^{i,k} \geqslant Y_{\mathrm{D}}^{j,k} + p_{\mathrm{D}}^{\lambda(j),\lambda(i),k} \quad \text{or} \quad Y_{\mathrm{D}}^{j,k} \geqslant Y_{\mathrm{D}}^{i,k} + p_{\mathrm{D}}^{\lambda(i),\lambda(j),k}; \forall i,j \in T_{\mathrm{D}}, i \neq j, \forall k \in J_{\mathrm{D}}^{i} \cap J_{\mathrm{D}}^{i} \quad (7.19)$$

$$\text{Either } Y_{\mathrm{U}}^{i,k} \geqslant Y_{\mathrm{U}}^{j,k} + p_{\mathrm{U}}^{\lambda(j),\lambda(i),k} \quad \text{or} \quad Y_{\mathrm{U}}^{j,k} \geqslant Y_{\mathrm{U}}^{i,k} + p_{\mathrm{U}}^{\lambda(i),\lambda(j),k}; \forall i,j \in T_{\mathrm{U}}, i \neq j, \forall k \in J_{\mathrm{U}}^{i} \cap J_{\mathrm{U}}^{i} \quad (7.20)$$

式(7.19)表示同向相邻第 i 列与第 j 列下行列车在其相同径路里的第 k 个下行车站出发时需满足出发追踪间隔时间；式(7.20)表示同向相邻第 i 列与第 j 列上行列车在其相同径路里的第 k 个上行车站出发时需满足出发追踪间隔时间。

通过引入决策变量 $\chi_{D}^{i,j,kk}$，$\chi_{U}^{i,j,kk}$ 可以将上述非线性约束转换为线性约束，即

$$Y_{\mathrm{D}}^{i,kk} \geqslant Y_{\mathrm{D}}^{j,kk} + p_{\mathrm{D}}^{\lambda(j),\lambda(i),kk} - (1-\chi_{\mathrm{D}}^{i,j,kk}) \cdot M, \forall i,j \in T_{\mathrm{D}}, i \neq j, \forall kk \in V_{\mathrm{D}}^{i} \cap V_{\mathrm{D}}^{j} \quad (7.21)$$

$$Y_{\mathrm{D}}^{j,kk} \geqslant Y_{\mathrm{D}}^{i,kk} + p_{\mathrm{D}}^{\lambda(i),\lambda(j),kk} - \chi_{\mathrm{D}}^{i,j,kk} \cdot M, \forall i,j \in T_{\mathrm{D}}, i \neq j, \forall kk \in V_{\mathrm{D}}^{i} \cap V_{\mathrm{D}}^{j} \quad (7.22)$$

$$Y_{\mathrm{U}}^{i,kk} \geqslant Y_{\mathrm{U}}^{j,kk} + p_{\mathrm{U}}^{\lambda(j),\lambda(i),kk} - (1-\chi_{\mathrm{U}}^{i,j,kk}) \cdot M, \forall i,j \in T_{\mathrm{U}}, i \neq j, \forall kk \in V_{\mathrm{U}}^{i} \cap V_{\mathrm{U}}^{j} \quad (7.23)$$

$$Y_{\mathrm{U}}^{j,kk} \geqslant Y_{\mathrm{U}}^{i,kk} + p_{\mathrm{U}}^{\lambda(i),\lambda(j),kk} - \chi_{\mathrm{U}}^{i,j,kk} \cdot M, \forall i,j \in T_{\mathrm{U}}, i \neq j, \forall kk \in V_{\mathrm{U}}^{i} \cap V_{\mathrm{U}}^{j} \quad (7.24)$$

4. 列车到达追踪间隔时间

同向相邻列车到达同一车站时，需满足一定的到达追踪间隔时间，即

$$\text{Either } X_{\mathrm{D}}^{i,k} \geqslant X_{\mathrm{D}}^{j,k} + q_{\mathrm{D}}^{\lambda(j),\lambda(i),k} \quad \text{or} \quad X_{\mathrm{D}}^{j,k} \geqslant X_{\mathrm{D}}^{j,k} + q_{\mathrm{D}}^{\lambda(i),\lambda(j),k}; \forall i,j \in T_{\mathrm{D}}, i \neq j, \forall k \in J_{\mathrm{D}}^{i} \cap J_{\mathrm{D}}^{i} \quad (7.25)$$

$$\text{Either } X_{\mathrm{U}}^{i,k} \geqslant X_{\mathrm{U}}^{j,k} + q_{\mathrm{U}}^{\lambda(j),\lambda(i),k} \quad \text{or} \quad X_{\mathrm{U}}^{j,k} \geqslant X_{\mathrm{U}}^{i,k} + q_{\mathrm{U}}^{\lambda(i),\lambda(j),k}; \forall i,j \in T_{\mathrm{U}}, i \neq j, \forall k \in J_{\mathrm{U}}^{i} \cap J_{\mathrm{U}}^{i} \quad (7.26)$$

式(7.25)表示同向相邻第 i 列与第 j 列下行列车在到达其相同径路里的第 k 个下行车

站时需满足到达追踪间隔时间，式(7.26)表示同向相邻第 i 列与第 j 列上行列车到达其相同径路里的第 k 个上行车站时需满足到达追踪间隔时间。

通过上述决策变量 $\chi_{D}^{i,j,kk}$，$\chi_{U}^{i,j,kk}$ 可以将上述非线性约束转换为线性约束，即

$$X_{D}^{i,kk+1}\geqslant X_{D}^{j,kk+1}+q_{D}^{\lambda(j),\lambda(i),kk}-(1-\chi_{D}^{i,j,kk})\cdot M,\forall i,j\in T_{D},i\neq j,\forall kk\in V_{D}^{i}\cap V_{D}^{j} \tag{7.27}$$

$$X_{D}^{j,kk+1}\geqslant X_{D}^{i,kk+1}+q_{D}^{\lambda(i),\lambda(j),kk}-\chi_{D}^{i,j,kk}\cdot M,\forall i,j\in T_{D},i\neq j,\forall kk\in V_{D}^{i}\cap V_{D}^{j} \tag{7.28}$$

$$X_{U}^{i,kk+1}\geqslant X_{U}^{j,kk+1}+q_{U}^{\lambda(j),\lambda(i),kk}-(1-\chi_{U}^{i,j,kk})\cdot M,\forall i,j\in T_{U},i\neq j,\forall kk\in V_{U}^{i}\cap V_{U}^{j} \tag{7.29}$$

$$X_{U}^{j,kk+1}\geqslant X_{U}^{i,kk+1}+q_{U}^{\lambda(i),\lambda(j),kk}-\chi_{U}^{i,j,kk}\cdot M,\forall i,j\in T_{U},i\neq j,\forall kk\in V_{U}^{i}\cap V_{U}^{j} \tag{7.30}$$

5. 需办理旅客业务车站发车时间约束

各旅客列车在其需要办理旅客业务的车站的发车时间不得小于图定发车时间，即

$$Y_{D}^{i,k}\geqslant y_{D}^{i,k},\forall i\in T_{D},\forall k\in J_{D}^{i},c_{D}^{i,k}=1 \tag{7.31}$$

$$Y_{U}^{i,k}\geqslant y_{U}^{i,k},\forall i\in T_{U},\forall k\in J_{U}^{i},c_{U}^{i,k}=1 \tag{7.32}$$

式(7.31)表示第 i 列下行列车在其运行调整阶段内所经某车站需办理旅客业务时，其在该站的发车时间不得小于图定发车时间；式(7.32)表示第 i 列上行列车在其运行调整阶段内所经某车站需办理旅客业务时，其在该站的发车时间不得小于图定发车时间。

6. 车站到发线数约束

同一时间内停留在某车站的列车数不得大于该站可利用的到发线数，即

$$\begin{gathered}\sum_{i\in T_{D}}M_{D}(i,j,k)\leqslant F_{D}^{k},\forall k\in J_{D}^{i}\cap J_{D}^{j}\\ M_{D}(i,j,k)=\begin{cases}1,\text{if}[X_{D}^{i,k},Y_{D}^{i,k}]\cap[X_{D}^{j,k},Y_{D}^{j,k}]\neq\varnothing\\ 0,\text{else}\end{cases}\end{gathered} \tag{7.33}$$

$$\begin{gathered}\sum_{i\in T_{U}}M_{U}(i,j,k)\leqslant F_{U}^{k},\forall k\in J_{U}^{i}\cap J_{U}^{j}\\ M_{U}(i,j,k)=\begin{cases}1,\text{if}[X_{U}^{i,k},Y_{U}^{i,k}]\cap[X_{U}^{j,k},Y_{U}^{j,k}]\neq\varnothing\\ 0,\text{else}\end{cases}\end{gathered} \tag{7.34}$$

式(7.33)表示同一时间停留在第 k 个下行车站的列车数(含通过列车)不得大于其可利用的到发线数；式(7.34)表示同一时间停留在第 k 个上行车站的列车数(含通过列车)不得大于其可利用的到发线数。

7. 动车组接续时间约束

对于两列车共用一组动车组时，为了不影响列车的正点始发，动车组担任前一运输任务的完成时间应不晚于后一运输任务列车始发时刻减去动车组必要的接续时间，即

$$X_{D}^{i,k}+T_{z}\leqslant y_{D}^{j,k},\forall i\in T_{D},\forall i\in T_{D}\cup T_{U},i\exists j \tag{7.35}$$

$$X_{U}^{i,k}+T_{z}\leqslant y_{U}^{j,k},\forall i\in T_{U},\forall i\in T_{D}\cup T_{U},i\exists j \tag{7.36}$$

8. 旅客换乘时间约束

为了保障旅客的旅行效率，尽量减少旅客的换乘等待时间，应保障有大量旅客换乘的两列车之间的接续，使列车到达车站时刻不晚于换乘列车出发时刻减去旅客必要的换乘接续时间，即

$$X_{\mathrm{D}}^{i,k}+T_c\leqslant y_{\mathrm{D}}^{j,k},\forall i\in T_{\mathrm{D}},\forall j\in T_{\mathrm{D}}\cup T_{\mathrm{U}},i\exists j \tag{7.37}$$

$$X_{\mathrm{U}}^{i,k}+T_c\leqslant y_{\mathrm{U}}^{j,k},\forall i\in T_{\mathrm{U}},\forall j\in T_{\mathrm{D}}\cup T_{\mathrm{U}},i\exists j \tag{7.38}$$

9. 跨线列车跨线时间约束

为了使得跨线 B_2 类列车与衔接线列车运营有良好的接续，不产生列车的晚点影响在线路之间的传播，实现路网列车运行的协调，跨线列车在到达高速铁路衔接站（跨线点）时的时间需要满足规定的时间间隔，即

$$H_{\mathrm{D}}^{i,K_{K(i)}^{i}}\leqslant X_{\mathrm{D}}^{i,K_{K(i)}^{i}}\leqslant Q_{\mathrm{D}}^{i,K_{K(i)}^{i}},\forall i\in T_{\mathrm{D}}^{O},K_{K(i)}^{i}\in J_{\mathrm{D}}^{i} \tag{7.39}$$

$$H_{\mathrm{U}}^{i,K_{K(i)}^{i}}\leqslant X_{\mathrm{U}}^{i,K_{K(i)}^{i}}\leqslant Q_{\mathrm{U}}^{i,K_{K(i)}^{i}},\forall i\in T_{\mathrm{U}}^{O},K_{K(i)}^{i}\in J_{\mathrm{U}}^{i} \tag{7.40}$$

式(7.39)表示第 i 列跨线 B_2 类列车在到达其高速铁路衔接站时需要满足规定的时间间隔；式(7.40)表示第 i 列上行跨线 B_2 类列车在到达其高速铁路衔接站（跨线点）时需要满足规定的时间间隔。

10. 天窗时间约束

在规定天窗时间内，列车不能进行天窗运行，即

$$X_{\mathrm{D}}^{i,kk+1}\leqslant L_{\mathrm{D}}^{kk}\cup Y_{\mathrm{D}}^{i,kk}\geqslant R_{\mathrm{D}}^{kk},\forall i\in T_{\mathrm{D}},kk\in V_{\mathrm{D}}^{i} \tag{7.41}$$

$$X_{\mathrm{U}}^{i,kk+1}\leqslant L_{\mathrm{U}}^{kk}\cup Y_{\mathrm{U}}^{i,kk}\geqslant R_{\mathrm{U}}^{kk},\forall i\in T_{\mathrm{U}},kk\in V_{\mathrm{U}}^{i} \tag{7.42}$$

式(7.41)表示第 i 列下行列车不能在第 kk 个下行区间的天窗时间内到达或出发；式(7.42)表示第 i 列上行列车不能在第 kk 个上行区间的天窗时间内到达或出发。

11. 逻辑约束

列车是否不停车通过车站时的到发时间关系为

$$Y_{\mathrm{D}}^{i,k}-X_{\mathrm{D}}^{i,k}\leqslant \phi_{\mathrm{D}}^{i,k}\cdot M,\forall i\in T_{\mathrm{D}},k\in J_{\mathrm{D}}^{i} \tag{7.43}$$

$$Y_{\mathrm{U}}^{i,k}-X_{\mathrm{U}}^{i,k}\leqslant \phi_{\mathrm{U}}^{i,k}\cdot M,\forall i\in T_{\mathrm{U}},k\in J_{\mathrm{U}}^{i} \tag{7.44}$$

7.3.3 高速铁路列车运行调整模型

前两节详细介绍了高速铁路列车运行调整问题的优化目标和约束条件，本节将在前两节的基础上建立基于冲突消解的高速铁路列车运行调整数学规划模型，并根据高速铁路上下行列车运行相互独立的特性，对模型进行简化，分析其特点，进而为下一节模型求解做准备。

7.3.3.1 高速铁路列车运行调整的数学规划模型

高速铁路列车运行调整与既有复线列车运行调整相同的是以计划运行图为基础，以列车实际运行情况为出发点，尽量恢复列车运行秩序，消解列车运行冲突，减少列车晚点损失，同时受到诸如列车区间运行时间、列车停站时间、追踪间隔时间、车站到发线数和天窗时间等约束。同时，对于高速铁路而言，由于其在动车组运用、旅客换乘接续等方面的约束，使高速铁路列车运行调整的约束更多、刚性更强。高速铁路列车运行调整的数学规划模型为：

以列车冲突消解代价最小为目标函数，即

$$\min Z=\sum_{i=1}^{N_{\mathrm{D}}}\sum_{k=1}^{N_{\mathrm{D}}}T_{i,k}\times\Delta T_{i,k}\times V_{\mathrm{CT}}^{i,k}+\sum_{ii=1}^{N_{\mathrm{U}}}\sum_{k=1}^{N_{\mathrm{U}}}T_{ii,k}\times\Delta T_{ii,k}\times V_{\mathrm{CT}}^{ii,k} \tag{7.45}$$

约束条件为

(1)列车区间运行时间约束:式(7.15)和式(7.16)。

(2)列车停站时间约束:式(7.17)和式(7.18)。

(3)列车出发追踪间隔时间约束:式(7.21)～(7.24)。

(4)列车到达追踪间隔时间约束:式(7.27)～(7.30)。

(5)需办理旅客业务车站发车时间约束:式(7.31)和式(7.32)。

(6)车站到发线数约束:式(7.33)和式(7.34)。

(7)动车组接续时间约束:式(7.35)和式(7.36)。

(8)旅客换乘时间约束:式(7.37)和式(7.38)。

(9)跨线列车跨线时间约束:式(7.39)和式(7.40)。

(10)天窗时间约束:式(7.41)和式(7.42)。

(11)逻辑约束:式(7.43)和式(7.44)。

7.3.3.2 模型特点分析

数学规划模型(7.45)是具有众多约束条件的单目标非线性混合整数规划模型,从模型可以看出,其自变量和约束条件的数量是非常大的,除了复杂性和非线性外,该模型还具有以下一些特点:

(1)目标函数是单列列车指标的和,不同列车的指标之间不存在耦合关系。对于这样的优化目标,单列列车性能指标的最优与列车整体性能指标的最优等价,采取合理的方法,对模型按列车别进行分解是可行,换句话说,这样的目标函数结构有利于对模型进行分解,为降低模型求解难度提供了可能。

(2)列车区间运行时间和列车停站时间约束均采用不等式形式,符合运行调整策略,使晚点列车尽量恢复正点。在列车运行调整过程中,通过利用运行图冗余时间改变列车区间运行时间和停站时间来使晚点列车恢复正点,或缓解列车晚点的程度是常采用的策略;区间纯运行时间和车站停站时间均采用最小值,可充分利用计划运行图弹性,尽量恢复正常行车。

(3)通过引入0—1变量,使列车出发和到达追踪间隔时间非线性约束转换为线性约束。尽管降低了过多的非线性约束给模型求解造成的困难,但与此同时,过多的0—1变量加入模型,同时加大了模型求解的难度。

(4)对于具体的列车运行调整问题,有大量冗余约束条件。在具体的运行调整阶段内,每列列车有可能只有部分运行路径在本阶段完成,由此两列列车之间也只需要考虑相应的部分约束条件即可,从这个方面来看,尽管原模型中约束条件很多,但具体到每一个具体的运行调整问题时,存在着大量的冗余约束条件,优化目标只需在需要考虑的约束条件形成的可行域里实现即可。

(5)为了确定 $T_{i,k}$ 和 $T_{ii,k}$,需确定列车运行5个状态指标的值,这5个指标中,列车等级、列车旅程完成度、列车在站停车裕度、列车区间运行裕度等4个指标在列车运行图给定之后便可得到相应列车 i 和 ii 在站 k 时的取值,在一个阶段调整计划中是一组常量。而列车正点水平指标需根据列车到站时间的正晚点情况取值,$T_{i,k}$ 和 $T_{ii,k}$ 分别是关于列车 i 和 ii 在站 k 的实际到达时间 $X_{\mathrm{D}}^{i,k}$ 和 $X_{\mathrm{U}}^{ii,k}$ 的函数。

(6)冲突消解的后效冲突是在列车到站/离站时分确定后根据冲突预测方法计算得到各

列车后续运行过程中各类冲突的总和。在进行冲突预测过程中，列车区间运行时分、停站时分、冗余时间等均在运行图确定之后即确定了。因此，冲突消解的后效冲突 $V_{\mathrm{CT}}^{i,k}$ 和 $V_{\mathrm{CT}}^{ii,k}$ 分别是关于自变量列车到发时刻的函数。其中列车到达间隔时间冲突和到发线运用冲突是列车到站时间偏差的函数，其余冲突是列车离站时间偏差的函数。

(7)列车运行冲突消解代价最小为目标函数，由于列车运行特征值及冲突消解的后效冲突均是通过迭代运算得到，其取值受行车调度员调度偏好影响小，具有较高的客观性。列车运行特征值及冲突消解的后效冲突均可通过程序化过程求得，模型的求解关键是确定合理的列车运行计划偏离时间。

7.3.3.3 模型简化

高速铁路上下行列车运行相互独立，式(7.45)可简写为以下形式：

$$\min z=W_{\mathrm{D}}C_{\mathrm{D}}X_{\mathrm{D}}+W_{\mathrm{U}}C_{\mathrm{U}}X_{\mathrm{U}}$$

$$\text{s. t.}\begin{cases}A_{\mathrm{D}}X_{\mathrm{D}}\leqslant b_{\mathrm{D}}\\A_{\mathrm{U}}X_{\mathrm{U}}\leqslant b_{\mathrm{U}}\\X_{\mathrm{D}}\geqslant 0\\X_{\mathrm{U}}\geqslant 0\end{cases}\tag{7.46}$$

式(7.46)可分解为以下两个相互独立的子规划模型：

$$\min z_1=W_{\mathrm{D}}C_{\mathrm{D}}X_{\mathrm{D}}$$

$$\text{s. t.}\begin{cases}A_{\mathrm{D}}X_{\mathrm{D}}\leqslant b_{\mathrm{D}}\\X_{\mathrm{D}}\geqslant 0\end{cases}\tag{7.47}$$

$$\min z_2=W_{\mathrm{U}}C_{\mathrm{U}}X_{\mathrm{U}}$$

$$\text{s. t.}\begin{cases}A_{\mathrm{U}}X_{\mathrm{U}}\leqslant b_{\mathrm{U}}\\X_{\mathrm{U}}\geqslant 0\end{cases}\tag{7.48}$$

显然有 $\min z=\min z_1+\min z_2$。

简化 1：由于动车组接续时间约束、旅客换乘时间约束、跨线列车跨线时间约束和天窗时间约束等 4 个约束已在目标函数的冲突消解后效冲突中予以考虑了，如果这 4 个约束条件不满足，则后效冲突中的冲突可能值大于 0，且违反约束程度越大，冲突可能值越大。在计算最小化目标函数中，不满足上述 4 个约束的解自然会被排除在可行解之外或不会是最优解。

简化 2：考虑到如果某列车需在某车站停车办理旅客业务，其起停车附加时间便需要加到相应的区间运行时间里去，据此，可以通过对列车在车站是否停车的情况进行枚举以减少 0—1 变量，同时也将列车不停车通过车站的情况考虑了进去，对列车区间运行时间约束进一步简化。

简化 3：由于高速铁路运行仅运行旅客列车，且列车在加速以及制动等动力性能方面相近，故可将各类型列车之间的到达间隔时间标准和出发间隔时间标准分别统一为 T_d(到达时间间隔)和 T_f(出发时间间隔)，将这两个时间处理成常量，降低了模型求解的复杂性。

简化 4：为了降低模型求解的复杂度，根据式(7.45)的分解形式，可仅考虑一个方向的列车运行调整问题，本书以下行方向列车运行调整为研究对象。

经过上述简化，式(7.45)经简化后得到式(7.49)。

$$\min z = \sum_{i=1}^{N_\mathrm{D}} \sum_{k=1}^{K_\mathrm{D}} T_{i,k} \left(V_{\mathrm{CT1}}^{i,k} \left| X_\mathrm{D}^{i,k} - x_\mathrm{D}^{i,k} \right| + V_{\mathrm{CT2}}^{i,k} \left| Y_\mathrm{D}^{i,k} - y_\mathrm{D}^{i,k} \right| \right) \tag{7.49}$$

$$\text{s.t.} \begin{cases}
X_\mathrm{D}^{i,kk+1} \geqslant Y_\mathrm{D}^{i,kk} + t_\mathrm{D}^{\lambda(i),kk}, c_\mathrm{D}^{i,kk}=0 \text{ 且 } c_\mathrm{D}^{i,kk+1}=0, \forall i \in T_\mathrm{D}, \forall kk \in V_\mathrm{D}^{i} & (7.50) \\
X_\mathrm{D}^{i,kk+1} \geqslant Y_\mathrm{D}^{i,kk} + (t_\mathrm{D}^{\lambda(i),kk} + \beta_\mathrm{D}^{\lambda(i),kk+1}), c_\mathrm{D}^{i,kk}=0 \text{ 且 } c_\mathrm{D}^{i,kk+1}=1, \forall i \in T_\mathrm{D}, \forall kk \in V_\mathrm{D}^{i} & (7.51) \\
X_\mathrm{D}^{i,kk+1} \geqslant Y_\mathrm{D}^{i,kk} + (t_\mathrm{D}^{\lambda(i),kk} + \alpha_\mathrm{D}^{\lambda(i),kk+1}), c_\mathrm{D}^{i,kk}=1 \text{ 且 } c_\mathrm{D}^{i,kk+1}=0, \forall i \in T_\mathrm{D}, \forall kk \in V_\mathrm{D}^{i} & (7.52) \\
X_\mathrm{D}^{i,kk+1} \geqslant Y_\mathrm{D}^{i,kk} + (t_\mathrm{D}^{\lambda(i),kk} + \alpha_\mathrm{D}^{\lambda(i),kk} + \beta_\mathrm{D}^{\lambda(i),kk+1}), c_\mathrm{D}^{i,kk}=1 \text{ 且 } c_\mathrm{D}^{i,kk+1}=1, \forall i \in T_\mathrm{D}, \forall kk \in V_\mathrm{D}^{i} & (7.53) \\
Y_\mathrm{D}^{i,k} \geqslant X_\mathrm{D}^{i,k} + s_\mathrm{D}^{i,k}, \forall i \in T_\mathrm{D}, \forall k \in J_\mathrm{D}^{i} & (7.54) \\
Y_\mathrm{D}^{i,kk} \geqslant Y_\mathrm{D}^{j,kk} + T_d - (1-\chi_\mathrm{D}^{i,j,kk}) gM, \forall i,j \in T_\mathrm{D} \text{ 且 } i \neq j, \forall kk \in V_\mathrm{D}^{i} \cap V_\mathrm{D}^{j} & (7.55) \\
Y_\mathrm{D}^{j,kk} \geqslant Y_\mathrm{D}^{i,kk} + T_d - \chi_\mathrm{D}^{i,j,kk} gM, \forall i,j \in T_\mathrm{D} \text{ 且 } i \neq j, \forall kk \in V_\mathrm{D}^{i} \cap V_\mathrm{D}^{j} & (7.56) \\
X_\mathrm{D}^{i,kk+1} \geqslant X_\mathrm{D}^{j,kk+1} + T_f - (1-\chi_\mathrm{D}^{i,j,kk}) gM, \forall i,j \in T_\mathrm{D} \text{ 且 } i \neq j, \forall kk \in V_\mathrm{D}^{i} \cap V_\mathrm{D}^{j} & (7.57) \\
X_\mathrm{D}^{j,kk+1} \geqslant X_\mathrm{D}^{i,kk+1} + T_f - \chi_\mathrm{D}^{i,j,kk} gM, \forall i,j \in T_\mathrm{D} \text{ 且 } i \neq j, \forall kk \in V_\mathrm{D}^{i} \cap V_\mathrm{D}^{j} & (7.58) \\
Y_\mathrm{D}^{i,k} \geqslant y_\mathrm{D}^{i,k}, \forall i \in T_\mathrm{D}, \forall k \in J_\mathrm{D}^{i} \text{ 且 } c_\mathrm{D}^{i,k}=1 & (7.59) \\
\chi_\mathrm{D}^{i,j,k} \in \{0,1\}, \forall i,j \in T_\mathrm{D} \text{ 且 } i \neq j, \forall k \in J_\mathrm{D}^{i} \cap J_\mathrm{D}^{j} & (7.60) \\
X_\mathrm{D}^{i,k}, Y_\mathrm{D}^{i,k} \in Z^{+}, \forall i \in T_\mathrm{D}, \forall k \in J_\mathrm{D}^{i} & (7.61) \\
M = +\infty & (7.62)
\end{cases}$$

式(7.49)中等式右边括号内前半部分表示列车到达间隔时间冲突和到发线冲突消解代价，而后半部分是其他类型冲突的消解代价。

式(7.50)～式(7.53)为列车区间运行时间约束；式(7.54)为列车停站时间约束；式(7.55)和式(7.56)为列车出发追踪间隔时间约束；式(7.57)和式(7.58)为列车到达追踪间隔时间约束；式(7.59)为需办理旅客业务发车时间约束；式(7.60)～(7.62)为变量定义域约束。

7.4 模型求解算法

本章第3节详细介绍了高速铁路列车运行调整问题的数学规划模型，根据高速铁路上下行列车运行相互干扰少的特点，将该模型分解为两个相互独立的子模型，并对下行列车运行调整问题的数学规划模型及其特点进行了分析，该模型为一非线性混合整数规划模型，现阶段难以找到精确算法可以解决这样的模型，本节将详细设计该问题的求解算法。

本书建立的基于冲突消解的高速铁路列车运行调整模型是一个多约束的单目标非线性规划模型，列车运行调整是通过检测和判定列车运行计划中的冲突，预测各类冲突的可能性，重新确定各列车在各站的到达和出发时刻，以实现列车在一定的调整方案下冲突消解代价最小。经过模型简化及相关预处理后，虽然减少了表示列车停站标识的0－1变量，降低了模型求解的难度，但其模型的求解复杂度依然非常高。常规的非线性优化方法通常是要求优化问题连续可微，一般要求初始解为可行解，且多只能计算得到局部最优解，在全局寻优方面存在严重不足。对于列车运行调整问题而言，列车到达、出发时刻为离散的，不具有连续可微特征，且不同运行计划的搜索计算为组合爆炸的。以 M 个车站 N 列车的列车运行调整问题为例，需确定的列车到发时刻数为 $2MN$ 个，将列车的到发时刻作为列车运行调整的变量，则该列车运行调整问题有 $2MN$ 个变量，其计算量非常之大，且列车运行过程中的复杂约束和运行时刻具有逻辑性强特点，因此，运用常规非线性优化技术很难构造出简单高效的高速铁路列车运行调整实用算法。

遗传算法(Genetic Algorithm，GA)是基于达尔文进化论“优胜劣汰，适者生存”的自适应随机搜索优化算法。遗传算法在求解多约束非线性规划问题方面能够发挥其全局寻优优势，在工业技术领域广泛应用，在铁路运输组织优化领域也得到了长足发展和应用。遗传算法的主要步骤依次为种群初始化、个体评价、遗传操作以及终止判断，其中种群初始化是通过遗传编码实现，个体评价是通过对种群个体目标函数值进行适应性评价得到，遗传操作包括选择、交叉和变异三项工作，终止判断是通过设定的搜索条件对算法进行终止，输出具有最大适应度的最优个体及其变量值作为最优解。

本书根据高速铁路列车运行调整的特点，设计求解列车运行调整问题基于实数编码的遗传算法(Real-coded Genetic Algorithm，RGA)。RGA 使用各列车在各站的到发时刻编码并直接进行遗传操作，无须进行特定的解码过程，降低了算法的复杂度，尤其是对于高速铁路列车运行调整这类大规模、多变量的优化问题，能够提高算法的效率。

7.4.1 种群初始化

高速铁路列车运行图编制和运行计划调整已精确到以秒为单位，确定一个列车运行调整计划，就是要重新确定式(7.49)中 $X_D^{i,k}$ 和 $Y_D^{i,k}$ 的值，即确定一系列以秒为单位的整数。在确定一个列车运行计划后，其各类列车运行冲突可能值为 0～1 之间的实数，同时列车运行特征值也是一个实数，则列车运行冲突的消解代价为实数。因此，本书采用实数编码方式对列车运行调整问题进行编码，以各列车依次在各站的到/发时刻作为种群个体的基因位取值。以一个阶段计划内 M 站 N 列车的编码为例，种群中每个个体有 $2MN$ 个基因位值，列车运行调整计划种群 $\boldsymbol{G}$ 中第 i 个个体的实数编码可用一个 1 行 $2MN$ 列的矩阵表示如下：

$$\boldsymbol{G}(i)=[a_{11}\quad d_{11}\quad a_{21}\quad d_{21}\quad \cdots a_{N1}\quad d_{N1}\quad a_{12}\quad d_{12}\cdots a_{N2}\quad d_{N2}\cdots a_{NM}\quad d_{NM}]$$

当列车 k 在 1 站始发时，有 $a_{k1}=d_{k1}$，当列车 k 在 M 站终到时，有 $a_{kM}=d_{kM}$。

规模为 NIND 的种群 $\boldsymbol{G}=[G(1),G(2),\cdots,G(i),\cdots,G(\text{NIND})]^{\text{T}}$，是一个 NIND 行 $2MN$ 列的矩阵，每一行为一个列车运行计划。

以 0:00 到某一列车到/发时刻的时间跨度作为基因位的实数值，列车的到/发时刻可以取 0～86 400 之间的整数，但为了保证初始种群可行及提高算法的收敛速度，根据列车到/发时间之间的约束关系对初始种群的取值范围进行限定，逐站产生各列车的到发时刻初始值。

由于列车运行调整是在列车偏离运行计划后进行的，对于有 N 列高速列车的调整问题初始种群个体生成分成三步：

(1)在区段起点站即站 1 的到达时刻设为计划到达时刻，如果某列车为非本区段起点站始发列车，则该列车的到达时刻设为其预计到达时刻。允许各列车在车站的最大晚点出发时间设为 3 600 s，故可以在[0,3 600]之间产生随机整数作为列车在站 1 的晚点出发延误时间，列车的出发时刻取列车到达时刻加上随机延误时间后的时刻与计划出发时刻中的较大值。

(2)列车在站 2～$M-1$ 的到达时刻依次通过前一站的出发时刻加上区间运行时分及列

车在相邻车站起停状态产生的不同起停车附加时分后得到，这样保证了列车在某车站的到达时刻必定大于相邻前一车站的时刻满足式(7.50)～式(7.53)的约束，列车的区间运行时分由计算机在列车最小区间运行时分和干扰条件下的列车最大区间运行时分之间产生一个随机运行时间。列车的起停车附加时分由列车在某站的前一车站及本站的通过/停车状态确定，且设高速列车的起停车附加时分均设为 120 s，如果是前通一后通的情况，则起停车附加时分为 0，如果列车为前通一后停或前停一后通，则起停车附加时分等于一个停车时分或一个起车时分(120 s)，如果是前停一后停的情况，则起停车附加时分的值为一个起车时分加一个停车时分(240 s)。判断列车在站是否停车的方法是：先由列车前一车站的出发时刻加上区间运行时分得到本站的列车到达时刻，本站列车的出发时刻与列车在站 1 的出发时刻产生方法相同；再根据已得到的各列车在各站的到达和出发时刻进行列车是否停站判断，假设高速铁路列车停站，则其最短停车时分为 60 s，因此如果列车在站出发时刻减去列车到达时刻的差值大于 60 s，则认为该列车在该站停车，并将相应的起停车附加时分值 T_{qt}加入到列车的到达时刻中，同时将出发时刻也加上 T_{qt}，保证列车在车站的起停车状态保持不变。

例如，列车 i 在站 3 的到达和出发时刻确定方法的伪码描述如下：

第 1 步：

列车 i 在站 3 的到达时刻＝列车 i 在站 2 的出发时刻＋列车 i 在区间 2 的最小运行时分～列车 i 在区间 2 干扰情况下的最大区间运行时分随机数

列车 i 在站 3 的出发时刻＝max(列车 i 在站 3 的到达时刻＋0～3 600 随机数，列车 i 在站 3 的计划出发时刻)

第 2 步：

a. 如果列车 i 在站 2 的到达时刻＋60≤列车 i 在站 2 的出发时刻且列车 i 在站 3 的到达时刻＋60≤列车 i 在站 3 的出发时刻(前停一后停)

列车 i 在站 3 的到达时刻＝列车 i 在站 3 的到达时刻＋240

列车 i 在站 3 的出发时刻＝列车 i 在站 3 的出发时刻＋240

b. 如果列车 i 在站 2 的到达时刻＋60≤列车 i 在站 2 的出发时刻且列车 i 在站 3 的到达时刻＋60＞列车 i 在站 3 的出发时刻(前停一后通)

列车 i 在站 3 的到达时刻＝列车 i 在站 3 的到达时刻＋120

列车 i 在站 3 的出发时刻＝列车 i 在站 3 的出发时刻＋120

c. 如果列车 i 在站 2 的到达时刻＋60＞列车 i 在站 2 的出发时刻且列车 i 在站 3 的到达时刻＋60≤列车 i 在站 3 的出发时刻(前通一后停)

列车 i 在站 3 的到达时刻＝列车 i 在站 3 的到达时刻＋120

列车 i 在站 3 的出发时刻＝列车 i 在站 3 的出发时刻＋120

d. 如果列车 i 在站 2 的到达时刻＋60＞列车 i 在站 2 的出发时刻且列车 i 在站 3 的到达时刻＋60＞列车 i 在站 3 的出发时刻(前通一后通)

列车 i 在站 3 的到达时刻＝列车 i 在站 3 的到达时刻

列车 i 在站 3 的出发时刻＝列车 i 在站 3 的出发时刻

(3)列车在区段终点站 N 的列车到达时刻产生方法与前面各站列车到达时刻产生方法

相同,如果是终到列车,则将出发时刻设为与到达时刻相同。

至此,得到了一个列车运行调整计划的遗传编码个体。若遗传算法需要的种群规模为NIND,则同理可以得到其他(NIND−1)个个体。

7.4.2 适应度函数设计

适应度函数是评价个体质量并确定是否进入遗传操作的工具和依据,高速铁路列车运行调整问题的适应度函数 Ψ 是式(7.49)中优化目标 Z 的等效度量函数,并且有 $\min Z$ 与 $\max \Psi$ 等效的特征。在遗传算法中,总是选择具有较大适应度值的个体参与遗传操作,这就保证了始终选择具有较小目标函数值的个体参与遗传操作,算法寻优过程向目标函数值最小化方向进行。

由于 RGA 仅仅通过适应度函数与目标函数发生联系,并未考虑约束条件对个体选择产生的影响,因此,对于求解有约束的本问题而言,还需考虑对列车运行调整的各约束条件进行处理,遗传算法中约束条件的处理一般有搜索空间限定法、惩罚函数法和可行解变换法。这里采用惩罚函数法对各约束进行处理,即当约束条件不满足时,在目标函数表达式中加入一个足够大的正数,例如当前代中各个体目标函数值的最大值,以增加个体的目标函数值,进而降低个体的适应度值,使该个体进入下一步遗传操作的可能性降低。

本书建立的基于冲突消解的列车运行调整模型的目标函数本身是一个基于列车运行条件约束惩罚的函数,冲突消解代价即是约束条件不满足时的惩罚因子,当约束条件不满足时,其冲突可能性越大,目标函数值越大,适应度函数值越小。该目标函数考虑的约束条件包括:

a. 列车的出发间隔时间约束和到达间隔时间违反约束的惩罚因子体现为列车出发间隔时间冲突和列车到达间隔时间冲突。

b. 区间运行时分违反约束的惩罚因子体现为区间冲突(已纳入车站间隔时间冲突)。

c. 车站到发线违反约束的惩罚因子体现为到发线运用冲突。

d. 动车组接续时间违反约束的惩罚因子体现为动车组接续时间冲突。

e. 旅客换乘时间违反约束的惩罚因子体现为旅客换乘时间冲突。

f. 跨线列车跨线时间违反约束的惩罚因子体现为跨线列车跨线时间冲突。

g. 天窗时间违法约束的惩罚因子体现为列车运行与维修天窗时间之间的冲突。

列车停站时间约束、列车在站出发时间约束在初始种群的生成过程中已有考虑,在目标函数的编程实现过程中也容易考虑,因此在适应度函数中不再另外考虑。同时,式(7.49)中优化目标考虑了列车运行状态值对列车运行调整的影响,其实质是列车随着其运行过程变化的动态重要度,列车运行特征值越大,列车越关键,对整体列车运行调整效果影响越大。因此,式(7.49)的优化目标其实是已将列车运行调整约束条件考虑进去的函数,可直接用来作为遗传算法中的目标函数值和适应度值计算的函数。

式(7.49)中计算第 i 个个体目标函数值 OPT(i)的伪码描述如下:

开始,置 i 的初值为 1,OPT(i)的初值为 0,

当 $i \leqslant$ NIND,执行下面的操作:

{

置 $j=0$，当 $j \leqslant (M-1)N$

{

$\text{OPT}(i)=\text{OPT}(i)+T(i,j)\times[\text{PDc}(i,j)+\text{CPc}(i,j)+\text{CPt}(i,j)+\text{CPs}(i,j)+\text{CPw}(i,j)]\times d_d(i,j)$

使 $j=j+1$

}

置 $j=N+1$，当 $j \leqslant MN$

{

$\text{OPT}(i)=\text{OPT}(i)+T(i,j)\times[\text{PAc}(i,j)+\text{DFc}(i,j)]\times d_a(i,j)$

使 $j=j+1$

}

使 $i=i+1$

}

结束

上述代码中的各变量均表示第 i 个个体第 j 列的元素，$T(i,j)$为各列车在各站的列车运行特征值，它由列车正点水平、列车等级、列车旅程完成度、列车车站停车裕度、列车区间运行裕度等 5 个指标计算得到，具体计算方法在第 5 章中已进行了详细阐述，这里仅分析其参数规模及其在编程过程中的数据存储方式。列车正点水平指标由每个个体在各站的到达时间偏差决定，是一个具有 MN 列的行向量。由于假设同一序号列车的列车等级在各站不变，因此其为一个具有 N 列的行向量，第 1 个元素为计划图中列车 1 的列车等级，第 N 个元素为计划图中列车 N 的列车等级。列车旅程完成度是某列车到达某站时的旅程完成度，是一个 MN 列的行向量，其中第 1 个元素为列车 1 在站 1 的旅程完成度，第 2 个元素为列车 2 在站 1 的旅程完成度，依此类推，第 MN 个元素为列车 N 在站 M 的旅程完成度。列车车站停车裕度根据列车在第 2 至第 M 站列车的停站时间冗余属性值计算得到，是一个$(M-1)N$ 列的行向量。列车区间运行裕度根据列车在第 1 至第 $M-1$ 个区间的运行时间冗余属性值计算得到，是一个$(M-1)N$ 列的行向量。因此，计算得到由所有 $T(i,j)$组成的列车运行状态特征值矩阵有 NIND 行 MN 列。

令 $\text{PAc}(i,j)$表示各列车在各站的到达间隔时间冲突预测概率，$\text{DFc}(i,j)$表示各列车到达各站时的到发线冲突预测概率，PAc 和 DFc 是表示列车在第 $2\sim M$ 站到达时刻偏离的冲突消解代价矩阵，具有 NIND 行$(M-1)N$ 列。$\text{PDc}(i,j)$表示各列车在各站的出发间隔时间冲突概率，$\text{CPc}(i,j)$表示各列车在各站的动车组接续时间冲突预测概率，$\text{CPt}(i,j)$表示各列车在各站的旅客换乘时间冲突预测概率，$\text{CPs}(i,j)$表示跨线列车在各站的跨线时间冲突预测概率，$\text{CPw}(i,j)$表示各列车在各站的天窗时间冲突预测概率。PDc、CPc、CPt、CPs 和 CPw 是表示列车在第 $1\sim(M-1)$站出发时刻偏离的冲突消解代价矩阵，具有 NIND 行$(M-1)N$ 列。$d_a(i,j)$表示各列车在各站的到达时刻偏离值，$d_d(i,j)$表示各列车在各站的出发时刻偏离值。

考虑到遗传算法工具箱中的 ranking 函数具有按照个体的目标值进行由小到大排序并返回个体适应度值列向量的作用，函数目标值越大，其对应的适应度值越小，从而可以直接在遗传算法编程中利用该函数对个体目标函数的适应度值进行度量并为选择操作奠定基础。种群中各个体的适应度值及其排序用式(7.63)计算。

$$\text{FitnV}=\text{ranking}[\text{OPT}(i)] \quad i=1,2,\cdots,\text{NIND} \tag{7.63}$$

FitnV 中的值为种群各个体目标函数对应的适应度函数的排序,代表了各个体被选择概率大小的排序。

7.4.3 遗传算子设计

RGA 通过选择算子、交叉算子和变异算子等三个算子对种群个体进行遗传操作。

1. 选择算子

在确定个体适应度后,通过选择操作选择适应度值高的个体作为父代进入子代,将其对问题解决方案相对贴近的特性遗传到下一代中,这正是遗传算法"优胜劣汰,适者生存"策略的最好体现。本书中选择算子采用精英保存策略与轮盘赌相结合的方法,将父代中列车运行冲突消解代价最小的个体按照一定的精英保留比例(如种群规模的10%)直接复制进入子代,将冲突消解代价最大的个体直接删除,其余个体按照适应度值大小占这些个体适应度值总和的比值 p_i 作为个体的被选中的概率,并计算每个个体的累积概率 q_i,在[0,1]间随机产生随机数 w,将 w 与 q_i 比较,如果 w 不小于 q_i,则第 i 个个体被选择进入子代,如此循环直到新种群个体总数达到要求为止。采用精英保存策略与轮盘赌相结合的方法进行选择操作,保证了上一代种群中冲突消解代价最小的个体进入下一代而冲突消解最大的个体不进入下一代。

2. 交叉算子

通过交叉操作,可以增加种群的多样性。对列车运行调整计划对应种群个体进行交叉,可以产生不同的列车运行秩序及停站时间组合,扩大了列车运行调整计划的寻优空间。此处采用两点交叉实现个体的交叉,但为了保证交叉后的个体列车在某站的出发时刻依然大于该站列车的到达时刻,规定交叉点仅允许在偶数位,即保证列车在某站的到达时刻和出发时刻同时与另一个体该列车在该站的到达时刻和出发时刻交叉。

3. 变异算子

为了防止算法的过早收敛,通过对个体少数基因位进行变异,克服算法早熟现象。对于列车运行调整问题而言,变异算子的作用是以一定概率选定列车的到发或出发时刻,对这些时刻进行一定步长时间的增加或减少,从而产生新的运行计划。本书采用步长为 60 s 的变异,即列车到达或出发时刻可以增加或减少 60 s,具体实现步骤及伪码如下:

Step1:随机产生一个行为种群个体数目、列为变量个数的随机数矩阵,比较该矩阵各元素与给定的变异概率的大小,如果某元素的值不大于该变异概率,则选定与该元素行列号对应的种群个体变量进行变异操作

Step2:对选定的变量进行步长为 60 的变异操作

$k=s$ 行 n 列的随机数矩阵

如果 $k(i,j)\leqslant p_m$

则 $\text{SelCh}(i,j)=\text{SelCh}(i,j)+120*(\text{rand}-0.5)$

其中 p_m 为给定的变异概率,SelCh 为参与变异的种群

7.4.4 算法流程

基于列车运行冲突消解的高速铁路列车运行调整问题遗传算法求解的基本数据输入包括列车运行计划、列车晚点信息、列车区间运行三角模糊数时间、列车车站停车三角模糊数时间、列车起停车附加时分、各类车站间隔时分，通过遗传算法求解后得到各列车在各站的到达和出发时刻是模型求解的结果。

在设计好上述遗传操作算子后，便可以对算法设计计算机程序进行求解，基于冲突消解的高速铁路列车运行调整模型遗传算法求解的流程如下：

第 1 步 采用实数编码方法对列车运行调整计划的到达和出发时刻进行编码，设置遗传参数：种群大小，最大遗传代数、选择概率、交叉概率、变异概率等。

第 2 步 计算种群各个体取各基因位列车到达、出发时刻的列车运行冲突消解代价，计算式(7.49)目标函数值并计算各个体的适应度值。

第 3 步 对种群依次进行选择、交叉、变异操作产生新的列车运行调整计划种群，对各个体再次进行目标函数值计算和适应度值计算。

第 4 步 更新遗传代数，判断是否达到算法结束条件，如果不符合则转入 Step3，否则算法结束，输出最有个体变量，即确定了列车运行调整计划。

基于冲突消解的高速铁路列车运行调整模型遗传算法的伪码描述如下：

第 1 步：设置种群规模 NIND，最大遗传代数 MAXGEN，种群精英保留比例 GGAP、种群个体的变量个数即个体长度 len、交叉概率 XOVR、变异概率 p_m，读取计划列车运行计划 P，读取列车区间运行时间三角模糊数和车站停车时间三角模糊数，包括最小区间运行时分 NR、计划区间运行时分 PR，干扰条件下列车区间运行时分 XR、最小车站停车时分 NS、计划车站停车时分 PS，干扰条件下车站停车时分 XS，生成初始种群 G，置遗传代数标志参数 gen=0。

第 2 步：计算 G 中每个个体的目标函数值 OPT(i)(列车运行冲突消解代价)，

FitV=ranking(OPT);//计算当前代个体的适应度值排序

MinValue=min(OPT);//记录当代种群中个体的最小冲突消解代价

MeanValue=mean(OPT);//记录当代种群中个体的平均冲突消解代价

MaxValue=max(OPT);//记录当代种群中个体的最大冲突消解代价

当 gen≤MAXGEN，进行以下操作

选择、复制：

选择 MinValue 对应的个体直接进入下一代种群 TCOP 中，其余个体按照轮盘赌的方法产生，直到 TCOP 中个体达到种群规模要求；

交叉操作：

随机产生 NIND/2 个 0～1 之间的随机数 r_i，若 r_i<XOVR，则随机产生两个 0～len 之间的随机数 s_{i1}、s_{i2}作为个体交叉点，如果 s_{i1}、s_{i2} 均为偶数，则将第 $2i$ 个个体和第 $2i-1$ 个个体第 s_{i1}、s_{i2}之间的变量交换，如果 s_{i1}或 s_{i2} 为基数则重新生成随机数。

变异操作：

k=rand(NIND,len);//产生一个 NIND 行 len 列的 0～1 间随机数矩阵

如果 $k(i,j)\leqslant p_m$，则 TCOP(i,j)=TCOP(i,j)+120 * (rand−0.5);//以 p_m 的概率

对 TCOP 的第 i 个个体的第 j 个到达或出发时刻进行增加 60 s 或减少 60 s 的变异操作。

在完成一次遗传操作后再进行新种群 TCOP 中每个个体的列车运行冲突消解代价后使 OPT(i)及适应度值并使遗传代数标志参数 gen 自增 1。

第 3 步:进化循环迭代至结束,输出最优个体,算法结束。

基于实数编码的高速铁路列车运行调整问题求解流程如图 7.14 所示。

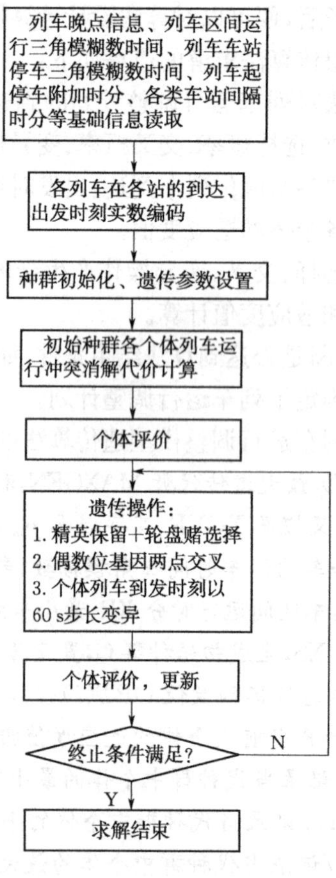

图 7.14 基于实数编码的高速铁路列车运行调整问题求解流程

7.5 算例分析

我国已投入运营的京津城际、武广高铁以及京沪高铁等线路的运营实践表明:我国高速铁路运营初期的行车间隔较大,列车运行图冗余时间大,列车运行调整弹性大,列车运行调整难度较小。但随着高速铁路客运市场的发展,高密度、大行车量必将是我国高速铁路的发展趋势,此时高效的列车运行调整模型研究是非常必要的。为了具有代表性和实用性,本书根据我国高铁的运营实践构建一个高密度列车运行调整计划的算例,并利用 matlab7.8 编写了基于列车运行冲突消解的高速铁路列车运行调整遗传算法求解程序,对含有 5 个车站、10 列车、260 km 区段的阶段计划(3 h)进行调整。

7.5.1 参数设置

1. 列车运行基本信息

车站数 $M=5$，车站序号 $m=1,2,\cdots,5$。

列车数 $N=10$，列车序号 $n=1,2,\cdots,10$。

区间数 $Q=4$，区间序号 $q=1,2,\cdots,4$。

已知一阶段计划的计划运行时刻表见表 7.1。

表 7.1 算例阶段计划的计划运行时刻

车站		列车序号									
		1	2	3	4	5	6	7	8	9	10
1	到达时刻	36000	—	—	—	37740	—	—	—	—	—
	出发时刻	36120	36480	36900	37440	37860	38340	38940	39660	40080	40920
2	到达时刻	37260	37740	38160	38760	39000	39600	40200	40980	41220	42060
	出发时刻	37260	37860	38280	39240	39000	39720	40320	41460	41220	42060
3	到达时刻	39000	39720	40140	41220	40620	41460	42180	43440	42960	43680
	出发时刻	39120	39840	40260	41760	40620	41460	42300	43980	43080	43680
4	到达时刻	40620	41220	41760	43380	42000	42720	43680	45480	44460	44940
	出发时刻	40740	41220	41880	43980	42120	42720	43680	45480	44460	44940
5	到达时刻	42000	42360	43140	45300	43380	43860	44820	46680	45600	46080
	出发时刻	—	—	—	—	—	43980	—	—	45720	—

注："—"表示列车为始发或终到列车。列车 1、5 为进入区段并在区段终点站终到的列车，列车 2、3、4、7、8、10 为区段内始发终到的列车，列车 6、9 为区段内始发在区段外终到的列车。

算例阶段计划运行图如图 7.15 所示。

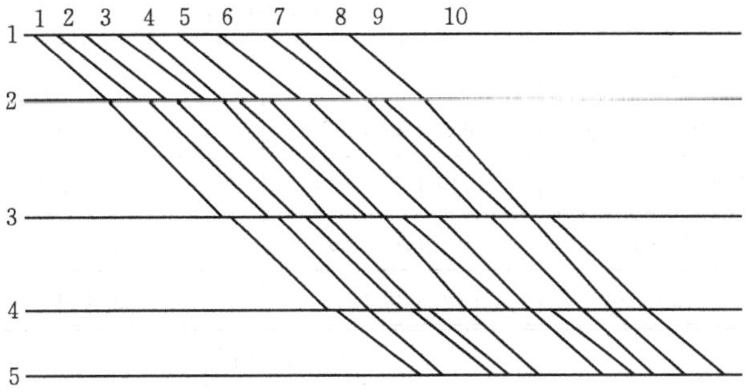

图 7.15 阶段计划运行图

各列车的列车等级属性见表 7.2，且设各列车在各站的列车等级不变。

表 7.2 各列车的等级属性值

列车序号	1	2	3	4	5	6	7	8	9	10
列车等级属性值	3	3	3	2	3	3	3	2	3	3

注："3"表示高等级高速列车，"2"表示低等级高速列车。

根据各列车运行至各站时完成的里程数占其全程的比例，计算得到各列车在各站的旅程完成度，见表 7.3。

表 7.3　各列车在各站的旅程完成度

车　站	列车在站旅程完成度									
	1	2	3	4	5	6	7	8	9	10
1	0.5	0	0	0	0.5	0	0	0	0	0
2	0.6	0.2	0.2	0.2	0.6	0.125	0.2	0.2	0.125	0.2
3	0.76	0.42	0.42	0.42	0.76	0.325	0.42	0.42	0.325	0.42
4	0.9	0.8	0.8	0.8	0.9	0.5	0.8	0.8	0.5	0.8
5	1	1	1	1	1	0.625	1	1	0.625	1

各列车运行状态指标权重：

$$w=[0.222\quad 0.451\quad 0.102\quad 0.062\quad 0.163]$$

各列车的区间运行和车站停车三角模糊数时间见表 7.4 和表 7.5。

表 7.4　各列车区间运行三角模糊数时间

区间序号	区间运行时分(s)			
	1	2	3	4
1	[900 1020 1200]	[900 1020 1200]	[900 1020 1200]	[960 1080 1260]
2	[1440 1620 1800]	[1440 1620 1800]	[1440 1620 1800]	[1500 1740 1920]
3	[1140 1260 1380]	[1140 1260 1380]	[1140 1260 1380]	[1200 1380 1500]
4	[900 1020 1200]	[900 1020 1200]	[900 1020 1200]	[960 1080 1260]

区间序号	区间运行时分(s)			
	5	6	7	8
1	[900 1020 1200]	[900 1020 1200]	[900 1020 1200]	[960 1080 1260]
2	[1440 1620 1800]	[1440 1620 1800]	[1440 1620 1800]	[1500 1740 1920]
3	[1140 1260 1380]	[1140 1260 1380]	[1140 1260 1380]	[1200 1380 1500]
4	[900 1020 1200]	[900 1020 1200]	[900 1020 1200]	[960 1080 1260]

区间序号	区间运行时分(s)	
	9	10
1	[900 1020 1200]	[900 1020 1200]
2	[1440 1620 1800]	[1440 1620 1800]
3	[1140 1260 1380]	[1140 1260 1380]
4	[900 1020 1200]	[900 1020 1200]

备注：时间区间第 1 个元素为列车区间最小运行时分，第 2 个元素为计划区间运行时分，第 3 个元素为干扰情况下的区间运行时分。

表 7.5 各列车车站停车三角模糊数时间

车站序号	车站停车时分(s)				
	1	2	3	4	5
2	[0 0 0]	[60 120 360]	[60 120 360]	[360 480 600]	[0 0 0]
3	[60 120 360]	[60 120 360]	[60 120 360]	[360 540 660]	[0 0 0]
4	[60 120 360]	[0 0 0]	[60 120 360]	[6 10 12]	[60 120 360]
5	[0 0 0]	[0 0 0]	[0 0 0]	[0 0 0]	[0 0 0]
车站序号	车站停车时分(s)				
	6	7	8	9	10
2	[60 120 360]	[60 120 360]	[360 480 600]	[0 0 0]	[0 0 0]
3	[0 0 0]	[60 120 360]	[360 540 660]	[60 120 360]	[0 0 0]
4	[0 0 0]	[0 0 0]	[0 0 0]	[0 0 0]	[0 0 0]
5	[60 120 360]	[0 0 0]	[0 0 0]	[60 120 360]	[0 0 0]

列车采用在站 5 立折的运行方式，各列车动车组接续时间见表 7.6。

表 7.6 动车组接续截止时间

	列车序号									
	1	2	3	4	5	6	7	8	9	10
动车组接续截止时间(s)	43 200	43 560	44 340	46 500	44 580	—	46 020	47 880	—	47 280

列车 5 和列车 10 在站 5 有大量客流换乘其他列车，这两列车的换乘截止期限分别为 43 980 s和 46 680 s。

跨线列车 6 和 9 在站 5 的允许跨线时间区间分别为[43 980，45 180]和[45 720，46 920]。

站 1 和站 5 为始发终到站，设到发线均足够，站 2～站 4 每站单方向均有两条到发线。

由于高速铁路天窗开设时间为 0～21 600 s，因此本算例不涉及列车运行与天窗开设时间冲突的问题。

列车起停车附加时分 $t_q=t_t=120$ s，列车到达、出发最小追踪间隔时间 $I_{min}=180$ s。

所有列车均具备利用冗余时间赶点运行的技术条件，低等级高速列车在赶点运行时在站停留时间最短为 120 s，高等级高速列车在赶点运行时在站停留时间最短为 60 s。

2. 遗传参数设置

以下为 Matlab 的输入常数参数，

种群规模 NIND=60；

变异概率 $p_m=0.03$；

最大遗传代数 MAXGEN=1 500；

个体长度 GGAP=0.9；

变异步长 $h=60$ s。

7.5.2 仿真结果分析

本书对不同序号、不同等级列车在给定晚点时间的列车运行调整计划进行了仿真，得到不同仿真情景下的调整结果。调度员需根据进入本调度区段列车的运行情况对调度区段的列车运行及列车在本调度区段运行结束时的运行质量通盘考虑，制定列车在本区段的列车运行调整计划。调度员在行车指挥过程中，关键是根据列车进入本调度区段时的晚点情况及由此重新确定的列车在调度区段起点站的次序、出发时刻的情况下保障调度区段内列车的运行质量，中间站出现晚点的情况在列车运行调整计划制定过程中仅作为区段起点站列车初始晚点纵向传播的结果。因此，本书仿真中，仅设置列车在调度区段起点站的初始晚点情况。

仿真情景一：列车 1 晚点 600 s 到达站 1

列车 1 和列车 2 在站 2 发生出发间隔时间冲突，同时在站 3 和站 4 均发生到达间隔时间冲突和出发间隔时间冲突。经过对冲突进行消解并调整列车运行计划后，得到列车运行调整计划如表 7.7 和图 7.16 所示，其列车运行冲突消解代价优化曲线如图 7.17 所示。

表 7.7 列车 1 晚点 600 s 调整计划时刻表

车站		列车序号									
		1	2	3	4	5	6	7	8	9	10
1	到达时刻	36600	—	—	—	37740	—	—	—	—	—
	出发时刻	36720	36480	36900	37440	37860	38340	38940	39660	40080	40920
2	到达时刻	37920	37740	38160	38760	39000	39600	40200	40980	41220	42060
	出发时刻	37920	38100	38280	39240	39000	39720	40320	41460	41220	42060
3	到达时刻	39540	39720	40140	41220	40620	41460	42180	43440	42960	43680
	出发时刻	39600	39840	40260	41760	40620	41460	42300	43980	43080	43680
4	到达时刻	40980	41220	41760	43380	42000	42720	43680	45480	44460	44940
	出发时刻	41040	41220	41880	43980	42120	42720	43680	45480	44460	44940
5	到达时刻	42180	42360	43140	45300	43380	43860	44820	46680	45600	46080
	出发时刻	—	—	—	—	—	43980	—	—	45720	—

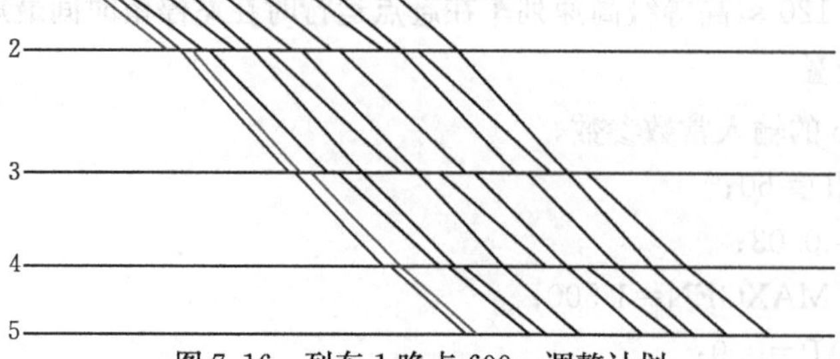

图 7.16 列车 1 晚点 600 s 调整计划

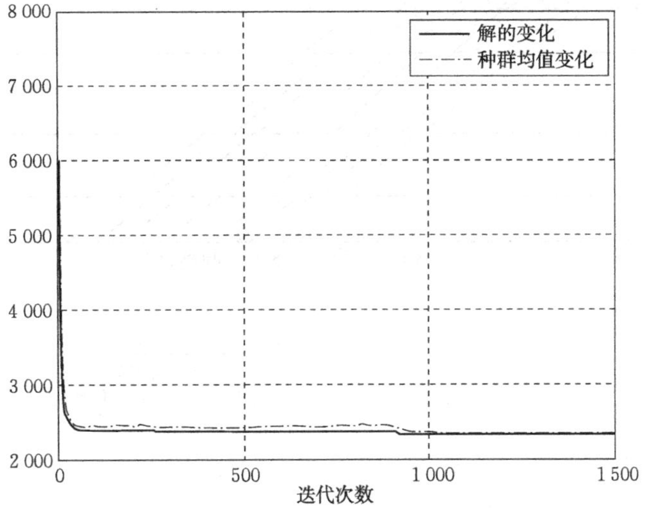

图 7.17 列车 1 晚点 600 s 列车运行冲突消解代价曲线

在列车 1 较短时间晚点时，仅通过改变列车 1 在站 1 的发车时刻及列车 2 在站 2 的发车时刻，以及使列车 1 充分利用其在区间和车站的冗余时间赶点运行，使用的策略有平移运行线和交换运行线两种单个冲突消解策略，消除了调整前的冲突，对列车 3 至 10 的运行不产生影响，得到调整计划的冲突消解代价为 2 397，所有列车终到总晚点时间减为 180 s，得到该运行结果迭代了 990 代，耗时 86 s，在实效性方面能够满足需求(电脑配置：AMD2.8GHz+2G 内存，后同)。

仿真情景二：列车 1 晚点 1 800 s 到达站 1

如果列车 1 利用冗余时间尽量减少晚点时间，则其将与列车 5 在站 1 产生出发间隔时间冲突，与列车 5 在各区间均产生区间冲突，在站 4 与列车 3 产生出发间隔时间冲突。经过对冲突进行消解并调整列车运行计划后，得到列车运行调整计划如表 7.8 和图 7.18 所示，其列车运行冲突消解代价优化曲线如图 7.19 所示。

表 7.8 列车 1 晚点 1 800 s 调整计划时刻表

车站		列车序号									
		1	2	3	4	5	6	7	8	9	10
1	到达时刻	37800	—	—	—	37740	—	—	—	—	—
	出发时刻	37920	36480	36900	37440	38100	38340	38940	39960	40080	40920
2	到达时刻	38940	37740	38160	38760	39120	39600	40200	40980	41220	42060
	出发时刻	38940	37860	38280	39300	39120	39720	40320	41460	41220	42060
3	到达时刻	40560	39720	40140	41220	40740	41460	42180	43440	42960	43680
	出发时刻	40920	39840	40260	41760	40740	41460	42300	43980	43080	43680
4	到达时刻	42300	41220	41760	43380	42000	42720	43680	45480	44460	44940
	出发时刻	42360	41220	41880	43980	42120	42720	43680	45480	44460	44940
5	到达时刻	43560	42360	43140	45300	43380	43860	44820	46680	45600	46080
	出发时刻	—	—	—	—	—	43980	—	—	45720	—

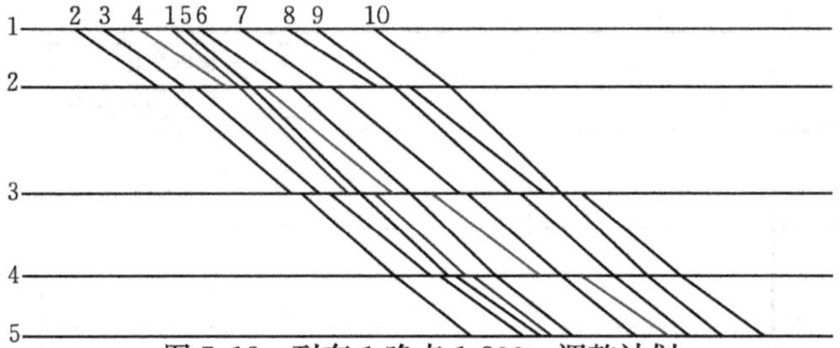

图 7.18 列车 1 晚点 1 800 s 调整计划

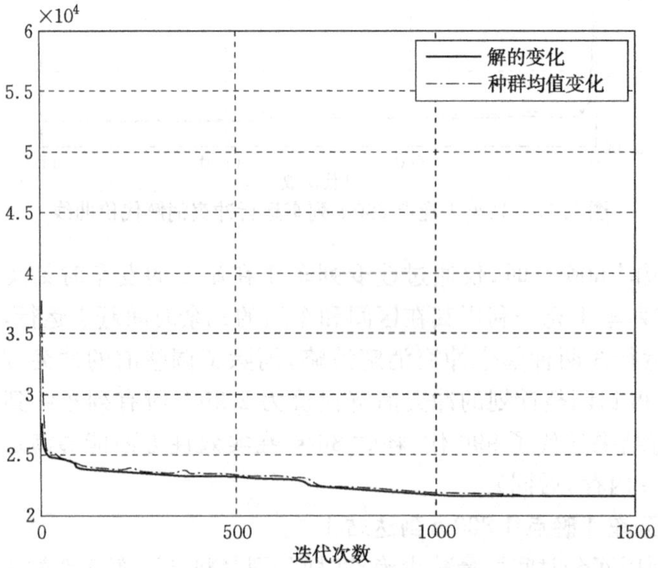

图 7.19 列车 1 晚点 1 800 s 列车运行冲突消解代价曲线

在列车 1 较长时间晚点时，列车 1 全程充分利用其在区间和车站的冗余时间赶点运行，列车 5 晚点出发 360 s，列车 4 在站 2 待避列车 1 和列车 5，列车 1 在站 3 待避列车 5，平移运行线、交换运行线和变更越行方案三种单个冲突消解策略均使用到了，消除了调整前的冲突，对其他列车的运行不产生影响，得到调整计划的冲突消解代价为 21858，所有列车终到总晚点时间减为 1 380 s，得到该运行结果迭代了 1006 代，耗时 86 s。

仿真情景三：列车 4 晚点 600 s 到达站 1(动车组就绪时间晚点)

列车 4 为低等级高速列车，在调度区段内依次被列车 5、6、7 越行。列车 4 将与列车 5 与列车 6 发生区间冲突和车站到达间隔时间冲突。经过对冲突进行消解并调整列车运行计划后，得到列车运行调整计划如表 7.9 和图 7.20 所示，其列车运行冲突消解代价优化曲线如图 7.21 所示。

表 7.9 列车 4 晚点 600 s 调整计划时刻表

车站		列车序号									
		1	2	3	4	5	6	7	8	9	10
1	到达时刻	36000	—	—	—	37740	—	—	—	—	—
	出发时刻	36120	36480	36900	38040	37860	38340	38940	39960	40080	40920

续上表

车站		列车序号									
		1	2	3	4	5	6	7	8	9	10
2	到达时刻	37260	37740	38160	39240	39000	39600	40200	40980	41220	42060
	出发时刻	37260	37860	38280	39300	39000	39720	40320	41460	41220	42060
3	到达时刻	39000	39720	40140	41220	40620	41460	42180	43440	42960	43680
	出发时刻	39120	39840	40260	41760	40620	41460	42300	43980	43080	43680
4	到达时刻	40620	41220	41760	43380	42000	42720	43680	45480	44460	44940
	出发时刻	40740	41220	41880	43980	42120	42720	43680	45480	44460	44940
5	到达时刻	42000	42360	43140	45300	43380	43860	44820	46680	45600	46080
	出发时刻	—	—	—	—	—	43980	—	—	45720	—

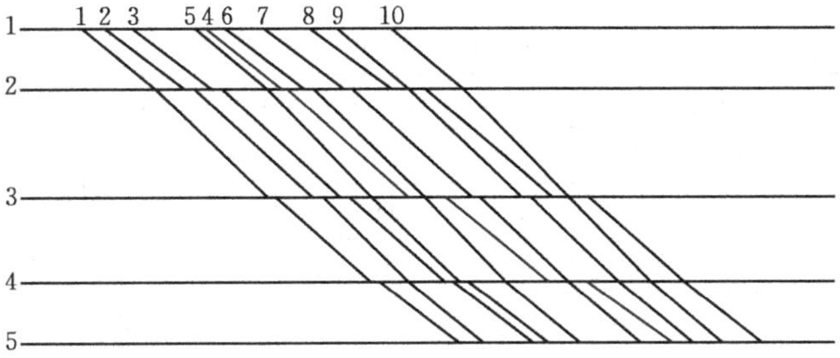

图 7.20　列车 4 晚点 600 s 调整计划

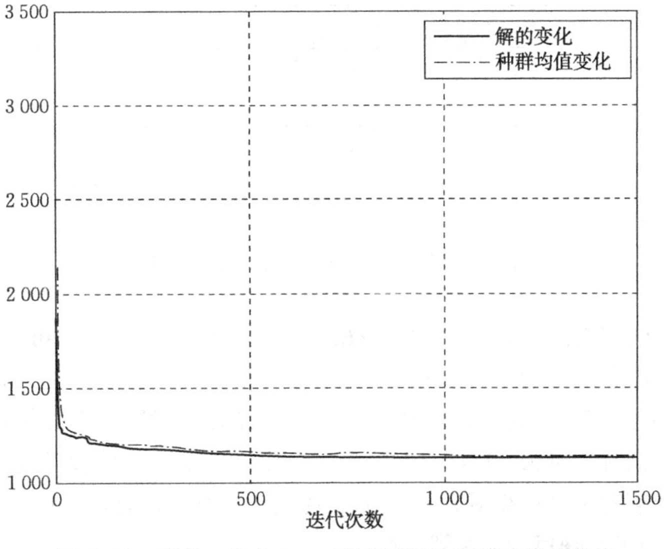

图 7.21　列车 4 晚点 600 s 列车运行冲突消解代价曲线

在列车 4 较短时间晚点时，交换列车 4 与列车 5 的运行秩序，列车 4 不再待避列车 5，从而使列车 4 在站 2 的停站时间大幅压缩，且充分利用其在区间和车站的冗余时间赶点运行，列车在站 3 便恢复正点运行，使用的策略有平移运行线和交换运行线两种单个冲突消解策略，消除了调整前的冲突，得到调整计划的冲突消解代价为1130，由于利用了列车4的大量冗余时间吸收晚点，所有列车终到总晚点时间减为0，得到该运行结果迭代了990代，耗时86 s。

仿真情景四：列车4晚点1 800 s到达站1（动车组就绪时间晚点）

列车4将与列车5与列车6发生区间冲突和车站到达间隔时间冲突。经过对冲突进行消解并调整列车运行计划后，得到列车运行调整计划如表7.10和图7.22所示，其列车运行冲突消解代价优化曲线图7.23所示。

表7.10 列车4晚点1 800 s调整计划时刻表

车站		列车序号									
		1	2	3	4	5	6	7	8	9	10
1	到达时刻	36000	—	—	—	37740	—	—	—	—	—
	出发时刻	36120	36480	36900	39240	37860	38340	38940	39960	40080	40920
2	到达时刻	37260	37740	38160	40540	39000	39600	40200	40980	41220	42060
	出发时刻	37260	37860	38280	40660	39000	39720	40320	41460	41220	42060
3	到达时刻	39000	39720	40140	42520	40620	41460	42180	43440	42960	43680
	出发时刻	39120	39840	40260	42640	40620	41460	42300	43980	43080	43680
4	到达时刻	40620	41220	41760	44080	42000	42720	43680	45480	44460	44940
	出发时刻	40740	41220	41880	44200	42120	42720	43680	45480	44460	44940
5	到达时刻	42000	42360	43140	45420	43380	43860	44820	46680	45600	46080
	出发时刻	—	—	—	—	—	43980	—	—	45720	—

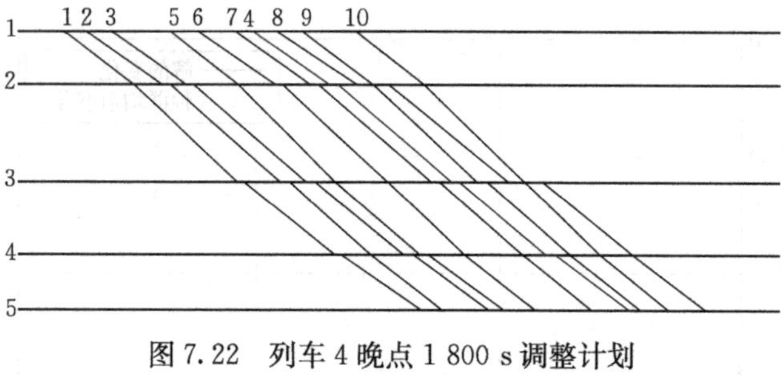

图7.22 列车4晚点1 800 s调整计划

在列车4较长时间晚点时，需使列车4在列车7后出发，列车4不再待避列车5、6、7，从而使列车4在各站的停站时间大幅压缩，且充分利用其在区间和车站的冗余时间赶点运行，使用的策略有平移运行线和交换运行线两种单个冲突的消解策略，消除了调整前的冲突，得到调整计划的冲突消解代价为14378，由于利用了列车4的大量冗余时间吸收晚点，所有列车终到总晚点时间减为120 s，得到该运行结果迭代了1000代，耗时84 s。

仿真情景五：列车5晚点600 s到达站1

如果列车5在晚点出发情况下采用利用冗余时间赶点运行策略，则将与列车6在区间1发生区间冲突，与列车4在区间2发生区间冲突。经过对冲突进行消解并调整列车运行计划后，得到列车运行调整计划如表7.11和图7.24所示，其列车运行冲突消解代价优化曲线如图7.17所示。

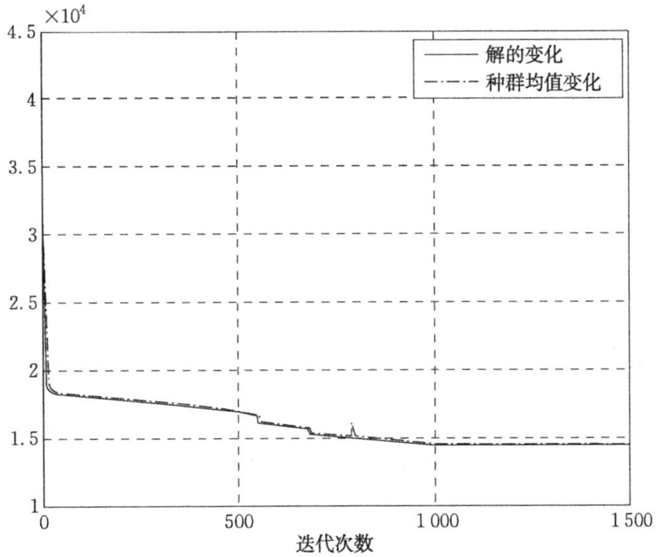

图 7.23　列车 4 晚点 1 800 s 列车运行冲突消解代价曲线

表 7.11　列车 5 晚点 600s 调整计划时刻表

车站		列车序号									
		1	2	3	4	5	6	7	8	9	10
1	到达时刻	36000	—	—	—	38340	—	—	—	—	—
	出发时刻	36120	36480	36900	37440	38400	38580	38940	39660	40080	40920
2	到达时刻	37260	37740	38160	38760	39420	39720	40200	40980	41220	42060
	出发时刻	37260	37860	38280	39600	39420	39780	40320	41460	41220	42060
3	到达时刻	39000	39720	40140	41340	40860	41520	42180	43440	42960	43680
	出发时刻	39120	39840	40260	41760	40860	41520	42300	43980	43080	43680
4	到达时刻	40620	41220	41760	43380	42120	42720	43680	45480	44460	44940
	出发时刻	40740	41220	41880	43980	42180	42720	43680	45480	44460	44940
5	到达时刻	42000	42360	43140	45300	43380	43860	44820	46680	45600	46080
	出发时刻	—	—	—	—	—	43980	—	—	45720	—

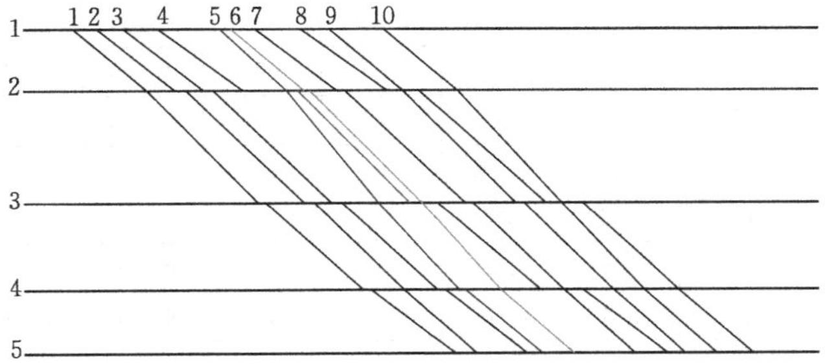

图 7.24　列车 5 晚点 600 s 调整计划

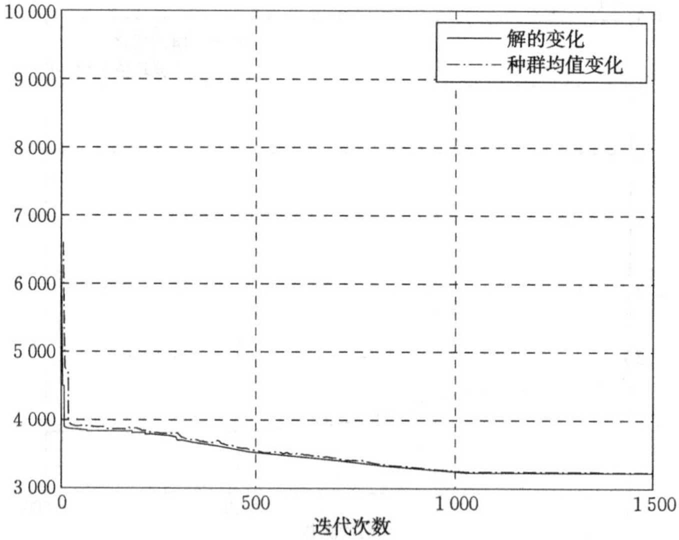

图 7.25　列车 5 晚点 600 s 列车运行冲突消解代价曲线

在列车 5 较短时间晚点时，通过增加列车 4 在站 2 的停站时间 360 s 待避列车 5，消除列车 4 和列车 5 之间的区间冲突，为列车 5 赶点运行提供条件。同时列车 6 晚点 240 s 出发，消除与列车 5 之间的区间冲突，并使列车 6 适当利用冗余时间，列车 6 在站 4 可恢复正点，主要采用的是平移运行线单个冲突消解策略，消除了调整前的冲突，得到调整计划的冲突消解代价为 3177，所有列车终到总晚点时间减为 0，得到该运行结果迭代了 1020 代，耗时 85 s。

仿真情景六：列车 5 晚点 1 800 s 到达站 1

如果列车 5 在晚点出发情况下采用利用冗余时间赶点运行策略，则将与列车 8 在站 1 发生出发间隔时间冲突，与列车 7 在区间 2 发生区间冲突，与列车 4 在区间 3 发生区间冲突。经过对冲突进行消解并调整列车运行计划后，得到列车运行调整计划如表 7.12 和图 7.26所示，其列车运行冲突消解代价优化曲线如图 7.27 所示。

表 7.12　列车 5 晚点 1 800 s 调整计划时刻表

车站		列车序号									
		1	2	3	4	5	6	7	8	9	10
1	到达时刻	36000	—	—	—	39540	—	—	—	—	—
	出发时刻	36120	36480	36900	37440	39600	38340	38940	39780	40080	40920
2	到达时刻	37260	37740	38160	38760	40620	39600	40200	40980	41220	42060
	出发时刻	37260	37860	38280	39240	40620	39720	40320	41460	41220	42060
3	到达时刻	39000	39720	40140	41220	42060	41460	41880	43440	42960	43680
	出发时刻	39120	39840	40260	41760	42060	41460	42300	43980	43080	43680
4	到达时刻	40620	41220	41760	43200	43380	42720	43680	45480	44460	44940
	出发时刻	40740	41220	41880	43980	43440	42720	43680	45480	44460	44940
5	到达时刻	42000	42360	43140	45300	44580	43860	44820	46680	45600	46080
	出发时刻	—	—	—	—	—	43980	—	—	45720	—

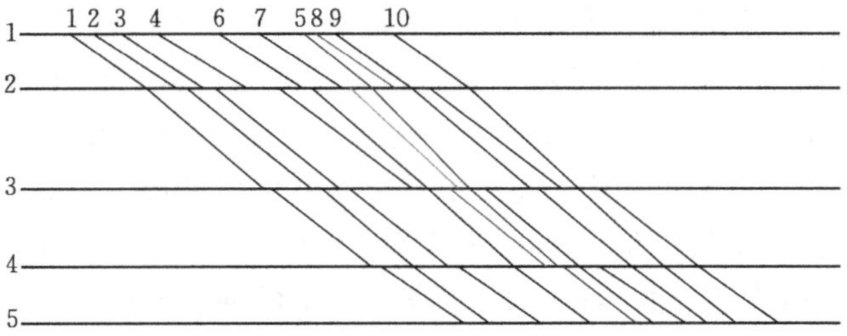

图 7.26 列车 5 晚点 1 800 s 调整计划

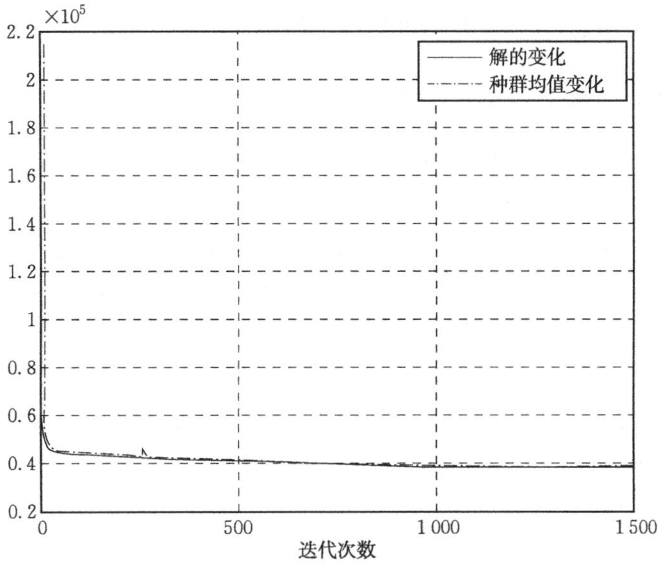

图 7.27 列车 5 晚点 1 800 s 列车运行冲突消解代价曲线

在列车 5 较长时间晚点时，利用其冗余时间赶点运行，同时在区间 3 列车 4 赶点运行从而实现在站 4 待避列车 5，列车 8 晚点 120 s 出发消除与列车 5 的出发间隔时间冲突，列车 7 在区间 2 赶点运行从而实现在站 3 待避列车 5。主要采用的是平移运行线、变更停站和越行方案两种单个冲突消解策略，消除了调整前的冲突，得到调整计划的冲突消解代价为 39470，所有列车终到总晚点时间减为 1 200 s，得到该运行结果迭代了 1011 代，耗时 96 s。

通过对不同类型列车不同程度晚点的仿真可以看出：

(1)列车在一定程度内的晚点能够由列车自身及列车群间的冗余时间吸收，列车 4 相对于列车 1 和列车 5 的冗余时间要多，在相同程度晚点的情况下，列车 4 的冲突消解代价要小，其恢复正点运行的能力要强，冗余时间对于消除潜在的列车运行冲突效果明显。

(2)在相同程度晚点的情况下，高等级高速列车较低等级高速列车所引起的冲突消解代价要大。

(3)列车晚点程度越大，其与其他列车的列车运行冲突可能性越大，其冲突消解代价越大。

(4)本书仿真中列车 1 没有考虑与其前行列车的相互影响和制约，其冲突消解代价相对于列车 5 来说要小，说明列车群间列车之间的相互制约关系越强，列车之间的冲突可能性越大，列车运行调整的难度越大。

(5)由于列车运行干扰的累积效应和晚点的传播，后行列车的晚点及冲突可以看作是当前列车运行调整的冲突消解代价，在列车运行调整建模时已经考虑了多列车的干扰晚点。如仿真情景二中，为了调整列车 1，而使列车 4 增加在站停留时间而晚点出发、列车 5 始发晚点出发，列车 4 和列车 5 的晚点作为列车 1 的冲突消解代价进行了考虑，在制定列车运行调整计划时，选择使总冲突消解代价最小的方案作为最优方案。且列车运行计划的调整和兑现是随着时间推移而依次进行的，对于两列及两列以上的晚点列车的调整，将后行晚点列车的调整作为前行晚点列车调整的冲突消解代价进行了考虑，后行列车的调整均可看作是前行单列车调整的代价，这样可以避免对列车运行计划反复调整，降低计算复杂度。因此，对于多列车的晚点调整问题，其实质是本书所提出的单列车运行调整问题。

7.6 列车运行调整计划评价系统

本章第 5 节编制的 matlab 仿真程序能够计算各列车运行调整计划下的冲突消解代价，对上述 matlab 仿真程序可视化编译后，与语言混合编程，得到了“列车运行调整计划评价系统”，可以实现对调整计划的评价及对行车调度员行车指挥质量的考核。

“列车运行调整计划评价系统”由列车运行特征值计算、列车运行冲突预测、列车运行冲突消解代价计算三个模块组成，其系统构成如图 7.28 所示。其中，列车运行特征值计算模块根据各列车到达各站时的实时状态计算得到各列车的当前列车运行状态，列车运行冲突预测模块根据列车当前的运行状态计算列车未来发生各类冲突的可能性，列车运行冲突消解代价计算模块以前两个模块的结果作为输入信息计算当前列车运行调整计划消解各冲突的代价。

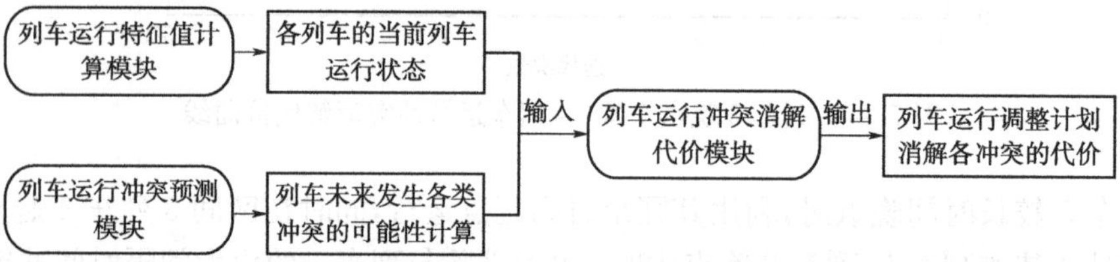

图 7.28 “列车运行调整计划评价系统”构成

“列车运行调整计划评价系统”读入给定的列车运行计划(需要评价的列车运行调整计划)，能够迅速计算出该列车运行计划的冲突消解代价值并显示运行图计划时刻和当前调整计划的列车到发时刻。该系统界面如图 7.29～图 7.32 所示。

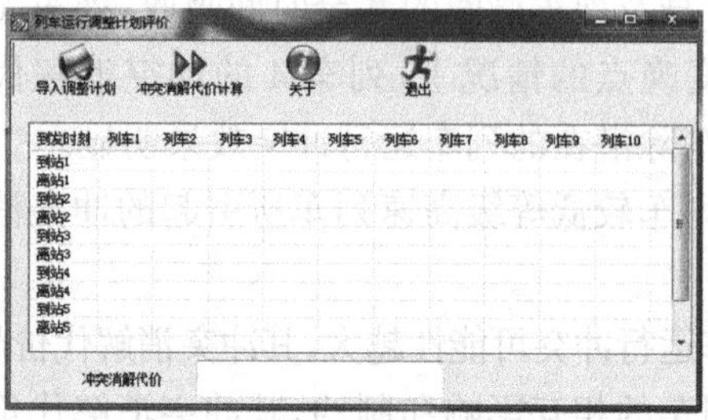

图 7.29 系统界面一

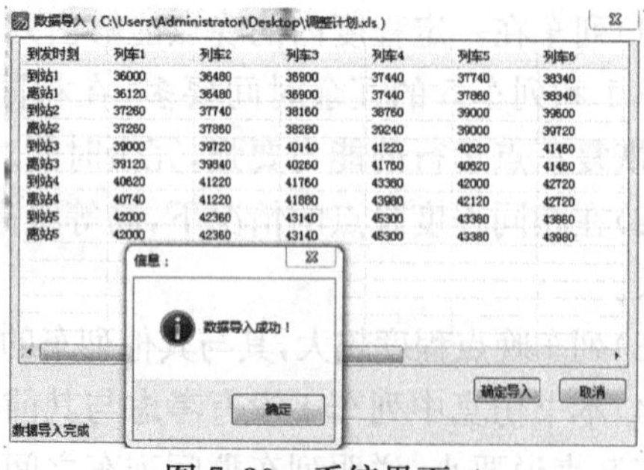

图 7.30 系统界面二

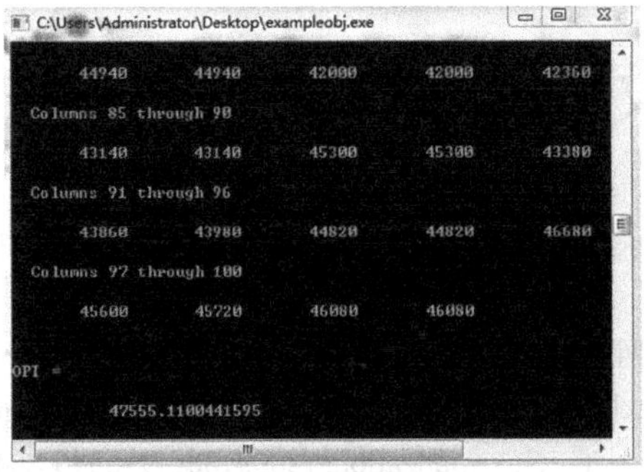

图 7.31　系统界面三

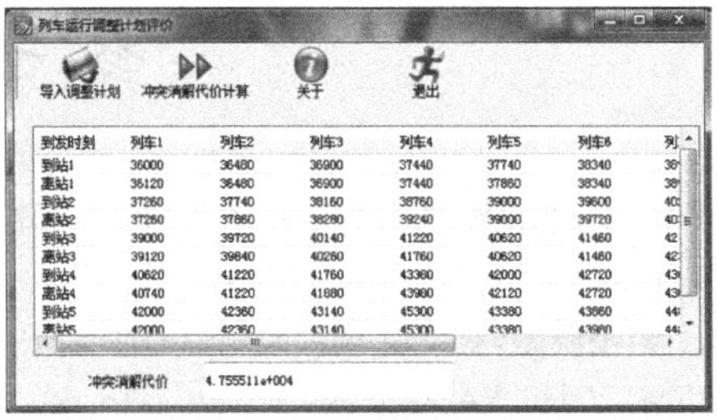

图 7.32　系统界面四

例如，对于仿真情景六，有如表 7.13 和图 7.33 所示的另一列车运行调整计划，在列车 5 较长时间晚点时，尽量不改变其他列车的运行时间及次序，仅使列车 8 晚点 120 s 出发消除与列车 5 的出发间隔时间冲突，列车 5 追踪列车 7 运行，列车 7 不待避列车 5。主要采用的是平移运行线单个冲突的消解策略，消除了调整前的冲突，得到调整计划的冲突消解代价 OPT 值为 47555，由于受其他列车运行制约，列车 5 不能利用冗余时间赶点运行，反而使所有列车终到总晚点时间增加为 1 920 s。很显然，本调整计划的冲突消解代价要远大于最优调整计划。

表 7.13　列车 5 晚点 1 800 s 调整计划时刻表 2

车站		列车序号									
		1	2	3	4	5	6	7	8	9	10
1	到达时刻	36000	—	—	—	39540	—	—	—	—	—
	出发时刻	36120	36480	36900	37440	39600	38340	38940	39780	40080	40920
2	到达时刻	37260	37740	38160	38760	40620	39600	40200	40980	41220	42060
	出发时刻	37260	37860	38280	39240	40620	39720	40320	41460	41220	42060
3	到达时刻	39000	39720	40140	41220	42480	41460	42180	43440	42960	43680
	出发时刻	39120	39840	40260	41760	42480	41460	42300	43980	43080	43680
4	到达时刻	40620	41220	41760	43380	44160	42720	43680	45480	44460	44940
	出发时刻	40740	41220	41880	43980	44220	42720	43680	45480	44460	44940
5	到达时刻	42000	42360	43140	45180	45300	43860	44820	46680	45600	46080
	出发时刻	—	—	—	—	—	43980	—	—	45720	—

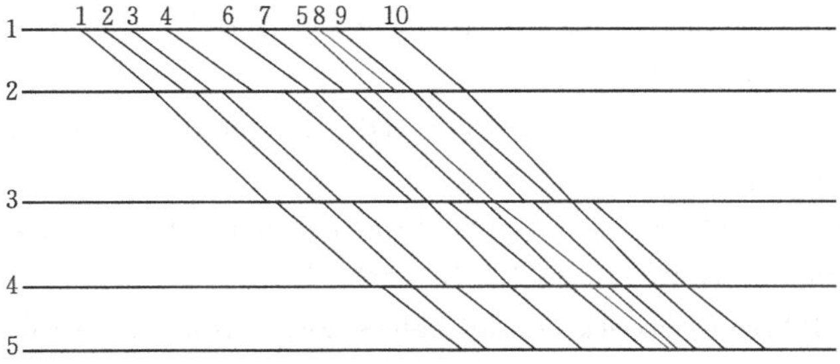

图 7.33　列车 5 晚点 1 800 s 调整计划(2)

参 考 文 献

[1] 彭其渊，文超，闫海峰.提速战略对我国铁路运输发展的带动作用[J].西南交通大学学报，2008，43(6)：685-691.

[2] 李云峰，凌晓冬，武小悦.调度问题中的冲突研究[J].网络与信息技术，2007，26(6)：41-43.

[3] CHENG Y H, YANG L A . A fuzzy petri nets approach for railway traffic control in case of abnormality: Evidence from Taiwan railway system[J]. Expert systems with applications, 2009, 36(4): 8040-8048.

[4] 肖龙文，谢如鹤.单线区段列车运行图的自动化调整方法[J].交通运输工程学报，2004，4(3)：25-29.

[5] 罗晴，金福才，胡思继.列车运行调整问题的分解协调计算模型[J].北京交通大学学报，2004，28(6)：87-89.

[6] 陈彦如，彭其渊，蒋阳升.复线列车运行调整满意优化模型研究[J].铁道学报，2003，25(3)：8-12.

[7] 王正彬，杜文.铁路双线自动闭塞区段列车运行调整模型及其遗传算法[J].铁道运输与经济，2004，26(6)：61-63.

[8] CHANG S C, CHUNG Y C. From timetabling to train regulation: a new train operation model[J]. Information and software technology, 2005, 47(9): 575-585.

[9] YAKOOB S M, SHERALI. Mixed-integer programming models for an employee scheduling problem with multiple shifts and work locations[J]. Annals of operations research, 2007, 155 (1): 119-142.

[10] SZPIGEL B. Optimal train scheduling on a single line railway[J]. Operations research. 1973, 7(2): 344-351.

[11] HARKER P T. Use of advanced train control system in scheduling and operating railroads: models, algorithms, and applications[J]. Transportation research record, 1990, 1263: 101-110.

[12] ASTREE. Real-time train supervision will complement ETCS development [J]. Railway gazette international, 1994, 17(9): 15-18.

[13] HOLM H, REINHARD K, PETER S. SIMIS FFB from Siemens for the German railways[J]. Rail signaling and telecommunication. 1999, (4): 46-49.

[14] BLOOMFIELD R. Fundamentals of European rail traffic management system (ERTMS)[J]. Railway signalling and control systems, 2006, 5(9): 165-184.

[15] BENDFELDT J P, MOHR U, MULLER L. Railsys, a system to plan future railway needs [J]. Computer in railways VII, 2000(50): 249-255.

[16] RENKEMA M, VAS V H. TRACE supervision system for dispatching and passenger information[J]. Computers in railways VII, 1996(18) : 247-256.

[17] GOVERDE R M P. Punctuality of railway operations and timetable stability analysis[D]. Delft: Delft University of Technology, 2005.

[18] YUAN J. Stochastic modelling of train delays and delay propagation in stations [D]. Delft: Delft University of Technology, 2006.

[19] YUAN J, HANSEN I A. Optimizing capacity utilization of stations by estimating knock-on train delays [J]. Transportation research Part B, 2007, 41(2): 202-217.

[20] GOVERDE R M P. Railway timetable stability analysis using max-plus system theory [J]. Transportation research Part B, 2007, 41(2): 179-201.

[21] HANSENI A. 荷兰铁路最新研究成果[J].中国铁道科学，2002，23(6)：1-14.

[22] 周磊山,秦作睿.列车运行计划与调整的通用算法及其计算机实现[J].铁道学报,1994,16(3):56-65.

[23] ALEXANDER F. A fuzzy knowledge-based system for railway traffic control system[J]. Engineering applications of artificial intelligence, 2000,13:719-729.

[24] CHENG Y. Optimal train traffic rescheduling simulation by a knowledge based system combined with critical path method [J]. Simulation practice and theory, 1996,4(6):399-413.

[25] HALLOWELL S, HARKER P. Predicting on-time performance in scheduled railroad operations: Methodology and application to train scheduling [J]. Transport research Part A,1998,32(4):279-295.

[26] MOZZARELLA M. A traffic management system for real-time traffic optimization in railways[J]. Transportation research Part B,2007,41(2):246-274.

[27] GOODMAN C, TAKAGI R. Dynamic rescheduling of trains after disruption [J]. Computers in railways IX, 2004(74):765-774.

[28] OH S M, HONG S H, CHOI I C. Railway conflict detection and resolution in the Korean railway system [J]. Computers in railways IX, 2004(74): 675-684.

[29] ADENSO D, GONZALEZ M, GONZALEZ T P. Online timetable rescheduling in regional train services[J]. Transportation research Part B,1999,33(6):387-398.

[30] D' ARIANO A, PRANZO M, HANSEN I A. Conflict resolution and train speed coordination for solving real-time timetable perturbations[J]. IEEE transactions on intelligent transportaion systems, 2007, 8(2): 208-222.

[31] D'ARIANO A, ALBRECHT T. Running time re-optimization during real-timetimetable perturbations [J]. Computers in railways X,2006(88): 531-540.

[32] JACOBS J. Reducing delays by means of computer aided on-the-spot rescheduling[J]. Computers in railways IX, 2004(74): 603-612.

[33] PARDALOS P, RESENDE G. Handbook of applied optimization[M]. New York: Oxford University Press, 2002.

[34] THOMAS A. The influence of anticipating train driving on the dispatching process in railway conflict situations[J]. Networks and spatial economics,2009,9(1): 85-101.

[35] RODRIGUEZ J. A constraint programming model for real-time trains scheduling at junctions [J]. Transportation research Part B,2007,41(2):231-245.

[36] D'ARIANO A, PACCIARELLI D, PRANZO M A. Branch and bound algorithm for scheduling trains in a railway network[J]. European journal of operational research,2007,183(2):643-657.

[37] YU C. Hybrid simulation for resolving resource conflicts in train traffic rescheduling [J]. Computers in industry, 1998,35(3):233-246.

[38] SAHIN I. Railway traffic control and train scheduling based on inter-train conflict management[J]. Transportation research Part B, 1999,33(7):511-534.

[39] JOVANOVIC D, HARKER P. Tactical scheduling of rail operations: the SCAN Ⅰ system[J]. Transportation science, 1991,25(1):46-64.

[40] 郭治国.列车调度中的阶段计划自动调整[J].铁道运输与经济,2006,3:78-80.

[41] 聂磊,张星臣,赵鹏,等.高速铁路列车运行计划调整策略的研究[J].铁道学报,2001,23(4):1-6.

[42] 宋钢.欧洲铁路运输管理系统(ERTMS)在德国铁路的运用现状[J].中国铁路,2003,11:57-59.

[43] 史峰,黎新华,秦进,等.单线列车运行调整的最早冲突优化方法[J].中国铁道科学,2005,26(1):106-113.

[44] 周磊山.计算机编制列车运行调整计划的理论与方法研究[D].北京:北方交通大学,1994.

[45] 刘皓玮.行车指挥系统的 Petri 网建模与列车运行调整的遗传优化的研究[D].北京:铁道科学研究院,2000.
[46] 周伟.基于 DEDS 模型预测的高速列车群运行调整新方法研究[D].西安:西安交通大学,1997.
[47] 陈军华.基于稳定性的客运专线列车运行图编制与评价问题研究[D].北京:北京交通大学,2009.
[48] 黄士哲.高速铁路列车冲突解决及绩效评价的研究[D].台南:成功大学,2001.
[49] 安利平,吴育华,仝凌云.基于粗糙集理论的冲突分析和谈判模型[J].北京科技大学学报,2002,24(1):91-95.
[50] 孟波,凌文,王浣尘.用于冲突分析的决策理论与方法[J].决策借鉴,1993,4:35-37.
[51] 曾庆良,万丽荣.并行工程中的资源与决策冲突消解策略及评价[J].山东科技大学学报(自然科学版),2006, 25(3):20-24.
[52] 刘婷,崔杜武.一种基于冲突消解的资源分配算法[J].西安理工大学学报, 2006,22(3):294-296.
[53] 曹春平.基于多 Agent 和 Petri 图的车间冲突消解研究[J].现代制造工程,2006,4:30-32.
[54] 胡苏.基于 MAS 的群体冲突模型与动态预测[D].广州:中山大学,2007.
[55] 格伦托夫.车站运营可靠性[M].陈秀凤,阎长安,译.北京:中国铁道出版社,1991:3-4.
[56] 何华武.无碴轨道技术[M].北京:中国铁道出版社,2005:26.
[57] 张星臣,胡安洲,杨浩.一种基于有控随机与随机有控约束的列车运行仿真模型[J].铁道学报,1995,17(3):21-27.
[58] 汪应洛.系统过程理论方法与应用 [M].2 版.北京:高等教育出版社,1992:301.
[59] 李旭升.冲突管理[M].北京:北京大学出版社,2008:2-4.
[60] 李萍,常天庆.基于并行工程的产品研制过程中的冲突管理系统的开发[J].制造业自动化,2003,25(4):52-55.
[61] 王玉国.运输业资源效率评价和优化利用研究[D].北京: 北京交通大学,2006.
[62] 张勇,赵明,汪希时.基于移动自动闭塞条件的列车运行仿真系统[J].系统仿真学报,1999,11(3):198-204.
[63] NILS O, OLSSON E, HAUGLAND H. Influencing factors on train punctuality results from some Norwegian studies[J].Transport policy, 2004, 11(4): 387-397.
[64] Michiel V.Reliability of railway systems[D].Rotterdam: Erasmus University Rotterdam, 2005.
[65] 胡思继.列车运行组织及通过能力理论[M].北京:中国铁道出版社,1993.
[66] 彭其渊,朱松年,闫海峰.列车运行图可调整度评价系统研究[J].西南交通大学学报,1998,33(4):367-371.
[67] 张星臣,杨浩,胡安洲.运行线上撒点储备能力分配模式的计算机模拟研究[J].系统工程理论与实践,1997,10:84-90.
[68] 易语言公司教材编委会.易语言编程系统[M].西安:西安地图出版社, 2005:1-2.
[69] EGENHOFER M, FRANZOSA D. Point-set topological spatial relations[J]. International journal of geographical information systems,1991,5(2):161-174.
[70] 王国胤.Rough 集理论与知识获取[M].西安:西安交通大学出版社, 2001:17-18.
[71] 苗夺谦,李道国.粗糙集理论算法与应用[M].北京:清华大学出版社,2008:168-169.
[72] 张文修,吴伟志,梁吉业,等.粗糙集理论与方法[M].北京:科学出版社,2001: 38-39.
[73] LIANG J, HIN K, DANG C, et al. A new method for measuring uncertainty and fuzziness in rough set theory[J]. Internation journal of general systems, 2002,31(4):331-342.
[74] 黄康.基于粗糙集理论的行车指挥知识获取与决策的应用研究[D].北京:铁道科学研究院,2003.
[75] 王明慧.粗糙集理论在铁路行车调度指挥系统中应用的研究[J].中国铁道科学.2004,25(4):103-107.

[76] 曹秀英,梁静国.基于粗糙集理论的属性权重确定方法[J].中国管理科学,2002,10(5):98-100.

[77] 叶阳东,贾利民.带有对象的 Petri 网及其在列车运行模型建立中的应用[J].中国铁道科学,2001,22(3):15-19.

[78] 杜彦华.基于 EFTPN 不确定时间知识的分析处理及其在铁路中的应用[D].北京:铁道科学研究院,2006.

[79] 袁崇义.Petri 网原理与应用[M].北京:电子工业出版社,2005:4-6.

[80] 范玉顺.工作流管理技术基础[M].北京:清华大学出版社,2001:12-14.

[81] 姜艳萍.基于判断矩阵的决策理论与方法[M].北京:科学出版社,2009:95.

[82] 闻立杰,王建民,孙家广.用着色 Petri 网建模工作流模式[J].计算机科学,2006:33(6):135-139.

[83] 孟令云.客运专线列车运行图动态性能及其仿真评估系统的研究[D].北京:北京交通大学,2009.

[84] 李致中,孙焰.单线区段货物列车运行图的一种优化方法[J].铁道学报,1991,13(1):60-68.

[85] 金福才.多目标优化列车运行调整理论与方法研究[D].北京:北京交通大学,2004.

[86] 王凌.智能优化算法及其应用[M].北京:清华大学出版社,2001:8-9.

[87] 韩瑞锋.遗传算法原理与应用实例[M].北京:兵器工业出版社,2010:284-288.

[88] 李平.面向对象遗传算法及其在铁路行车指挥中的应用[D].北京:铁道科学研究院,2004.

[89] WEN C, PENG Q, CHEN Y, et al. Modelling the running states of high-speed trains using triangular fuzzy number workflow nets[J].Proceedings of the institution of mechanical engineers Part F: journal of rail and rapid transit, 2014,228 (4):422-430.

[90] WEN C, LI J, PENG Q, et al.Predicting high-speed train operation conflicts using workflow nets and triangular fuzzy numbers[J].Proceedings of the institution of mechanical engineers Part F: journal of rail and rapid transit, 2015,229 (3):268-279.

[91] WEN C, LI Z, LESSAN J, et al.Statistical investigation on train primary delay based on real records: evidence from Wuhan-Guangzhou HSR[J]. International journal of rail transportation, 2017,5 (3): 170-189.

[92] HE Z, FENG L, WEN C, et al.High-speed railway train timetable conflict prediction based on fuzzy temporal knowledge reasoning[J].Engineering, 2016,2 (3):366-373.